Lyudmila Parts

·

In Search of
The True Russia

The Provinces in Contemporary Nationalist Discourse

The University of Wisconsin Press

2018

Людмила Парц

•

В поисках истинной России

Провинция в современном националистическом дискурсе

Academic Studies Press
Библиороссика
Бостон / Санкт-Петербург
2022

УДК 316.7
ББК 71.41(2)
П18

Перевод с английского Ольги Полей

Серийное оформление и оформление обложки Ивана Граве

Парц, Л.
П18 В поисках истинной России. Провинция в современном националистическом дискурсе / Людмила Парц ; [пер. с англ. О. Полей]. — Санкт-Петербург : Academic Studies Press / Библиороссика, 2022. — 247 с. : ил. — (Серия «Современная западная русистика» = «Contemporary Western Rusistika»).

ISBN 978-1-6446976-9-6 (Academic Studies Press)
ISBN 978-5-6046149-7-6 (Библиороссика)

Книга доктора философии, доцента Университета Макгилл (Монреаль) Людмилы Парц посвящена рождению и функционированию современного мифа о русской провинции. Парц встраивает нарративы о русской провинции в рассказ о попытке пересборки постсоветской идентичности на основе националистических представлений о локальности и малой Родине. Миф о периферии выводит мечты о подлинной «русскости» за пределы Москвы — туда, где живут настоящие Другие, сохранившие подлинный дух и моральное превосходство как над жителями центра, так и над обитателями условного Запада.

УДК 316.7
ББК 71.41(2)

ISBN 978-1-6446976-9-6
ISBN 978-5-6046149-7-6

© Lyudmila Parts, text, 2018
© The University of Wisconsin Press, 2018
© Полей О. В., перевод с английского, 2021
© Academic Studies Press, 2021
© Оформление и макет. ООО «Библиороссика», 2022

Моим дочерям, Юлии и Адели

Слова благодарности

Этот проект стал естественным продолжением моей работы по изучению культурных мифов, в особенности мифа, связанного с творчеством Чехова, в котором провинция занимает такое важное место. Особое значение, которое культурный миф о провинции приобрел в последнее время, требует отдельного исследования. При финансовой поддержке Совета по общественным и гуманитарным исследованиям Канады я совершила несколько поездок в Россию — для работы в библиотеках Москвы, Санкт-Петербурга и Воронежа — а также на научные конференции в США, Канаде, России, Германии и Финляндии.

Многие коллеги и друзья оказывали мне интеллектуальную и моральную поддержку и делились своими ценными замечаниями. За многочисленные и содержательные экспертные оценки и советы я в особенности благодарна Энн Лонсбери, Марку Липовецкому, Нэнси Конди, Биргит Боймерс, Эдит Клюс, Сьюзен Смит-Питер, Дирку Уффельманну, Илье Кукулину и Валерии Соболь. Оживленные дискуссии на организованной Эдит Клюс и Ани Кокобобо в Университете Вирджинии конференции по региональной идентичности побудили меня прояснить различия между регионами и провинцией и вопрос о том, чем же все-таки Воронеж не Париж. Обмен мнениями на организованной мной в Университете МакГилла конференции, посвященной воплощению образа провинции в кино, также помог мне яснее определить, до какой степени сходны между собой в современном культурном представлении деревня и провинция.

За редактирование и корректуру рукописи, а также за перевод бесчисленных русских цитат, выполненный изящно и с сохранением всех оттенков смысла, я должна выразить особую благодарность Кристине Стайгер. Разделы главы 3 в более ранних вариантах публиковались в Slavic Review. Vol. 74, № 3 (осень 2015) и Zeitschrift für Slavische Philologie. Vol. 68, № 1 (2011). Мне хотелось бы поблагодарить редакторов и анонимных читателей этих журналов, а также сотрудников University of Wisconsin Press за их ценнейшие комментарии.

Самым главным и неизменным источником поддержки для меня всегда были мои родные: Владимир Парц и наши дочери Юлия и Адель, которые никогда не спрашивают, о чем я пишу, но всегда готовы об этом послушать.

Введение
Воображаемая провинция

> Незрелость глухой провинции и гнилость государственного центра — вот полюсы русской жизни.
>
> *Н. Бердяев, 1918*

Сто лет назад философ Николай Бердяев писал, что «география русской души» подавлена и угнетена простором русской земли [Бердяев 1990а: 62–63]. Традиционное разделение этого необъятного пространства на центр и провинцию он считал прискорбным заблуждением, особенно в том, что касалось интеллигентских поисков подлинного русского духа: «Люди культурных и интеллигентных центров слишком часто думают, что центр тяжести духовной и общественной народной жизни — в простонародье, где-то далеко в глубине России». Вооружившись предвзятыми представлениями о сущности русскости, они рассчитывают найти ее в отдаленных уголках России. Бердяев предлагает отказаться от этой ложной дихотомии в пользу равноправного развития морального и культурного потенциала России в целом, начиная с души каждого отдельного человека: «Истинный центр не в столице и не в провинции, не в верхнем и не в нижнем слое, а в глубине всякой личности» [Бердяев 1990б: 70]. В сегодняшней России, как и на протяжении двух последних столетий, неразвитая провинция и «гнилой» центр остаются двумя противоположными полюсами «географии русской души». К совету философа на протяжении всего XX века так и не прислушались. Более того, после распада Советского Союза бинарная оппозиция «столица — провинция», лежащая в основе русской культуры, приобрела новое значение и вышла на первый план общественного дискурса. Сегодняшние столичные интеллектуалы вновь ищут дух русскости в отдаленной глубинке провинциальной России, в то время как их провинциальные коллеги активно участвуют в разработке идеи провинции как обители вечных ценностей и русского национального духа.

В этой книге провинция рассматривается как воображаемая среда обитания подлинной русскости. Восприятие провинциальной России в качестве сферы, в пределах которой следует рассматривать прошлое и будущее страны, проблемы идентичности и аутентичности, а также другие вечные и, по всей видимости, неразрешимые вопросы, помещает провинцию в центр русской культурной мифологии. Миф о провинции предоставляет современной культурной элите семиотический аппарат, позволяющий сформулировать новую постимперскую идентичность России. Современные культурные разработки отводят место истинной русскости за пределами Москвы — с недавних пор процветающей, многонациональной и прозападной. В массовой культуре традиционное привилегированное положение центра по отношению к отсталой провинции уступает место восприятию провинции как оплота национальных традиций и нравственной силы. В противоположность этому высокая литература и артхаусные фильмы представляют альтернативный, острокритический образ провинции. В обоих случаях предметом обсуждения остается особая концепция русскости, в которой провинция играет центральную роль.

Почему же случилось так, что провинция русских классиков — все эти унылые городишки, изнывающие от скуки и ощущения собственной неполноценности, — в современной литературе и кино так часто стала фигурировать в роли среды, формирующей и сохраняющей русскую национальную идею? Этот современный сдвиг в сторону преимущественно позитивного взгляда на провинцию происходит в тот момент, когда она включается в дискурс национализма. В рамках этого дискурса фундаментальная бинарная оппозиция «провинция — центр» пересекается с не менее фундаментальной в российской символической географии оппозицией «Россия — Запад». В том семантическом поле, в котором эти две бинарные оппозиции пересекаются в постсоветской культуре, противопоставление «провинция — столица» становится тематической и идеологической альтернативой неизменно напряженным отношениям России с Западом. В свете этого развития я и рассматриваю провинциальную тему в постсоветской журналистике, литературе и кино как культурную репрезентацию русского национализма.

Фокусирование внимания на провинции в современном националистическом дискурсе дает возможность отойти в обсуждении национальной идентичности России от психологически некомфортного противопоставления ее Западу, основной мотив которого неизменно сводится к реакции страны на утрату имперской мощи и престижа. Описанный ранее подход предлагает вместо этого герметичную национальную модель, которая выполняет сразу две задачи: заменяет превосходящего Другого (Запад) менее однозначным Другим (провинция), одновременно утверждая динамику благожелательного превосходства в новых национальных границах. В конечном счете фокус на провинции предлагает модель национальной идентичности, основанную на оппозиции «мы — мы» вместо традиционной «мы — они».

Культурный миф — идеологическая конструкция. Это определенный тип дискурса, посыл, определяющийся историческими условиями; он может означать все что угодно, в зависимости от того, что современный, исторически сложившийся потребитель считает для себя важным; он «не может возникнуть из "природы" вещей» [Барт 1994: 72]. Это способ толкования, приспосабливающий образ прошлого к тому, чтобы подтвердить с его помощью образ настоящего. Во времена масштабных исторических сдвигов — таких как революционные десятилетия начала XX века и постсоветский период — культурный миф обеспечивает единство культуры, переживающей процесс пересмотра[1]. Культурный миф по определению имеет мало отношения к реальности и гораздо больше — к тому, каким образом культурная элита

---

[1] О мифе и культурной памяти см. [Parts 2008].

(интеллигенция) выстраивает свою интерпретацию этой реальности.

Определение провинции как культурного мифа требует некоторых пояснений. Мы, разумеется, знаем, что провинция существует — населенная миллионами людей, обсуждаемая экономистами и политиками и изображаемая писателями и режиссерами. И в то же время реальные российские города, большие и малые, имеют очень мало общего с культурным мифом о провинции, сложившимся за последние два столетия. Как и все культурные мифы, миф о провинции отражает не саму провинциальную реальность, а скорее некое восприятие этой реальности, транслируемое интеллигенцией в прессе, литературе, а также (с момента их зарождения) в кино, на телевидении и в интернете. Историки и социологи изучают регионы — то есть «настоящую», географическую провинцию, в которой можно побывать, — с точки зрения их истории, обычаев, ландшафта, административных и политических структур[2]. Между тем исследователи литературы, кино и культуры изучают провинцию как текст — то есть рассматривают способы, которыми авторы конструируют эту провинцию и встраивают ее в символическую русскую географию в своих литературных, кинематографических или научных трудах.

Сегодняшний культурный миф о провинции имеет сложную структуру и продолжает сочетать в себе два противоположных взгляда на нестоличную часть России — как на удушающую среду (какой она предстает в прозе Гоголя, Чехова и Сологуба) и как на идеализированную сокровищницу «русскости». В современной культурной мифологии, в особенности в массовой культуре, преобладает именно второй, до сих пор минимально разработанный взгляд на провинцию как на воплощение в концентрированном виде всех компонентов позитивной национальной идентичности: великодушия, доброты, душевности, щедрости. Провинциальная русскость позиционируется как средство

---

[2] Краткий, но исчерпывающий обзор терминов и тенденций провинциальных исследований см. [Smith-Peter 2011]. Бесценный ресурс — [Милюгина, Строганов 2012].

противодействия высокомерию, черствости и эгоизму Запада и прозападной Москвы. По сути, провинциальный миф влился в дискурс национализма, вследствие чего бóльшую часть изображений провинции, как положительных, так и отрицательных, можно рассматривать как высказывания о русском национальном характере. В этой роли миф породил множество культурных текстов, разъясняющих роль провинции в создании новой географии русской души.

Прежде всего, я хочу проследить историю провинции как концепции и обозначить основные черты провинциального мифа. Однако основное внимание я намерена уделить постсоветскому периоду, когда этот миф претерпел беспрецедентные в истории русской культуры изменения.

Определение

Термин «провинция» вошел в русский язык в конце XVII века, во время административных реформ Петра Великого. Целью этих реформ было урегулирование экономических, торговых и налоговых отношений столицы с другими городами, то есть замена «бытовой географической области административной единицей» [Зайонц 2003: 308]. Тогда сформировалась региональная иерархическая система, включавшая в себя губернию, провинцию и уезд. В 1775 году Екатерина II реорганизовала эту систему, упразднив провинцию как административную единицу; территории провинций в большинстве своем вошли в состав губерний, и официальное определение «провинция» перестало существовать. Вследствие этого, освободившись от прежнего значения, слова «провинция», «провинциал» и «провинциальный» обрели в российском культурном воображении новую функцию: функцию маркеров культурного мифа, организующего обширное пространство Российской империи в виде базовой бинарной оппозиции «центр — провинция». Как отмечает Людмила Зайонц в своем анализе концепции провинции и ее истории, утрата определяемого объекта позволила слову «жить как открытая лексическая форма, порождающая свое текстогенное пространство» [Зайонц 2003: 308].

Даже к концу VIII и началу XIX веков ни «провинция», ни «провинциал» еще не вошли в словари и не приобрели какой-либо отрицательной коннотации. Читательская публика того времени чрезвычайно интересовалась литературными изображениями помещиков, которые теперь, после освобождения от обязательной государственной службы, согласно екатерининской «Жалованной грамоте дворянству» (1785 г.), безвыездно проживали в своих загородных поместьях [Raeff 1966; Cavender 2007; Доманский 2006; Григорян 2010]. После отмены крепостного права в 1861 году эти по большей части отрадные картины сельской жизни уступили место историям трагического перелома [Hughes 2006]. Более того, примерно в то же время, когда занятый своим хозяйством сельский землевладелец обрел шансы быть представленным в положительном руссоистском свете, слово «провинциал» стало приобретать отрицательные коннотации, обозначать человека отсталого и неотесанного. То есть в то время как сельская местность несла в себе весьма привлекательные символы чистоты и близости к природе, провинциальный город ассоциировался со скукой и грубостью нравов. Другими словами, здесь действовали две разные бинарные системы: «столица — провинция», в рамках которой периферия описывалась преимущественно в отрицательных терминах, и «столица — деревня», толкующая сельскую жизнь в лирических терминах «сентиментального пасторализма» [Hughes 2006: 131]. Две культурные концепции — провинциальный город и сельская усадьба — порождают разные типы сюжетов и принадлежат к разным символическим географиям; при этом обе они приобретают значение и смысл только по отношению к столице (и по контрасту с ней).

В то время как слова «деревня», «помещик» и «крестьянин» занимали в русском культурном воображении XIX века свое важное и четко определенное место, о концепции провинции этого сказать было нельзя. Последний термин был настолько широк по своему значению, что охватывал самые разнообразные представления обо всей стране за пределами столицы. К середине XIX века это слово нашло свою нишу, и провинция (в отличие от сельской местности) стала обозначать всю Россию: «...областная иерархия растворяется в едином провинциальном пространстве. Империя разделяется на столицу и провинцию. Все пространство России за исключением двух столиц осознается и обозначается как провинция» [Зайонц 2003: 318]. Таким образом, это слово прочно вошло в язык русской литературы и культуры не столько в административном или научно-географическом смысле, сколько в качестве мифологемы, относящейся к области символической географии. Сконструированную таким образом провинцию можно было лишь вообразить, но не посетить; она не обладала ни собственным оригинальным именем, ни какими-либо характерными чертами и вообще могла располагаться где угодно между центром и экзотической периферией[3]. В этом смысле провинция представляла собой неструктурированное пространство за пределами столицы, очаг предрассудков, страхов и иллюзий. Провинциальное пространство можно было рассматривать либо как отсталое, лишенное надежд и жизненных сил, либо, напротив, как обитель вечных ценностей и народного духа.

Словарные определения отражают этот сдвиг значения от административной единицы к мифологеме и иллюстрируют тот факт, что слово «провинция» и его производные — «провинциал», «провинциальный», «провинциальность» — приобрели устойчивые негативные коннотации. Владимир Даль (1863) определяет провинцию в нейтральных выражениях, так же как и другие административные единицы — губернию, область, округ, уезд. Его же определение «провинциала» как человека, живущего «не в столице», а в «губернии, уезде, захолустье», уже несколько менее

---

[3] Анализируя культурный ландшафт России, Владимир Каганский строит свои рассуждения вокруг этого различия: периферия определяется отсутствием самодостаточности; следовательно, она полностью управляется государством-центром. В отличие от нее провинция представляет собой сеть связанных между собой малых центров, относительно самодостаточных, в равной степени удаленных от центра и от того, что образует периферию страны [Каганский 2006].

нейтрально, поскольку «захолустье» — термин явно уничижительный. Источники XX века, в том числе авторитетные словари Ушакова (1940) и Ожегова (1949), помечают «провинцию» как слово иностранного происхождения и определяют в самых общих терминах, как «не столицу»: «вообще — территория страны в отличие от столиц». Отрицательно окрашенные определения относятся только к прилагательному «провинциальный»: «перен. Отсталый, наивный и простоватый». Постсоветские словари повторяют приведенные ранее определения, однако включают коннотации «отсталости» как для существительного («Местность, находящаяся вдали от столицы, крупного культурного центра. Употр. как символ косности, отсталости»), так и для прилагательного («Свойственный провинциалу. Отсталый, наивный и простоватый») [Евгеньева 1999].

В советском официальном языке как слово, так и само понятие «провинциальный» были фактически под запретом; их заменяло нейтральное обозначение «периферия» — некая отдаленная местность, где «люди работают так же настойчиво, дружно, самоотверженно, как и в центре» [Зайонц 2003]. После революции 1917 года, как отмечают ученые, «история провинции закончилась, и началась история периферии и глубинки» [Клубкова, Клубков 2009: 29]. Как «периферия», так и «глубинка» — существительные единственного числа; таким образом, их грамматическая форма подчеркивает однородную, недифференцированную природу этого пространства. Предложный падеж и множественное число термина «на местах», напротив, подразумевают подчинение центральной власти. Однако, если оставить в стороне различия, и нейтральная «периферия», и загадочная в пространственном отношении «глубинка», и иерархическое «на местах» имеют одно общее свойство: они не связаны с каким-либо предшествующим культурным дискурсом и, следовательно, не нагружены никакими ценностями. Однако они постоянно фигурируют в официальном дискурсе советских газет, при этом в роли противовеса этим подчеркнуто нейтральным обозначениям на протяжении большей части XX века выступают такие причудливо звучащие реальные и вымышленные топонимы, как Чухлома, Мухосранск, Урюпинск и Хацапетовка [Белоусов 2004][4]. Негативные коннотации, связанные с провинцией, были настолько устойчивыми, что подпортили даже предполагаемый «нейтральный» статус ее замен. Алексей Юдин прослеживает негативные коннотации, приобретенные «периферией» в течение XX века, и заключает, что в результате в постперестроечный период «новым эвфемизмом для нейтрального определения удаленных от столицы территорий стало слово «регион» [Юдин 2006][5].

Таким образом, негативное восприятие провинциальности, приравниваемой обычно (до недавнего времени) к отсталости и неполноценности, оказалось на удивление стойким[6]. Провинции, какой ее было принято воображать в русской культурной традиции, недостает многого: доступа к культуре, к последним новостям из сферы моды и политики; вкуса и оригинальности мысли; перспектив успешной карьеры или замужества; самоуважения, в конце концов. Тем, кто читал литературу XIX века, знакомы картины удушающей провинциальной атмосферы с характерной для нее ограниченностью взглядов и любовью к сплетням. Согласно этому представлению, интеллектуальная жизнь в провинции — лишь копия, бледная и зачастую комичная, действительно прогрессивной интеллектуальной мысли центра, а провинциальные культурные явления по большей части вторичны. Господствующее эмоциональное состояние провинциальной жизни — скука, ее преобладающий цвет — серый. Пространство провинциального города однообразно и демонстрирует отсутствие воображения, улицы его, как правило, грязны и покрыты огромными лужами или густой пылью.

Однако самое главное, что нужно помнить о провинции, описанной ранее, — это то, что она воспринимается таковой с точки зрения центра — места, предположительно обладающего

---

[4] См. также [Асламова 2005].
[5] См. также [Ахапкина 2001].
[6] См. прежде всего [Lounsbery 2005].

всем тем, чего недостает провинции. Повторяющиеся дихотомии, на которых строится оппозиция «провинция — столица», включают в себя противопоставление природы и культуры, статики и динамики и даже (в звуковых и визуальных терминах) тишины и монотонности в противоположность шуму и пестроте [Разумова, Кулешов 2001: 15]. Все эти атрибуты легко опознаваемы; однако самое любопытное в них — способность культурного текста менять положительное значение любого из них на отрицательное и наоборот. В своем отрицательном виде провинциальная жизнь означает недостаток культуры, а также застой, скуку, подражательность и ограниченность взглядов. При положительном отношении те же самые черты переосмысляются как возможность без суеты наслаждаться жизнью и предаваться раздумьям. С этой точки зрения провинциалы ближе к природе, крепче привязаны к земле и к истории страны. А самое главное — провинциальные жители не столь подвержены капризам моды, как жители столицы, и, следовательно, их образ жизни позволяет сохранить национальные культурные традиции. Таким образом, комплекс провинциальной неполноценности часто сопровождается его компенсаторной противоположностью, представляющей все атрибуты провинциальной жизни в виде преимуществ перед центром. В малых масштабах подобные перестановки происходят регулярно. В исторические периоды радикальных изменений такая перемена отношения знаменует собой значительные культурные и идеологические сдвиги.

Новое определение

Поскольку провинция как топос представляет собой «объект идеологической рефлексии» [Boele 2001], особое значение это слово приобретает во времена культурных и политических сдвигов. В период между двумя революциями в начале XX века позитивный взгляд на провинцию на короткое время занял видное место в дискурсе пассеизма (ностальгического предпочтения прошлого настоящему), подпитываемого имиджем провинции как чего-то чистого, незагрязненного, хранилища национальных традиций и духовных ценностей. Л. О. Зайонц отмечает, что в 1910-е гг. взгляд на провинциальные территории «из нарративной области перемещается в сферу научной историко-культурной рефлексии» [Зайонц 2004: 428]. В этот период в центральной периодике публиковалось множество материалов о провинции и из провинции, и, когда провинция стала объектом исследования, «нестоличная культура была объявлена чем-то вроде "национального заповедника", где любой объект становился экспонатом» [Зайонц 2004: 428]. Таким образом, пассеизм породил особое ви́дение провинции: она предстает в нем «в виде культурно-исторической резервации, в недрах которой, как позже с тоской напишет Ф. Сологуб, "так много было скрыто чистых сил и вещих снов". Устойчивый комплекс иллюстрирующих литературных аллюзий от Пушкина до Чехова довершал картину» [Зайонц 2004]. Крупные деятели культуры, историки искусства и художники начали предпринимать поездки в провинцию и публиковать статьи о провинциальной архитектуре и предметах быта. Провинциальный дискурс обзавелся собственными издательскими площадками: журналами («Русская старина») и энциклопедиями, такими как «Великая Россия: географические, этнографические и культурно-бытовые очерки современной России» (1912). В Москве открылся книжный магазин «Сотрудник провинции», многочисленные этнографические экспедиции представляли свои открытия для обсуждения на открытых заседаниях [Зайонц 2004: 429–430].

Александр Эткинд описывает рост интереса к зависимым территориям — в данном случае к собственным землям России (которые он определяет как внутренние колонии) — как характеристику колониализма в эпоху упадка империи.

> Русское народничество, восторженное поклонение эксплуатируемому народу накануне конца империи, функционально эквивалентно западному ориентализму, как его описал Эдвард Саид: обостренному интересу имперских

центров к своим колониям, который мотивирован потребностью в знании-власти и одновременно чувством вины [Эткинд 2001][7].

Пассеизм начала XX века также рассматривал «экзотические» обычаи и произведения искусства сквозь призму своей ориенталистски настроенной интерпретационной парадигмы. Как и все культурные мифы, сконструированный образ провинции — поэтический и манящий — к реальности отношения не имел. Скорее, он отвечал потребностям культурной элиты центра [Шевеленко 2012]. Порожденный духом времени и отличающийся острым осознанием неизбежности перемен, провинциальный миф был востребован. Вспышка ностальгии, предвещавшая и предвосхищавшая конец эпохи, требовала создания устойчивого образа уходящей реальности.

Волна пассеизма, породившая новый всплеск интереса к провинциальному мифу в постсоветский период, тоже вызвана крупными социально-политическими изменениями и подпитывается ностальгией; это широко распространенная культурная тенденция, проявляющая себя в культуре различными способами, от коммерческого кино до научных конференций. До постсоветского периода тема провинции возникала редко — разве что в учебниках истории и филологических трудах, посвященных классикам XIX века. Однако по крайней мере с начала 1990-х годов в большинстве дискуссий о политическом и культурном развитии России провинции стала отводиться бо́льшая роль. В 2000 году на одном из многочисленных форумов, посвященных теме русской провинциальной культуры, пермский филолог Владимир Абашев, активный участник этой дискуссии[8], заметил:

---

[7] Эткинд замечает, что «для постколониальных метрополий обычен комплекс таких чувств, как сожаление о привилегиях, стремление снизить свой статус и отдать долг обездоленным, разочарование в идентичности, агрессия в отношении собственной культуры. В варианте внутренней колонизации этот комплекс чувств обращен на "народ", как он сконструирован культурой» [Эткинд 2001: 72].

[8] См., в частности, [Абашев 2000], где город Пермь рассматривается как культурная конструкция — совокупность текстов о нем.

> Вообще странно, что о провинции дружно заговорили именно тогда, когда [советской] империи не стало. В 70-е в актуальном языке это слово почти не встречалось. Зато с конца 80-х и по сей день как хлынуло: статьи, конференции, научные программы, и все это пока по нарастающей [Абашев и др. 2000].

Таким образом, провинция стала объектом идеологической рефлексии именно тогда, когда перед нацией встала необходимость приспосабливаться к новым границам и новым отношениям с миром. Новая геополитическая карта России — ее фактическая география — требовала соответствующей новой «символической» географии, а именно — «географии русской души». Роль провинции на этой символической карте крайне важна: это родина настоящей России, как в прошлом, так и в будущем.

Реабилитация провинции и всего провинциального начинается с самих слов «провинция» и «провинциальный». На волне возрождения позитивных ассоциаций многие региональные газеты переименовались в «Провинциальные новости» (известия, хроники) [Спивак 2004]. Издательство «Провинция» распространяет свои еженедельные газеты в двадцати пяти регионах России, кроме того, в период с 1991 по 1993 год начали выходить два крупных журнала — «Русская провинция» и «Российская провинция». Сборники произведений провинциальных писателей и художников, выпущенные в основном в их родных городах (но также и в Москве), вошли в мейнстрим[9]. В качестве примера можно привести и выставки под названием «Провинциальные художники» в московских галереях, и сборники рассказов провинциальных писательниц [Трофимова 2009; Sutcliffe 2009]. По тем же причинам, по которым в начале своей политической карьеры в Москве Борис Немцов позиционировал себя как далекого от столичных политических интриг провинциала [Буле 2000а; Немцов 1997; Немцов 1999], популярная певица называет свой альбом «Провинциальная девчонка». Акционерные общества «Провинциал» (Курск) и «Провинция» (Пятигорск) гордятся

---

[9] См., в частности, [Кузьмин 2001].

качественной местной молочной продукцией; по всей стране малые предприятия под подобными же названиями предлагают различные товары и услуги — от чистящих средств до домашнего ремонта, а служба знакомств «Провинциальная леди», по ее утверждению, представляет скромных, добродетельных, «истинно русских» женщин. Агентства недвижимости «Провинция» открывают офисы в Кургане, Архангельске, Вологде и Ростове-на-Дону; «Ваша провинция» торгует недвижимостью в Московской области, а «Моя провинция» — в Ярославле. Городской фестиваль моды «Провинциальная коллекция» (с 2002 г.) представляет линию одежды «Провинциальный шик»; Воронеж, где проходит собственный фестиваль моды «Губернский стиль» (с 2005 г.), называет себя столицей провинциальной моды; а с 2014 года в историко-культурном комплексе «Вятское» в Ярославской области проходит фестиваль «Провинция — душа России».

Аналогичное распространение слова «провинция» очевидно и в дискурсе более академического характера. С 2004 года телеканал «Культура» транслирует цикл документальных фильмов «Провинциальные музеи России», а в 2006 году создатели телевизионного цикла документальных публицистических фильмов «Письма из провинции» описали его тематику следующим образом: «О культурной жизни российской провинции, о людях, хранящих национальную культуру, о традициях, обычаях народов России». В академических кругах большой интерес к этой теме отражает множество конференций, материалов конференций и сборников статей. Примеры: «Социальная история российской провинции» (Ярославский университет, 2006–2011); «Духовная жизнь провинции: образы, символы, картина мира» (Ульяновский университет, 2003); «Жизнь провинции как феномен духовности» (Нижегородский университет, с 2003 г.).

В 2006 году крупный научный журнал «Отечественные записки» посвятил этой теме выпуск под названием «Анатомия провинции». Заголовок вступительной части — «И последние станут первыми» — мог бы служить девизом новой тенденции в исследовании провинции: подходить к субъекту исследования не как к геополитическому объекту или историческому месту локаль-

Рис. 1. Задняя сторонка обложки журнала «Ярославский стиль», 2006, № 3. Отчет о конкурсе «Провинциальная коллекция»

ного значения, а как к предмету, требующему описания в весьма абстрактных терминах националистического дискурса: «традиции», «духовность», «культурное наследие».

Многие из этих публикаций фиксируют, хотя и не анализируют, сдвиг в сторону переосмысления провинции в позитивном ключе и представляют собой единодушную и горячую апологию провинции. Больше всего поражает последовательность, с которой идея провинции сводится к понятиям духовности, памяти и традиции, как в приведенных далее примерах:

> При всех негативных эмоциональных коннотациях понятия «провинция» в массовом сознании за провинцией закрепилось представление как о цементирующей константе отечественной мысли. Провинция потенциальна в духовном и культурном смыслах. Здесь пока что не утрачена национально-историческая память... Мир провинции предстает... в неразрывной связи с русским Словом [Дырдин 2003: 9].

> Русская провинциальная культура может рассматриваться как вариант сохранения отечественного культурного наследия… В ее пространстве остаются глубоко укоренены важнейшие качества и характеристики всей русской культуры [Купцова 2008].

> Закрепленный за провинциальностью определенный комплекс преимущественно негативных значений, которые в современном контексте активно десемантизируются, лишаются своей оценочной функции, обрастают новыми актуальными оттенками смыслов и толкований. Отныне быть провинциальным не означает быть неразвитым, неполноценным, ущербным, но — самобытным, уникальным, здравомыслящим [Фортунатова 2006].

Тут могут возникнуть вопросы по поводу логики такого пересмотра, в частности, относительно того, каким именно образом последние стали первыми, что способно убедить женщину одеться в стиле «провинциальный шик» и чем оправдана гордость провинциалов за свою провинциальность. Как показывают приведенные ранее примеры, позитивная концептуализация провинции происходит в рамках дискурса национальной идеи, и акцент смещается с темы неполноценности на темы исторической памяти, культурного наследия и потенциала провинции для возрождения страны в целом. В результате провинция постсоветского времени предстает средоточием традиций и духовности — местом, где хранится ключ к возрождению России как страны с сильными национальными корнями и столь же сильной идейно и духовно.

Культурные мифы не ограничены рамками реальности, скорее, напротив: они наделены властью формировать наш взгляд на нее. Таким образом, эти мифы представляют собой основу, на которой строится национальная идентичность. Авторы, изображающие провинцию в негативном свете и приписывающие центру мрачный взгляд на социальную и политическую ситуацию в России, разрабатывают тот же самый дискурс национальной идентичности, что и те, кто идеализирует провинцию. В обоих случаях провинция выступает в роли организующего мифа русского националистического дискурса. Именно потому, что националисты поднимают на щит «хорошую» провинцию (как средоточие подлинной русскости), негативное изображение провинции и провинциалов неизбежно рассматривается как ответ на эту идеализацию и альтернативный взгляд на прошлое и будущее России. Националисты воображают — и превозносят — простую жизнь, верность традициям, душевность и чистоту, которые ассоциируются у них с провинциальной Россией; их противники рисуют косность, деградацию и нищету. Пессимистичность такого взгляда только усугубляется тем, что в массовой культуре и коммерческом кино в той же обстановке размещаются позитивные и вдохновляющие образы. Обе группы, вероятно, сгущают краски, но при этом, выражая свое мнение о нынешнем состоянии русской нации, и та и другая опираются на миф о провинции.

Дискурс национализма, то есть совокупность текстов, посвященных интеллектуальному исследованию проблем национализма и национальной идентичности, вмещает в себя различные политические и идеологические позиции. В рамках этого дискурса подход к проблеме, демонстрируемый популярным писателем, будет отличаться от подхода ученого, кинорежиссера или политика. Но тем не менее все они заняты одним и тем же исследованием. В рамках этого дискурса в сегодняшней России националистам противостоят не интернационалисты или глобалисты и, конечно же, не русофобы, а те преимущественно либеральные мыслители, которые видят в национализме консервативную, проправительственную и, по сути, антидемократическую силу, способствующую развитию ксенофобии и тоталитаризма (и часто используемую для их оправдания). В конечном счете расхождение участников во мнениях о том, из чего складывается понятие «нация», и их зачастую различные политические взгляды имеют второстепенное значение. Важно то, что провинциальный миф способствует обсуждению этой темы и потому критически важен для понимания проблем, связанных с сегодняшним русским национализмом.

Национализм и культурные мифы

Национализм не всегда имел такую дурную славу, как сегодня. Его функция — снабжать общественные или этнические объединения неотъемлемым чувством идентичности и принадлежности к некой общности, стоящей выше категорий класса, образования или имущественного положения. Если общество пытается сформировать некую идентичность, ему необходимы языковые средства, с помощью которых ее можно будет описать и обсудить; обычно такие средства черпаются в рассказах о славных корнях и общей героической судьбе — иными словами, в тех историях, которые и легитимируют национализм, укореняя его в истории и проецируя былое величие на будущее нации. Лишь тогда, когда национализм становится воинствующим и оправдывает агрессию по отношению к другим сообществам, он начинает восприниматься негативно. Однако эта общая и довольно оптимистическая картина очень мало объясняет то, почему же последний сценарий столь распространен и как те или иные истории получают статус национальных мифов. Исследования национализма в XX веке предложили ряд методов анализа его развития и роли в событиях, изменивших мир: в войнах и революциях, в распространении фашизма, в антиколониальных движениях и в образовании новых государств после распада старых империй.

Исследователи национализма применяют различные комбинации политических, экономических, этнических, культурных и религиозных подходов к своему предмету, однако при этом все они признают первостепенной роль культуры в выражении и популяризации националистических настроений. Эрнест Геллнер указывает на невозможность полного отождествления нации с государством и националистических настроений с политическими; он также скептически относится к точке зрения, согласно которой нации представляют собой органически развивающиеся этнические или языковые сообщества, тем или иным путем приходящие к государственности. По Геллнеру, нации — продукт деятельности националистов, а не наоборот;

и то и другое — продукты индустриальных культур. По его мнению, национализм приобретает политическую легитимность, «когда социальные условия требуют стандартизированных, однородных, централизованно охраняемых высоких культур, охватывающих все население, а не только элитарное меньшинство» [Геллнер 1991]. Геллнер не уточняет, какими средствами высокая культура формирует национальное чувство; однако другие ученые обращают первостепенное внимание на специфическую роль в процессе создания нации именно культурных факторов. Бенедикт Андерсон позиционирует такие культурные продукты, как образовательные учреждения и воплощенный в печатной продукции капитализм в целом, в качестве факторов, способствующих изменению восприятия людьми своего места в обществе по сравнению с другими. Эти новые способы понимания сообществ, пришедшие на смену досовременным концепциям, позволяют «осмысленно связать воедино братство, власть и время» [Андерсон 2001]. Подобным же образом Хоми К. Бхабха трактует концепцию нации как «форму повествовательно-текстовых стратегий, метафорических смещений, подтекстов и символических уловок». Он фокусируется на амбивалентном культурном языке национализма и отслеживает тот момент, когда культурный авторитет находится «в процессе "сочинения" своего мощного образа» [Bhabha 1990: 2–3].

Бхабха утверждает, что нации «теряют свои истоки в мифах, порожденных временем» [Bhabha 1990: 1], в то время как Энтони Д. Смит называет сам национализм «одним из самых популярных и вездесущих мифов современности» [Smith 1991: 19]. Национальная идентичность, по его утверждению, является «коллективным культурным феноменом», более широким, чем национализм [Smith 1991: 7]. Смит считает, что этническая идентичность как составной элемент национальной идентичности связывает воедино мифы, воспоминания и символы нации. Как этническая группа, так и нация должны иметь название, общий миф происхождения, общую историю и культуру, территорию и чувство единства. Однако нации, кроме того, необходимо еще и чувство политической общности.

Исследователи русского национализма не обошли вниманием его общетеоретические вопросы, а также проанализировали развитие этой идеологии в огромной, многонациональной и многоэтничной империи, территориально охватывающей Европу и Азию, где отношения между правителями, бюрократическим аппаратом, интеллигенцией и народами, притом не самые мирные, сплетаются во все более сложную сеть. В связи с этим ни социально-экономический, ни культурный, ни этнический подход в отдельности не обеспечивает адекватного анализа развития российской национальной идентичности [Dixon 1998]. Как утверждают, в частности, Джеффри Хоскинг и Вера Тольц, основная проблема русского национализма заключается в том, что формирование этнической русской идентичности, входящей в состав более широкой имперской идентичности, зашло в тупик [Hosking 1997; Tolz 2001; Rowley 2000][10]. Точно так же, как отмечает Терри Мартин, Советский Союз пытался создать единую всеобъемлющую советскую идентичность, стирающую все прочие, хотя, как ни парадоксально, этот процесс включал в себя нечто вроде антидискриминационных мер, успешно институционализировавших этничность [Martin 2001].

Эти и другие углубленные исследования обращаются к сложной взаимосвязи между имперской и национальной идеологиями Российской империи и Советского Союза, уделяя особое внимание отношениям между имперским центром и его пограничными регионами, некоторые из которых после падения Советского Союза стали независимыми государствами, а также между этническим ядром страны и другими этносами и народностями. Однако провинциальный миф не задается вопросами межэтнических отношений, колониальных периферий или экзотического Другого. Он полностью сосредоточен на отношени-

---

[10] Другим исследователям отношения между национальным и имперским представляются еще более сложными: см. [Miller 2004]; Ольга Майорова замечает, что писатели и мыслители XIX века стремились провести различие между русской нацией и Империей, переосмыслив нацию через культурную мифологию и тем самым освободив ее от «тени Империи» [Maiorova 2010].

ях между двумя довольно расплывчато определяемыми группами россиян: столичными жителями и провинциалами. Символическая география провинциального мифа проста до аскетичности: ее составляют столица и вся остальная часть страны. Столица воплощает в себе политические, административные, культурные, идеологические и символические аспекты превосходства центра над провинциями. Таким образом, несмотря на то что провинциальный миф развивался параллельно с другими основополагающими нарративами России, он определенно уникален в своем роде.

Русские национальные мифы — это истории о славном прошлом и уникальной судьбе; они объясняют, оправдывают или маскируют всё, что составляет «русскость» в ее расхожем понимании, а также определяют политику Российского государства внутри страны и за рубежом в тот или иной исторический период. Наряду с идеями панславянского мессианства важнейшим элементом русского национализма всегда было православие [Clark 2011; Hosking 1997]. В многочисленных светских мифах перед нами предстают великие правители и воины, такие как варяжские князья [Maiorova 2010], Дмитрий Донской, Александр Невский и Владимир Мономах; Петр Великий [Wartman 2006]; интеллектуальные фигуры — такие как Михаил Ломоносов [Usitalo 2013], вестернизировавшие Россию, формировавшие и направлявшие ее политическое, научное и культурное развитие в легко узнаваемое русло европейской державы. Истории о великих военных победах оказались настолько полезны для национального самоопределения, что вплоть до XX века оставались основой русской национальной мифологии [Maiorova 2010]. Миф о казаке создал привлекательный образ воина-героя — типично русского, но при этом географически далекого от культурного центра. Казак возник как образ Другого и Самости, который, как показывает Джудит Корнблатт, помог «русским осознать себя в исконном контексте, а не только как отсталых сводных братьев Запада, порабощенных европейскими обычаями» [Kornblatt 1992: 17]. XX век способствовал распространению мифов об освоении Арктики и о советской космической программе [McCannon 1998][11].

В отличие от этих грандиозных историй, в мифе о провинции нет героев — ни князей, ни генералов, ни воинов, ни ученых, ни исследователей. Однако он, так же как и казацкий миф, приписывает «русскость» в определенном ее понимании некой большой группе, находящейся, что особенно важно, за пределами культурного центра. В силу своей культурной и физической удаленности от этого центра как казаки, так и провинциалы видятся хранителями религиозной и культурной чистоты Древней Руси и нетронутой целостности загадочной «русской души». Провинциалы составляют гораздо более многочисленную и гораздо более аморфную группу, чем казаки — реальные или мифические. Однако, как и казаки, они тоже олицетворяют одновременно Нас и Других, а следовательно, одновременно притягивают и отталкивают.

Конструирование образа Другого — важнейший элемент формирования любой идентичности; бо́льшая часть русских культурных мифов предполагает, по крайней мере неявно, образ враждебного, таинственного или высшего Другого, которого русские национальные герои либо покоряют, либо побеждают, либо копируют, либо затмевают. Иностранцы, особенно представляющие условный «Запад», всегда считались самым главным и самым раздражающим Другим для России[12]. В этой структуре Запад — расплывчатый всеобъемлющий термин для обозначения большей части Европы и, все чаще, Соединенных Штатов. Другими словами, Запад — это все, что не Россия (за вычетом Востока), так же как провинция — это все, что не столица (за вычетом экзотических регионов). Подобные определения способна вместить в себя лишь символическая география. Таким образом, в националистическом дискурсе Запад и провинция фигурируют как культурные мифы, которыми, вкладывая в них какое угодно содержание, можно манипулировать с легкостью и выгодой для себя.

---

[11] См. также [Diment, Slezkine 1993; Gerovitch 2015].

[12] См. интересный обзор в [Cross 2004].

Тернарная модель «провинция — столица — Запад»

Образ провинции в культуре последних двух столетий варьировался от негативного до идеализированного. Эти ассоциирующиеся с провинцией меняющиеся смыслы, в свою очередь, влияют и на восприятие второго элемента бинарной оппозиции «столица — провинция». В тех случаях, когда провинция рассматривается как отсталое болото, столица предстает средоточием смысла и прогресса; когда же провинция выступает как обитель духовности и нравственного богатства, столица превращается в прогнивший мегаполис. Кошмарные, наводящие тоску маленькие городишки, описанные Гоголем и Чеховым, могут восприниматься таковыми лишь в противопоставлении столице — даже если обе сущности в равной мере представляют собой идеологические конструкции. Энн Лонсбери утверждает, что аналогичная взаимозависимость характеризует и то, как русские мыслители видят свою страну в сравнении с Западом, провозглашая или отрицая его превосходство. Эти отношения построены по одной и той же схеме [Lounsbery 2005: 266]. Таким образом, концепция провинциальности с сопутствующими ей концепциями неаутентичности и отсталости занимает центральное место в самоидентификации России как европейского провинциала. Это устойчивое восприятие положения России как провинциального и, следовательно, либо низшего, либо высшего по отношению к Западу обеспечивает проблеме провинции центральное место в нескончаемых дискуссиях о российской идентичности.

Провинция выступает как символическое место, в котором обсуждаются основные российские культурные мифы и, что особенно важно, формулируется национальная идея. Постсоветская концентрация внимания на провинции схожа с пассеизмом прошлого века; однако у нее имеется дополнительный стимул: остро осознаваемая потребность переопределить русскую культуру как самодостаточную, с собственной динамикой «центр — периферия» взамен противостояния «Россия — Запад», в рамках которого Россия оказывалась в слишком невыгодном положении. Таким образом, эти две основные бинарные оппозиции русской культуры — «провинция — столица» и «Россия — Запад» — сливаются в тернарную структуру, в которой российская столица располагается *между* Западом и российской провинцией. Если по отношению к Европе Россия представляет собой отсталую провинцию, то с противоположной точки зрения Москва является центром по отношению к собственным нестоличным территориям, культурно и административно подчиненным ей. Разделение на столицу и провинциальные территории в русской культуре создает *внутринациональную* параллель *транснациональной* модели «Россия — Запад». В обоих случаях оказываются задействованы культурные мифы; однако возникающие в результате отношения позволяют вывести дискурс национальной идентичности за пределы жестких рамок оппозиции Россия — Запад и попытаться разработать альтернативную, неконфликтную концепцию национальной идентичности. Для этой цели в качестве эталонной модели должна служить не бинарная система «Россия — Запад», а тернарная «провинция — столица — Запад».

В той или иной степени тернарная модель прослеживается в многочисленных литературных текстах XIX века, включая те, что традиционно рассматривались как развивающие бинарную модель столицы и провинции. У Гоголя провинция тщится подражать столице, которая, в свою очередь, создавая ряд плохих копий, подражает Европе. В «Анне Карениной» Толстого символический ряд: усадьба Левина — Москва — Петербург — «английское имение» Вронского, — представляет собой последовательный переход от позитивного к негативному. Достоевский в «Бесах», как показывает Энн Лонсбери, помещает Россию «в позицию провинции по отношению к европейской культуре, иллюстрируя это тем, как радикалы слепо и целиком принимают все импортированные идеи» [Lounsbery 2007: 213]. То, что действие романа происходит в провинциальном городе, подчеркивает удаленность от «источника» и, следовательно, вторичность радикальных идей русских революционеров. То, что жители провинциального городка более подвержены влиянию идей, исходящих из центра, как российского, так и зарубежного, обнажает природу этой зависимости: восприятие провинции как места, куда цель, смысл и полнота жизни могут прийти только извне. Это подчеркивает опасность российского провинциального мышления, комплекса неполноценности, от которого всего один шаг до слепого следования «бесовским» западным идеям.

В провинциальной повести середины и конца XIX века, где провинциальность составляет саму основу сюжета, хотя и ограниченного условностями жанра и уже устоявшимся литературным образом провинции, главный герой, прибывший из центра, зачастую выделяется не только внешним столичным лоском, но также и европейскими манерами и вкусами. Так, в «Наденьке» Марии Жуковой (1853) Леметьев возвращается в родной город из столицы в качестве «петербургского гостя». Уже сама эта «столичность» создает дистанцию между Леметьевым и жителями провинциального города; однако англофильские наклонности придают ему «удвоенную» столичность, или «суперстоличность», по определению Ирины Савкиной [Савкина 1998], достигнутую за счет добавления европейского элемента. Эта «суперстоличность» была бы излишней, если бы не соответствовала логике тернарной модели «провинция — столица — Европа», в которой столица сама по себе не способна обеспечить значительность и центральную роль героя.

Отношение провинции к центру, как и отношение деревни к нему же, определяется не физической, а культурной дистанцией. Ее конструирование, маркирование и осуществляемые с ней манипуляции — одна из самых продуктивных тем русской классической литературы. Эткинд определил отношения между Человеком из Народа и Человеком Власти и Культуры как составляющие «метанарратива многих классических текстов»[13]. Русский

---

[13] Более пространная цитата из Александра Эткинда: «В силу самореферециальности внутренней колонизации оппозиция государства и народа эффективно замещала оппозицию Запада и Востока. Представители государства и представители народа изображались литературой XIX века как люди принципиально разной природы — или, точнее, культуры. Столкновение двух персонажей, Человека из Народа и Носителя Власти и Культуры, было метанарративом многих классических текстов, которые драматизировали ситуацию внутренней колонизации, подчиняясь законам жанра» [Эткинд 2003: 111].

Человек Культуры определял свою национальную сущность в рамках этих двух иерархических систем, включающих в себя и собственный народ, и другие национальные культуры. В рамках дискурса национальной идентичности он одновременно подчиненный и подчиняющий: на провинцию из столицы он поглядывает свысока, а на Европу смотрит снизу вверх.

Рассматривая провинцию как «один из основных тропов русской литературы» [Lounsbery 2005: 259], Энн Лонсбери показывает, что ни отсталая провинция, ни столица не соответствуют высоким стандартам Запада: «Российская столица, вечно пытающаяся тянуться за Европой и подражать ей, может считаться столь же провинциальной, как и провинция, по отношению к настоящему центру, а именно к Европе» [Lounsbery 2005: 266]. Гоголь опровергает различие между провинцией и столицей, неоднократно демонстрируя фундаментальное сходство провинциального города N и столицы, Санкт-Петербурга: оба они лишены самобытности и позитивной идентичности; оба определяет лишь то, в какой степени они отличаются от своего открыто заявленного образца — Европы. Неутешительное осознание провинциальности России неизбежно ведет к тому, что «провинция по-прежнему остается вопросом, на который нет ответа» [Lounsbery 2005] — вопросом о российской идентичности.

Русская провинциальность, тревожившая и даже пугавшая мыслителей XIX века, интерпретируется современными националистами как источник надежды. В этом заключается основное различие между традиционными иерархиями «провинция — столица» и «Россия — Запад» и тернарной структурой, порожденной провинциальным дискурсом постсоветской России: элементы остались теми же, но иерархия оказалась перевернутой, вследствие чего провинция теперь зачастую ставится выше столицы и, возможно, даже Запада. Эта претензия на превосходство основана на понятии аутентичности, переосмысленном не в эстетическом или онтологическом, а в идеологическом плане. Провинция, провозглашенная хранилищем русского национального духа, превосходит столицу в верности национальному характеру, которому, в свою очередь, приписывается моральное превосходство по отношению к характеру представителей Запада. Особенно ярко эта тенденция проявляется в антизападных настроениях, культивируемых официальной пропагандой путинской России. Повышенный интерес ко всему провинциальному отражает потребность россиян в реорганизации символической географии страны, которая позволила бы им воспринимать Запад как нечто испорченное и непривлекательное (или, по крайней мере, чуждое), в то время как провинция олицетворяла бы собой все, что обеспечивает превосходство России.

Национализм и ресентимент

То, что национальная самоидентификация России зачастую выражается в рамках противостояния «Россия — Запад», — общее место. Лиа Гринфельд прослеживает развитие концепций нации и национального характера в России как процесс ассимиляции западной идеи национальности, стоящей над категориями класса и ранга. В ходе этого процесса к началу XIX века в России сформировался образ Запада как модели и соперника: «Как только Запад был признан моделью, а произошло это одновременно с первым робким заигрыванием с идеей национальной идентичности, — то, до какой степени эта идентичность была психологически удовлетворяющей, зависело от результата соревнования с Западом» [Greenfeld 1992: 227]. Как показывает Гринфельд, осознание того, что сравняться с Западом оказалось невозможным и что «наличие Запада в качестве модели неизбежно вызывает презрение к самим себе» [Greenfeld 1992: 250], привело к отказу от самой идеи Запада как модели для России. Парадокс (и вечная проблема) русского национального самоопределения состоит в том, что Запад, поносимый или боготворимый, все равно остается моделью. Более того — поскольку русские интеллектуалы заимствовали западную концепцию национального характера вместе с романтической идеей народа как его носителя, Запад остается источником самих терминов и категорий националистического дискурса.

Результатом конкуренции России с Западом стало осознание неспособности России к участию в соревновании на условиях, определяемых Западом. Это осознание, в свою очередь, породило болезненное чувство неполноценности и более или менее осознанный протест. Гринфельд рассматривает этот протест в терминах ницшеанской концепции ресентимента, Борис Гройс — в терминах психоанализа, как конфликт подсознания (Россия) и сознания (Запад) [Groys 1992]. Ресентимент и экзистенциальная зависть не ограничиваются выражением антипатии к раздражающему объекту; эти чувства могут также вызвать к жизни систему ценностей, призванную облегчить чувство культурной неполноценности. В случае России они породили национальную модель, основанную на самовосприятии России как стоящей отдельно от Запада, и притом в позиции превосходства. Гройс описывает по сути тот же процесс, рассматривая историю русской национальной философии от Чаадаева до Бахтина как апроприацию западных концепций инаковости и создание модели русского национального характера в виде Другого по отношению к Западу. Ее базовые элементы подбираются по контрасту с фундаментальной составляющей образа Запада: рационализмом. То есть рационализму противопоставляется мистическая душа, индивидуализму — соборность, бездуховности — духовность, меркантильности — благородное бессребреничество и т. д.

Какое бы неоднозначное мнение ни имел Гоголь по поводу положения России в мире, знаменитая чичиковская тройка, чье колесо, возможно, не доедет до Москвы, перейдя на символический и мифотворческий путь, вылетает за пределы России, и перед ней, «косясь», расступаются другие народы. Гоголевская тройка устрашает Европу [Вайскопф 1993: 403–431]. Достоевский же в своей речи о Пушкине, напротив, заявляет, что историческая миссия России состоит в спасении Европы. Но, несмотря на различия, взгляды обоих авторов основаны на фундаментальном противостоянии России и Европы, на идее о том, что по единственно значимым критериям Россия превосходит Европу и должна отказаться от слепого следования по неприемлемому европейскому пути. И Гоголь, и Достоевский в порыве патриотических чувств оспаривают привычную иерархию наций, в которой Запад явно стоит выше России. Именно эти чувства и ведут к ресентименту и попыткам пересмотра иерархий: поскольку Россия не может состязаться с Европой в европейских категориях прогресса, модернизации, общественного и культурного развития, на первый план выводятся качества, приписываемые в их историософских концепциях русскому народу: религиозность, духовность и историческая миссия, которые и представляются безусловно более значимыми.

Ресентимент — это ощущение себя жертвой несправедливости при невозможности устранить эту несправедливость действием. Как объясняет Ницше, «когда ресентимент сам становится творческим и порождает ценности», это чувство «существ, которые не способны к действительной реакции, реакции, выразившейся бы в поступке, и которые вознаграждают себя воображаемой местью» [Ницше 2001]. Социологи и психологи понимают его как характеристику лиц или социальных групп с низким статусом, испытывающих гнев и боль, но не способных ни смягчить эти чувства, ни отомстить за них. Ресентимент может стать как саморазрушительной силой, так и стимулом к действию и переменам — от гражданских исков до революций [Meltzer, Musolf 2002]. Некоторые ученые описывают эти процессы в терминах теории социальной идентичности (SIT), изложенной Анри Тажфелем и Джоном Тернером в 1970-х годах. Согласно этой теории, у членов групп с низким статусом есть три потенциальных способа справиться с негативным самовосприятием своей группы: перейти в группу с более высоким статусом (социальная мобильность); добиться реального изменения относительного статуса группы (социальная конкуренция); либо изменить критерии оценки, что даст их группе возможность претендовать на превосходство (социальное творчество) [Tajfel Turner 1979; Welch Larson, Shevchenko 2003; Jackson 1996]. Ольга Малинова обсуждает развитие русского национализма как путь, на различных стадиях которого преобладают различные стратегии ресентимента. Западники XIX века выступали за принятие западных ценностей и обычаев, видя в этом для России путь социальной мобильности; славянофилы предпочли переосмыслить «различия в пользу России в логике стратегии социального творчества». В начале XX века был период, когда представлялся допустимым путь социальной конкуренции («погоня за преимуществом там, где оно возможно, без стремления к конвергенции»), однако железный занавес положил этому допущению конец: националистическая риторика прочно слилась с языком абсолютного различия [Malinova 2014: 302]. После перестройки, когда стало очевидно, что паритет с более развитыми западными обществами не был достигнут, единственной альтернативой оставалось «социальное творчество», то есть пересмотр критериев, по которым оценивается прогресс. Хотя такое описание несколько упрощает взгляды больших групп мыслителей, трудившихся в разные периоды и принадлежащих к разным школам мысли, оно выявляет важную объединяющую их тенденцию. В той мере, в какой стратегии выживания, описанные в теории социальной идентичности, могут быть применимы к таким обширным группам людей, как нации, можно сказать, что последняя стратегия ресентимента — «социальное творчество» — становится прибежищем националистов, поскольку позволяет оторваться от верифицируемой реальности и призывает вместо этого к созданию реального или воображаемого мира, организованного в соответствии с критериями и ценностями, устраивающими создателя.

С момента появления в публичной сфере концепции национальной идентичности творческая переоценка того, что составляет прогресс и определяет положение нации в мире относительно прочих, стала в русском националистическом дискурсе предпочтительной стратегией. Сегодня, как и всегда, она направлена на то, чтобы определить русский национальный характер посредством нисходящего сравнения с Другими, чаще всего с Западом. В этом проекте открыто участвовала и государственная пропаганда. Известный политолог и глава Совета по внешней и оборонной политике Сергей Караганов отмечает в официальной газете «Известия»: «Россия, находящаяся в поиске и восстановлении себя, начала предлагать большинству мира жизнеспособную и привлекательную модель поведения и набор ценностей» [Караганов 2016]. Караганов четко определяет ценности национального суверенитета и готовность отстаивать его силой как настоящую «старомодную» мораль. Он называет отказ от консьюмеризма «незападной» позицией и рассматривает всю политическую и идеологическую платформу страны как «вызов России Западу». Он резюмирует и воспроизводит преобладающий стиль современного националистического дискурса в следующем виде: чтобы россияне воспринимали свою страну как передовую державу, они должны оценивать ее положение на основе ценностей, отличных от западных идеалов экономического процветания, демократии, терпимости и плюрализма. Альтернативная система ценностей делает упор на моральные аспекты, такие как «традиционная христианская этика», «честь, национальное достоинство и доблесть», которые были отвергнуты и преданы Европой [Morozov 2004].

Другими словами, вызов, брошенный Россией Западу, лежит не в сфере достижений, поддающихся проверке фактами, а в сфере таких абстрактных понятий, как нормы поведения и моральные ценности. Такая точка зрения весьма типична для современного национализма и находит отклик у значительной части населения. Подводя итоги опросов общественного мнения 2003 года, проведенных крупной независимой социологической исследовательской организацией «Левада-Центр», Лев Гудков отмечает устойчивое мнение о Западе, особенно о Соединенных Штатах, как о противоположности российской системе моральных ценностей:

> Если США — это богатое общество, то мы бедные; если американцы примитивны, вульгарны, лишены настоящей высокой культуры, живут приземленными материальными заботами и интересами, короче, культурно неразвитая страна, то мы, напротив, витальны, «духовны», у русских за спиной — «высочайшая культура», литература, искусство, музыка, «тысячелетняя история» и т. п. [Гудков 2004б: 512.]

Разумеется, национализм целиком основан на чувствах и выдвигает утверждения, которые невозможно подтвердить научно. Эрнест Геллнер отмечает, что «националистическая идеология страдает от пронизывающей ее ложной значительности. Ее мифы извращают реальность» [Геллнер 1991]. Ученые прослеживают различные способы, которыми Европа определяла себя в отношении своих восточных Других, включая Россию [Neumann 1998; Wolf 1994]. Таким образом, зависимость русских националистов от Другого как от точки отсчета — качество, общее для всех: Другой необходим для формирования любой социальной, политической или национальной идентичности. Процесс определения и обозначения Других всегда включает в себя обсуждение ценностей. Исследуя французский национализм и рассматривая отношение людей к различиям, Цветан Тодоров обращает особое внимание на вопрос ценностей. «Если я националист, — подчеркивает он, — то я заявляю, что ценности моей страны, каковы бы они ни были, стоят выше всех других». «Другие» страны и культуры можно определить лишь с точки зрения того, насколько они похожи или непохожи на вашу собственную; в любом случае «сравниваемые сущности, "мы" и "другие", остаются чисто относительными» [Todorov 1993: 264]. Самоопределение «от противного» — часть того, что Тодоров называет «надлежащим использованием Других». Таким образом, российский националистический дискурс не слишком уникален ни по природе своих элементов, ни даже по активности и агрессивности его сторонников.

Пропавший народ

Современные националисты знают, в чем заключаются положительные атрибуты русскости; но, как и их предшественникам в XIX веке, им нужно обозначить обладателя этих атрибутов. Если большинство русских интеллектуалов обязано (и всегда было обязано) своими идеями, философией и самими понятиями, в которых они обсуждаются, Западу (то есть воплощению всего чуждого русскому духу) — следовательно, они не могут обладать истинно русскими качествами. В середине XIX века славянофилы нашли идеальную сущность, которая могла бы воплощать эти ценности, в «народе», и провозгласили «русское крестьянство» «знаменосцем нации» [Greenfeld 1992: 258]. Сегодня ту же роль играет провинция.

«Народ» составлял «существенный элемент славянофильской утопии» [Walicki 1975: 231], и о нем было принято говорить в возвышенных, хотя и абстрактных терминах сохранения традиций и противостояния внешним влияниям. Эта утопия помещалась в прошлом допетровской Руси, представляемой как идеализированное общество; центром ее была крестьянская община, живущая в соответствии с традициями и принципами соборности. Писатель Константин Аксаков, один из самых страстных приверженцев славянофильской «народомании» [Walicki 1975: 267], неоднократно противопоставлял образованную публику, все существование которой основывалось на заимствованных идеях и ценностях, с одной стороны, и «народ», сохранивший подлинную русскость, с другой. «Простой народ есть основание всего общественного здания страны. И источник вещественного благосостояния, и источник внешнего могущества, источник внутренней силы и жизни, и наконец, мысль всей страны пребывают в простом народе» [Аксаков 2009: 296]. Крестьянская община особенно привлекала славянофилов, воспринимавших ее как воплощение принципов общественной собственности и образа жизни, прямо противоположного западному индивидуализму [Rabow-Edling 2006]. Образованные и прозападные круги России не соответствовали этому стандарту; таким образом, их отчуждение от народа стало насущной проблемой русской мысли. Ясно, что славянофилы представляли себе «народ» как культурный миф, воображаемый и определяемый как нечто отличное от образованных классов и, как следствие, Запада[14]. Русская литература изобилует яркими, пусть и не

---

[14] Александр Эткинд подчеркивает иностранные источники интереса к народу как к Другому: «Русские последователи немецких романтиков открыли у народа фольклор, общину и целостность, столь недостававшую им самим. Русские последователи французских социалистов нашли у народа отвращение к собственности, равенство женщин и нечто вроде гражданской религии» [Эткинд 2001: 66].

всегда позитивными, образами представителей народа — от карамзинской «бедной Лизы» до крестьян Толстого, Тургенева, Чехова. Однако, при всей своей привлекательности и убедительности, эти персонажи представляют собой лишь авторскую интерпретацию культурного мифа о крестьянстве. Сами крестьяне, как и все подчиненные группы, безмолвствуют, сколько бы красноречивых и благонамеренных господ от их имени ни высказывалось.

Федора Достоевского так же, как и славянофилов, глубоко тревожило увлечение России Европой. В своих путевых заметках «Зимние записки о летних впечатлениях» (1863) он сокрушается о том, что представители образованной элиты становятся иностранцами на своей собственной земле, и обрушивает свой гнев на «рабское преклонение именно перед европейскими формами цивилизации». Однако, когда Достоевский призывает к «вере в свои собственные, национальные силы» или выражает убеждение, что существует «какое-то химическое соединение человеческого духа с родной землей», он не предлагает никаких разъяснений по поводу того, что же составляет эту силу и связь [Достоевский 1982]. Народ остается неопределенным носителем столь же неопределенной национальной идеи. Записки Достоевского представляют собой упражнение на подстановку: то, что заявлено как впечатления от зарубежья, на самом деле — обсуждение русской национальной идеи в сравнении и по контрасту с тем, что он называет Западом. Здесь же мы видим и упражнение в ресентименте: Достоевский порицает образованную элиту за навязывание России европейских идей и стандартов, тем самым подтверждая, что этого сравнения России не выдержать. Он отказывается принимать Запад за образец и постоянно порочит его. Полушутя, полусерьезно он высказывает предположение, что осуждение Запада — долг русского патриота: «любить родину — значит ругать иностранцев» [Достоевский 1982][15].

---

[15] Бо́льшая часть ключевых аргументов Достоевского в этой работе предваряется оговорками: «Не считайте, что...», «Совсем я так не думаю...», «Не думайте, что я стану доказывать...» и т. д. Здесь это также служит маркером одного из ключевых пунктов Достоевского.

В размышлениях об уникальном пути России крестьянская община и народ в целом последовательно служат аргументом против западного влияния. Примечательно, как слова, сказанные более полутора веков назад, перекликаются с современными высказываниями о провинции как о пространстве, где «пока что не утрачена национально-историческая память» и «остаются глубоко укоренены важнейшие качества и характеристики всей русской культуры», что обеспечивает ее потенциал для «возрождения России в целом». Современный провинциальный миф представляет провинцию как некое сакральное место: «территория истинности и сокровенности... где хранятся вечные ценности и абсолютные смыслы» [Богомяков 2014: 62]. Подобно стародавней крестьянской общине, провинция рассматривается как нечто подлинно русское и, следовательно, превосходящее как столицу, так и Запад. Хотя сегодняшние националисты любят цитировать славянофилов, суть даже не в том, что современные представления о провинции явно копируют славянофильские идеи. Суть в том, что оба способа мышления отвечают потребности вообразить провозглашенного носителя национальной идеи, существующего отдельно от «гнилого» прозападного центра. Оба они формулируют русскую идентичность в пространстве символической географии, где Запад и русский народ (воображаемое ядро нации) противостоят друг другу. Народ — именно потому, что это понятие как абстракция и культурный миф не зависит от исторических реалий, — остается хранителем русского духа в противовес западным аберрациям. Однако средой его обитания уже не обязательно является крестьянская изба или деревня.

Иван Аксаков предложил интересную точку зрения на провинцию как на золотую середину между людьми из народа, воспринимаемыми как истинные русские, и представителями образованного общества, которые на своей земле равнозначны иностранцам:

> Если б провинция вместо того, чтоб быть рабскою копией с копии и подражать тем, которые в свою очередь подражают образцу чужеземному, — постаралась сильнее скрепить

свою связь с народным бытом, к которому она ближе, чем столицы, — она могла бы получить важное значение в деле истинного русского просвещения...
Провинциализм мог бы занять законное место в разработке всех особенных сторон многостороннего русского духа [Аксаков 2006б: 174].

Аксаков полагает, что провинция способна, по крайней мере потенциально, избавиться от собственной провинциальности — так сказать, сменить парадигмы — и влиться в однозначно позитивную сущность: народ. Русским националистам XIX века различие между деревней и провинцией, очевидно, представлялось важным, однако в XX веке оно утратило свое значение. В русской классике деревня была обителью крестьянина, роль которого как носителя русского национального духа компенсировала, во всяком случае до некоторой степени, жалкую бедность окружавшей его обстановки. Деревенская жизнь XX века, напротив, приобрела решительно негативные коннотации конфликта, трагедии и упадка. Коллективизация (принудительное объединение крестьянских хозяйств в колхозы) положила конец крестьянской общине. Предполагаемыми бенефициарами большевистской революции были не крестьяне, а рабочие. Официальный язык советской индустриализации и урбанизации концептуально переосмыслил роль крестьян, определив их как рабочую силу и переименовав в колхозников [Levesque 2008].

Положительный герой раннесоветской литературы, как демонстрирует Катерина Кларк, это не «дикий» крестьянин, а революционный рабочий, на которого часто возлагается задача вывести крестьянина из стихийной дикости и привести к революционному сознанию [Clark 2000]. Колхозный роман в жанре социалистического реализма «создал» новую деревню, живущую идеалом будущего и стремящуюся к нему. Между тем деревенская проза 1980-х годов, характеризуемая прежде всего ностальгией по утраченным традиционным сельским общинам, обращалась к «светлому прошлому» [Parthe 1992: 3]. Развивая темы дома, традиций, природы и памяти, авторы деревенской прозы обращались к сельской России в поисках лучшего прошлого, идеализированного представления о нем, созданного не столько из реальных впечатлений, сколько из ностальгического чувства [Parthe 1992: 50]. Фундаментальной темой, вдохновлявшей деревенскую прозу, стал кризис российской деревни как обители традиций, и главными героями этой прозы были старики. Сегодня понятие «народ» больше не ассоциируется с деревней, и в городском пространстве современной культуры оппозицию авторитетному центру составляет провинциальный город, или, точнее, провинция как миф. Как культурные конструкции «деревня» и «провинция» слились в XX веке в единое нестоличное пространство. Провинция впитала в себя позитивные коннотации деревни, разработанные русской классической литературой, но не негативные, преобладавшие в культуре XX века, где деревня представала как место конфликта и упадка[16].

Эти два термина часто используются как синонимы. Вот, к примеру, в недавней (и очень типичной) интернет-публикации о провинции как спасительнице России все три термина — «народ», «провинция» и «деревня» — используются как взаимозаменяемые:

> В самом деле, нельзя не ощущать, как сегодня «таинственно и незримо» зреет в народной глубине «спасительный переворот», приготовляющий добровольное возвращение в провинцию. Важно, чтобы это долгожданное возвращение людей на свою малую родину всячески — и материально, и идеологически — поддерживалось государством, так как понятно, что самостоятельно справиться с деревенскими проблемами городской обыватель не сможет [Колодяжный 2015].

Это утверждение — часть размышлений автора об опасностях вестернизированного общества потребления, сложившегося в городских центрах, особенно в Москве, где «громадная масса людей, в основе своей космополитическая и падкая на популист-

---

[16] Так, В. А. Фортунатова признает, что провинция — это «история, традиции, обычаи, т. е. сконцентрированная мощь, порождаемая самими местными жителями, если только не принимать во внимание умирающие деревни, где эта "мощь" олицетворяется забытыми старухами, но думать о городках, жизненно ощущаемых и творящих» [Фортунатова 2006: 7].

ские обещания сладкой жизни "как за границей", становится легкой добычей для внешнего манипулирования». Российская провинция или деревня, которая «сама по себе является огромной ценностью для всего мира» и «таит в себе священный дар самозарождения человеческого бытия», — единственное место, где человеческая душа сегодня может найти «приют и спасение». Она — «единственный возобновляемый источник здоровых народных сил». Такое сочетание двух разных парадигм — симптом в высшей степени абстрактного характера обеих концепций: лишенные какого-либо конкретного содержания, они взаимозаменяемы, пока действуют в дискурсе национализма как противовес порочности Запада.

Такова природа националистического дискурса в целом: он не связан социальной и исторической реальностью. Он, как отмечает Нэнси Конди, извращает «до предела любые доказательства и уводит нас в область домыслов, где факты и воображение совершенно не связаны друг с другом» [Condee 2012: 43]. Одна из его задач — сохранять и при необходимости конструировать народные истоки и традиции. Эти традиции «всегда наготове: вечные, неотъемлемые, очевидные, органичные и (главное) не поддающиеся дальнейшему анализу» [Condee 2012: 41]. Поскольку миф играет важную роль в легитимации социальных структур и поддержании социальной идентичности, ему отводится центральное место в рассуждениях о государственности [Overing 1997]. Все национальные истории опираются на образ прошлого и его легитимизирующую силу. Миф о золотом веке, как показывает Энтони Смит, необходим «для создания убедительного представления о "народе", для чего нужно заново открыть и приписать себе достойный и особый путь. Только тогда нация может устремиться к славной судьбе, ради чего от ее граждан можно ожидать готовности пойти на некоторые жертвы» [Smith 1997: 36]. Этот акцент на истоках и, следовательно, на временно́м аспекте национальной идеи является общим для любого национализма. Русская традиция также прочно увязывает временны́е и пространственные перспективы с представлениями об утопическом золотом веке народного духа и культурным мифом его носителей. Когда деревня и провинция представляются воображаемыми местами, отдаленными как во времени, так и в пространстве, они требуют не анализа, а конструирования мифов.

Постсоветский национализм и провинция

Распад Советского Союза с последовавшей за ним дезинтеграцией экономики и потерей интернационального советско-имперского престижа потребовали прежде всего создания новой постимперской коллективной идентичности. Русская культура этого периода становится полем разработки концепции национальной идентичности в стране, которая на протяжении всей своей истории существовала как империя. Ныне же это федеративное государство, нуждающееся в национальной концепции, способной не только объединить многочисленные этносы, проживающие на его территории, в «российский народ», но и определить место русского большинства в этой еще не существующей общности. Эмиль Паин рассматривает историю подъема ксенофобии и этнонационализма в последние два десятилетия как «типичные для постимперских условий психологические комплексы, связанные с болезненностью привыкания этнического большинства к своему новому пространственному телу, как бы сжавшемуся после распада Союза» [Паин 2004: 106]. Таким образом, процесс формирования концепций нации — этнической и гражданской — и поиска особого «русского пути» сопровождается ростом ксенофобии и антиамериканизма, то есть происходит в уже знакомых рамках оппозиции Другому, в том числе Западу[17].

Националистический экстремизм 1990-х годов, в котором комментаторы часто усматривали пугающую параллель с довоенной нацистской Германией[18], остался маргинальным явлением постперестроечного периода. Однако в 2000-е годы пафос и терминология экстремизма вошли в дискурс официальной идеоло-

---

[17] См., в частности, [Дилиженский 2003; Гудков 2004в].
[18] См., к примеру, [Parland 2005; Лихачев 2002].

гии, где понятия национальной идеи и национального пути развития стали инструментами государственного национализма как проекта «консолидации российского социума вокруг федеральной власти» [Зверева 2007: 21]. Главные составляющие этого проекта — создание позитивной коллективной идентичности и сопутствующее ей определение Другого. Националистический пафос и риторика ресентимента пронизывают в сегодняшней России все культурные и социальные дискурсы, от телесериалов до школьных учебников, от публицистики до политических и экономических исследований. В риторике официальных документов, исторических исследований, школьных учебников, телевизионных программ и других средств массовой информации позитивная идентичность основывается на величии российской истории, духовности и религиозности русского народа, самобытности и уникальности пути России. В этом комплексе идей с постоянным упором на обособленность и непохожесть прослеживается имплицитная тенденция к самоопределению через противостояние внешним силам. История русского народа предстает как «рассказ о его величии и унижениях, героизме в вечной борьбе с врагами» [Зверева 2007: 41]. Таким образом, патриотизм превращается в «понятие, связанное с репрезентацией возможностей коллективного выживания в агрессивной среде» [Воронков, Карпенко 2007: 109][19].

Осознание неспособности «догнать» развитые страны в процессе модернизации вызывает болезненное и неприемлемое чувство неполноценности, которое необходимо как-то оправдать и смягчить. Комментируя влияние этой риторики на новое поколение, Лев Гудков пишет:

> Неудивительно, что к концу первого десятилетия 2000-х годов именно молодежь проявляет особенно сильные антимодерные установки — антизападные, националистические и ксенофобские настроения, с одной стороны, и готовность к поддержке высшей власти (отказ от политической альтернативы и выбора), с другой [Гудков и др. 2011: 28].

---

[19] См. также [Bezrogov 2012].

Экономические проблемы России и специфика ее демократии обсуждаются как явления, впрямую связанные с проблемами национальной самобытности и неприемлемости западных образцов. Рациональный, индивидуалистический и развращенный Запад не может служить для российского общества образцом, поскольку духовная сущность русского народа несовместима с этим бездушным миром. Провал экономических реформ переходного периода рассматривается аналитиками как доказательство неприемлемости для России западных экономических моделей; сворачивание демократических институтов представляется как собственная версия «демократии» и оправдывается тем, что «у России есть "свой путь" в демократию» [Михалин 2009]. Все больше российских экономистов призывают к отказу от западных моделей и к развитию вместо них «русской экономической модели», учитывающей традиции, экономические принципы и уникальную специфику России [Zwejnert 2010][20].

Антизападная риторика различий и антагонизма усилилась в середине 2010-х. Однако суть этой риторики остается неизменной: после распада Советского Союза Россия пыталась определить свои отношения с Западом на собственных условиях, чтобы отойти от ресентимента и найти жизнеспособную альтернативную модель. Дискуссия, однако, постепенно перешла от размышлений о том, целесообразно ли России следовать западным социальным и экономическим моделям, к воинственной риторике, враждебный тон которой восходит к языку холодной войны. Журналист и телеведущий Максим Шевченко резюмирует официальную национальную платформу так: «Мы не Европа? И слава богу! Россия — один из последних оплотов человека и человечества». Статья, озаглавленная таким образом, доводит вековую вражду до крайности. Если традиционно русские националисты

---

[20] Анализируя статьи и монографии российских экономистов, Цвейнерт приходит к выводу, что многие российские антизападные экономисты основывают свое предпочтение «российской экономической модели» на убеждении, что «россияне не могут полноценно развиваться в рамках рыночной экономики», «не могут жить без сверхзадачи» и «должны подчинять свои личные интересы интересам государства».

определяли Запад как чуждый русскому характеру, то современные крайние националисты заходят еще дальше — они отказывают жителю Запада в каких-либо общих с ними человеческих качествах: «Понимание, что мы с большинством западных людей принадлежим, скорее всего, к разным гуманоидным видам, внешне похожим, но внутри уже принципиально иным, не только не покидает — усиливается и укрепляется». По мнению Шевченко, проблема заключается не только в природе Запада — рационального, эгоистичного и движимого материальными интересами — но и в предательстве и извращении им базовых общечеловеческих ценностей (хотя единственный пример, который он приводит, — толерантность Запада к гомосексуальности). «Это война, — говорит он, — а Россия — последняя надежда мира. Она спасет Европу от самой себя, поскольку идеология сопротивления этому злу нового либерального тоталитаризма будет развиваться и формулироваться именно здесь, в России» [Шевченко 2013].

Другой видный журналист, редактор «Политического журнала» Петр Акопов, выражает по поводу западных влияний после распада Советского Союза типичную озабоченность:

> Началась настоящая колонизация России Западом. Причем главными проводниками ее были даже не иностранцы, а собственные «европейцы». Они слепо внедряли все западные модели, от конституции до рекламы, заботясь не о том, подходят ли они России, а о том, насколько хорошо они обеспечат господство вновь создаваемой «элиты» [Акопов 2016].

Особенно интересны эти заявления тем, что оперируют тернарной моделью: Запад, который стремится поработить Россию, — русские европейцы, его агенты, — и собственно Россия, которая всегда находится в оборонительной позиции и определяется исключительно тем, чем она не является и не должна стать. В рамках этой модели любая попытка дать России позитивное определение ограничена встроенным в нее обоснованием оппозиции и конфликта. В этой версии тернарной модели, включающей в себя Запад, столицу и провинцию, столица определяется как место обитания прозападной образованной элиты. Таким образом, столица находится между двумя противоборствующими субъектами: Западом и истинной Россией.

На другой стороне политического спектра находятся «русские европейцы», или «глобальные русские», как обозначает свою целевую аудиторию либеральный медиапроект «Сноб». Они представляют собой разрозненную группу, вынужденную защищаться от обвинений в отсутствии патриотизма, и точно так же не в состоянии сформулировать жизнеспособную альтернативную национальную идею. Известный литературный критик Наталья Иванова утверждает, что по этой причине «литературный националистический дискурс, во многом сегодня совпадающий с неоимперским политическим дискурсом современной российской власти, не только развивает патриотическую риторику, но и пытается экспроприировать саму культуру». Она рассматривает провинцию как особый объект внимания националистов, поскольку они «расчесывают ее, провинции, провинциализм, уверяя, что отсталость и есть достижение» [Иванова 2011: 73].

Присвоенная националистическим дискурсом провинция характеризует его риторическую двусмысленность: двойное послание националистов о том, что они являются жертвой на мировой арене, и о гегемонистской власти столицы над провинцией в России. Нэнси Конди рассматривает этот концептуальный «сбой» как «два разных риторических проекта: с одной стороны, освобождение от гегемонистской культуры, с другой — восторг от гегемонистской победы над культурой меньшинства» [Condee 2012: 39]. Под культурой меньшинства здесь понимается культура другой этнической группы, однако та же логика присутствует и в рассуждениях о взаимоотношениях столицы и провинции. Взгляд из российского центра воплощает в себе оба проекта: направленный вовне, он видит Россию как объект колонизации, интерпретируемой как вмешательство в политические и культурные вопросы; направленный внутрь, он позиционирует российскую провинцию как объект сочувственного, но при этом объективирующего взгляда. Провинция представляет собой идеальный объект для осуществления гегемонистской власти и фактически является для русских националистов после распада Империи единственным доступным субъектом подчинения. Другими словами, российская элита может чувствовать себя ущемленной Западом, однако даже после распада Империи она сумела найти для своего гегемонизма объект. Именно таким образом российская провинция концептуализируется как Другой, но, в отличие от враждебного Другого Запада или сопротивляющихся Других бывших советских республик, она хоть и обладает отличиями, но является похожей по сути — безопасно удалена во времени и пространстве, однако не настолько далека, чтобы это исключало всякое с ней взаимодействие.

Эти метания между принижением и идеализацией провинции можно охарактеризовать как периодический сдвиг между ориенталистским взглядом на провинцию, сводящим ее либо к предмету насмешек, либо к неопределенной местности, где находятся чистые народные истоки, и окциденталистским взглядом на столицу как на прогнивший город греха. Ориенталистский подход, гегемонистский взгляд из центра, конструирующий и объективизирующий провинцию, имеет много общего с западным взглядом, конструировавшим и контролировавшим Восток, как показано в классическом исследовании Эдварда Саида о бесчувственной ориенталистской «схематизации всего Востока в целом» [Саид 2006: 68]. Этот взгляд приписывает своему объекту инаковость, необычность и экзотичность, которые и стремится проанализировать и объяснить. Провинция, как ее представляли в русской культуре, служила центру Другим: она выступала либо как нелепое подражание столице, либо как ее здоровая, более аутентичная версия. Это тот самый Другой, которого Бхабха описывает как «объект одновременно желания и насмешки, артикуляцию различия, заключенную в фантазиях об истоках и идентичности» [Bhabha 1994: 96]. Владимир Абашев подчеркивает ту же внутренне иерархическую динамику, предполагая, что провинция существует лишь как элемент структуры власти:

> Провинция — это слово столицы об окраинных землях, взгляд (и указующий жест) из центра и сверху вниз. Он может быть и презрительным, и снисходительным, и даже

до слезы умиленным, диспозиция отношений от этого не меняется... Ведь провинция не субстанция, а всего лишь атрибут имперской структуры пространства [Абашев и др. 2000].

Оксидентализм же, со своей стороны, выворачивает этот взгляд наизнанку, приписывая Западу объективизацию и подавление и воспринимая его как «лишенную корней, космополитическую, поверхностную, тривиальную, материалистическую... цивилизацию» [Buruma, Margalit 2004: 8][21]. Оксиденталистские взгляды не являются прерогативой исключительно маргинализированных групп третьего мира; они часто присущи и городским интеллектуалам, которые в обществе рационализма и массовой коммерции чувствуют себя вытесненными на обочину и обращаются к идеализированному, пусть зачастую и воображаемому, духовному прошлому своей нации. Эта опора на культурные конструкты, на эссенциализацию широких явлений в целях сдерживания и контроля, позволяет ориентализму и оксидентализму сосуществовать в дискурсивном пространстве национализма: оба они опираются в своем конструировании идентичностей на образы Другого.

Официальная легитимация провинциального мифа подтверждается эмпирическими данными: они показывают, что поддержка действующей власти исходит преимущественно из маленьких бедных городов, зависимых от государственных субсидий. Лев Гудков интерпретирует опросы общественного мнения как основание для вывода — особое внимание власти к регионам свидетельствует об осознании, что поддержку относительно зажиточного, образованного населения крупных городских центров она уже утратила [Гудков 2016][22].

---

[21] См. также [Venn 2000].

[22] См. также [Гудков 2015]: «Периферия, провинция, очень депрессивная, бедная, она как раз все эти годы была настроена крайне консервативно, мечтала о восстановлении советской системы, распределительной, гарантирующей бесплатную медицину, дотации на жилье, работу, дающей какие-то гарантии повседневного существования, но никак не изменения».

Экономические реформы 1990-х годов оказались напрямую связаны с применением западных экономических и политических моделей. Неудивительно, что опросы общественного мнения выявляют массовые националистические и антизападные настроения: результаты Всероссийского центра изучения общественного мнения (ВЦИОМ) показывают, что «нерусский» занимает первое место в списке негативных терминов, включающем также «капитализм», «коммунизм» и «Запад» [Гудков 2004в; Соловей 2006]. Действительно, опросы показывают, что капитализм и даже демократия — понятия для россиян малопривлекательные[23]. Анализируя и суммируя результаты опросов 2009 года, Н. П. Попов пишет: «Все больше людей считают, что в движении к величию России мешает Запад». Далее он отмечает, что

> …достоинства и преимущества русского национального характера перед национальными чертами Запада продолжают оставаться важной составляющей русской национальной идеи. <…> Основное отличие русского национального характера от качеств западных людей, по мнению населения, — это широта натуры, доброта, душевность и благородство русских людей в противовес жадности, эгоизму и расчетливости, бездушию людей западных [Попов 2009].

Среди негативных черт, присущих западным людям, лидируют, по оценкам россиян, «любовь к деньгам, высокомерие, эгоизм и бессердечность». Больше половины опрошенных считают основными качествами русских людей «доброту, честность, искренность» (41 %), «душевность, благородство, порядочность» (26 %).

Однако те же опросы показывают, что эти самые русские, столь выгодно отличающиеся от жителей Запада и обладающие «типично русскими» положительными качествами, обитают за пределами российского центра. И они не любят москвичей: опрос 2012 года показал, что две трети россиян не любят жителей столицы, а почти половина считает, что Москва процветает за счет

---

[23] Величие вместо демократии: как Россия догнала США в умах своих жителей. URL: http://www.levada.ru/2016/02/04/velichie-vmesto-demokratii-kak-rossiya-dognala-ssha-v-umah-svoih-zhitelej/ (дата обращения: 09.09.2021).

регионов[24]. Опросы Всероссийского центра изучения общественного мнения показывают высокие показатели уровня враждебности к москвичам (24 % в 2004 году, 63 % в 2006 году и 59 % в 2013 году) [Мозговая 2006; Маянцева 2013]. Судя по интернет-сайтам и блогам, жители российской глубинки считают, что Москва стягивает к себе все богатства страны, а также ее экономические и культурные ресурсы, и живет за счет других регионов. По причине растущего в Москве числа рабочих-мигрантов они считают ее «нерусским» городом[25] и описывают москвичей теми же отрицательно окрашенными эпитетами, что и жителей Запада: «самовлюбленные, высокомерные и жадные», «гордые и высокомерные», «жадные и скупые»[26]. Москвичи, в свою очередь, сводят свои характеристики провинциалов к традиционным представлениям о недостаточности образования, вкуса и манер[27].

Разумеется, эти цифры мало говорят о настоящих качествах москвичей или жителей провинциальных Саратова, Воронежа или Твери. «Бездушная» Москва — такой же культурный миф, как и «душевные» российские провинции[28]. Однако сам накал этого обмена мнениями подтверждает изменение статуса Мо-

---

[24] Москва и провинция // ВЦИОМ. 2009. 27 ноября. URL: https://wciom.ru/index.php?id=236&uid=113000 (на данный момент ресурс недоступен).

[25] Следует различать широко используемые термины «мигранты» и «провинциалы»: первый относится к выходцам из бывших республик Советского Союза, особенно из стран Центральной Азии, таких как Узбекистан и Таджикистан. Последний термин относится к русским из других регионов России.

[26] «Пятая часть россиян считает москвичей гордыми и высокомерными. Десять процентов опрошенных уверены, что жители столицы — жадные и алчные. Столько же респондентов уверены, что в Москве живут некультурные и грубые люди» [Маянцева 2013].

[27] «Первое… место занимает "чуждость" провинциала — столичные жители описывали ее по-разному. Среди наиболее частых ответов было "ограниченность или примитивность интересов, некоторая быдловатость", "дешевизна, немодность и безвкусность в одежде, выборе чтения, музыки и досуга", "слабая образованность"» [Стесин 2011].

[28] См. интервью с аналитиком «Левада-Центра» Алексеем Левинсоном [Левинсон 2015].

сквы: некогда представлявшая Россию на символическом и метонимическом уровне, теперь она все чаще идентифицируется с кругом понятий, характерных для концептуальной сферы Другого. Москва стала для остальной страны тем, чем всегда был Запад, — предметом зависти, желания или даже возмущения. Заменяя традиционные иерархии новыми, теми, которые позволяют переосмыслить характерные черты провинции в позитивных терминах, отличающих их от столицы, провинциалы видят и выражают свои отношения со столицей языком ресентимента.

В результате отношения между провинцией и столицей повторяют отношения между Россией и Западом, хотя тут имеется принципиальная разница: провинция, в отличие от западного Другого, знакома и управляема. Провинциал, назначенный Другим, может вызывать и презрение, и благоговение; его можно дискурсивно втиснуть в шаблон объекта гегемонистского контроля и ориенталистских фантазий или воплощения мечты золотого века и залога светлого будущего. Как проправительственная интеллигенция, так и политическая оппозиция обращаются к идее провинции, чтобы прояснить положение дел в России. И при этом, что особенно важно, противостояние «центр — провинция» представляется всем гораздо менее конфликтным, чем противостояние «Россия — Запад». Представители противоположных идеологических лагерей, судя по всему, сходятся во мнении, что антагонизм, подразумеваемый этой бинарной системой, потенциально легко развеять — словно речь идет о семейной вражде или ссоре между друзьями. Эти отношения имеют в своем распоряжении все механизмы социальной идентичности — социальную мобильность, конкуренцию и творчество. Провинциал в состоянии интегрироваться в московскую жизнь настолько, насколько Россия не могла и мечтать интегрироваться в «семью» западных стран. Провинциалы могут предъявить так или иначе обоснованные претензии на более высокое «качество жизни», а также сколько угодно спорных претензий на «моральное превосходство».

Три центральных элемента русской национальной идеи — провинция, столица и Запад — остаются замкнутыми в символической конфигурации, внутри которой ранжируются в соответствии с системой ценностей, рожденной ресентиментом и желанием пересоздать в воображении символическую географию мира — так, чтобы в нее можно было встроить «психологически удовлетворительную» национальную идентичность.

Эта тернарная структура радикально переосмысливает взаимосвязь ее составных частей в рамках новой символической географии, объединяя сильные антизападные настроения, культивируемые российской официальной пропагандой, и взгляд на провинцию как на хранилище русских нравственных норм. Запад следует рассматривать не как образцовую модель, а как нечто прогнившее, опасное или чуждое, в столице видеть город, зараженный западными агентами, а в провинции — воплощение тех черт русскости, что обеспечивают уникальное и передовое положение России в мире. Предлагая национальную идентичность, базирующуюся не на «мы — они», а на «мы — мы», тернарная структура способствует динамике благожелательного превосходства в новых национальных границах.

Провинциальный миф — не единственный миф, формирующий представление о русской идентичности, и фокус на отношениях с Другими, как внутренними, так и внешними, — не единственный жизнеспособный подход к русскому национализму. Тем не менее эти дихотомии играли существенную роль в формировании русской национальной идентичности на протяжении более чем двух столетий. Символический статус провинции всегда был связан со статусом России в целом; таким образом, изменения в их статусе и функциях в постсоветский период дают важное представление о том, что составляет национальную идентичность сегодня и как россияне представляют себе символическую географию своего мира. Обсуждать российскую провинцию сегодня, как и всегда, — значит обсуждать национальный характер России, ее сильные и слабые стороны, а также ее ви́дение прошлого и будущего.

Обрисовывая развитие провинциального мифа и сдвиги в значении провинции в современной культуре, я опиралась на работы философов, ученых, политиков и даже на словари как на основу для анализа методов, при помощи которых различные культурные тексты представляют и активизируют эти сдвиги. В последующих главах дается подробный анализ провинциального топоса и мифов, представленных соответственно в публицистике, литературе и кино. В разных средствах информации и жанрах возникают похожие модели: всерьез ли авторы разрабатывают свое ви́дение провинции как обители подлинной русскости или же деконструируют клише и идеологии мифа — и в том и другом случае провинциальный миф служит точкой отсчета для обсуждения «русской национальной идеи».

При отборе текстов я столкнулась с проблемой, знакомой всем исследователям культурной мифологии: с вопросом о том, образует ли какое-либо количество примеров, сколь бы убедительными они ни были, достаточную доказательную базу для выводов по столь широкой теме. В публицистике можно найти множество сделанных провинциальными культурными и политическими деятелями высказываний о взаимоотношениях Москвы и провинции. В литературе самые разнообразные персонажи исследуют символическую и физическую конфигурацию российской географии. В кино и на телевидении становится стандартным персонажем провинциал, а особенно молодая провинциалка. Повторяющиеся во всех СМИ темы, типы персонажей и элементы сюжета порождают размышления о том, что значит быть провинциалом, какие качества провинциалы привносят в Москву, что требуется, чтобы добиться успеха в сегодняшней России и, в более широком плане, — что значит быть русским. Стремясь охватить репрезентативный период времени, я отобрала наиболее показательные примеры из различных СМИ и жанров, включая научные трактаты и редакционные статьи в газетах, а также литературные и кинематографические произведения «высокой» и массовой культуры. Моя цель — представить тексты одновременно яркие и типичные, напрямую связанные с провинциальным мифом и с дискурсом национализма.

В следующей главе рассматриваются способы, которыми культурная и политическая элита российских провинций трансформирует парадигму «центр — периферия», приспосабливая ее к своим целям. Соответственно, эта глава дает слово регионам, которые как часть нестоличного пространства всегда были объектами объективации и описания с имперской точки зрения. Им, хоть и не лишенным голоса в буквальном смысле, приходится сопротивляться дискурсу, сконструированному за них экспертами из центра. Рассматриваемые тексты — примеры из прессы, существующей за пределами российской столицы: нескольких газет общего направления и популярных еженедельников, а также трех журналов: «Русская провинция» (Тверь), «Российская провинция» (Набережные Челны) и «Губернский стиль» (Воронеж). Редакционная политика этих изданий, заявления об их задачах и философии, авторские статьи и интервью с известными личностями представляют публике ведущих провинциальных деятелей культуры, политики и бизнеса, активно продвигающих позицию «провинция — наше все». Их заявления демонстрируют растущее сопротивление ориенталистской позиции центра, о чем свидетельствует часто встречающаяся в этих публикациях оксиденталистская, антимосковская риторика. Эти источники также напрямую обращаются к теме отношений между провинцией и Западом в контексте переоценки роли провинциальной России в российском государственном и национальном строительстве. Это переосмысление происходит через смещение акцентов: от зависимости от центра к самодостаточности, от представления об отсталости к представлению об аутентичности и силе, основанной на верности традициям.

Город Воронеж выбран в качестве примера по следующим причинам: это крупный провинциальный город в центре России, типичная во многих отношениях провинция, но при этом он находится в несколько парадоксальном положении, поскольку городские власти позиционируют его как «столицу провинции». Пытаясь развивать имидж и бренд Воронежа, чиновники сталкиваются с проблемами, типичными для всех подобных проектов в российских регионах: чтобы сформировать индивидуальный облик города, нужно преодолеть сложившееся восприятие провинции как обширного и однородного пространства, где все населенные пункты почти неотличимы друг от друга. Даже когда провинция наделяется положительными ассоциациями и рассматривается как хранилище подлинной русскости, проблема остается: культурный миф о провинции как набор абстрактных категорий не может вместить в себя развитие идентичности конкретных регионов и, таким образом, неизменно отказывает провинциальным городам и селам в собственной индивидуальности.

Глава 2 посвящена литературным произведениям постсоветского периода, непосредственно затрагивающим тему провинции и миф о провинции. Авторы этих работ представляют разные географические, поколенческие и идеологические позиции, но все они рисуют гораздо менее оптимистичный и однозначный образ российской провинции, чем провинциальные журналисты и исследователи. Более того, основное внимание они обращают именно на штампы и слабые места провинциального мифа в том виде, в каком он сложился в постсоветское время: тенденцию к бинарным конструкциям, упрощениям и излишне широким обобщениям.

Два романа 1990-х годов — «Линии судьбы, или Сундучок Милашевича» (1985–1992) Марка Харитонова и «Письмо из Солигалича в Оксфорд» (1995) Сергея Яковлева — относятся к раннему этапу современного возрождения интереса к провинции. Роман Харитонова «Линии судьбы», получивший в 1992 году первую российскую Букеровскую премию, заявляет, тщательно развивает и в конечном счете деконструирует все темы, имеющие центральное значение для привилегированного положения провинций в современном российском культурном дискурсе, выставляя их в лучшем случае идеологически ангажированными, а в худшем — инструментами самообмана. Роман Яковлева оперирует тернарной структурой «провинция — столица — Запад»: проведя некоторое время в Оксфорде, главный герой намеревается перестроить ветхий дом в Солигаличе на английский манер. Эта (неудачная) попытка перенести часть английских традиций и английской основательности на российскую почву одновременно реалистична и символична. Она дает главному герою повод поразмышлять над вопросами русской национальной идентичности и позиции России по отношению к Западу. Маленький провинциальный Солигалич и Оксфорд вступают в свое собственное противостояние, которое накладывается на знакомые дихотомии «провинция — столица» и «Россия — Запад».

В романах Алексея Иванова «Блуда и МУДО» (2007), «Псоглавцы» (2011) и «Комьюнити» (2012), а также в романе Захара Прилепина «Санькя» (2006), напрямую посвященных дихотомии «провинция — Москва», затрагивается также и тема патриотизма. В этих произведениях делается упор на понятия духовности, традиций и моральной силы, связанные с провинциальным мифом как составной частью дискурса «национальной идеи». В рассказе Дмитрия Быкова «Можарово» (2007) основное внимание уделяется теме инаковости провинции, и она доводится до гротеска: изображая провинциалов чудовищами, умеющими принимать человеческий облик, Быков тем самым выражает свой взгляд на процесс экзотизации, позволяющей отрицать саму человеческую природу Других — то, что мы наблюдали в работах радикальных националистов на Западе.

В последней главе рассматриваются как артхаусные, так и мейнстримные фильмы первых десятилетий XXI века, действие которых происходит в провинции, либо изображающие провинциалов, которые намереваются «завоевать» Москву (значительное подмножество их составляют фильмы и сериалы о «провинциальных Золушках»). Мой анализ включает в себя следующую разноплановую группу кинематографических текстов: сериалы «Линии судьбы» (Д. Д. Месхиев, 2003), «Доярка из Хацапетовки» (А. В. Гресь, 2006), «Широка река» (Д. Ю. Полторацкая, С. Назиров, 2008), фильмы «Глянец» (А. С. Кончаловский, 2007), «Юрьев день» (К. С. Серебренников, 2008), «Однажды в провинции» (Е. А. Шагалова, 2008), «Про любоff» (О. И. Субботина, 2010), «Кококо» (А. А. Смирнова, 2012). Я не ограничивала свой выбор лишь масштабными или значительными работами. Некоторые из этих фильмов были отмечены критиками, другие же могут представлять для исследователей российского кино лишь умеренный интерес. Тем не менее популярное кино и телевидение с достаточной точностью отражают культурные дискурсы своего времени с точки зрения развития сюжета и типов персонажей. Что наиболее важно, в каждом из выбранных фильмов содержится эксплицитно выраженное высказывание на тему противостояния «провинция — центр». Фокус на провинции может оказаться ложным ходом, как в первом сериале Дарьи Полторацкой и Станислава Назирова «Широка река», или же эта тема может быть частью другой, более широкой, как в «Кококо» Авдотьи Смирновой, но она всегда присутствует, определяя мотивы персонажей и формируя ожидания зрителей.

В этих фильмах и провинциалы, и жители центра сталкиваются с иерархическими сдвигами и меняющимися представлениями о том, что составляет превосходство (моральное и иное), высказывают и обсуждают противоположные взгляды на среду своего обитания. Представление о провинции как о микрокосме России уже прочно утвердилось — с некоторыми вариациями в зависимости от лежащей в основе идеологии. В отличие от авторов мейнстримного кино, в котором преобладает позитивный взгляд на провинцию, режиссеры артхауса изображают ее моральный, идеологический и политический кризис, тем самым рисуя удручающую картину состояния России в целом. Эти авторы выходят за рамки актуализации метафоры задворок жизни: они изображают провинцию как собственно реальность, поднимая ее ужасы до уровня гротеска и критически оценивая статус-кво, за сохранение которого ратует массовая культура. В топографии этих фильмов провинция, столица и Запад становятся семиотическими маркерами в символической цепи взаимного ресентимента, апофатических определений, неспособных дать устойчивое позитивное представление о России.

Публицистические, литературные и кинематографические трактовки провинциального мифа развивают и деконструируют герметичную национальную модель «мы — мы» в образном пространстве постсоветской символической географии. В этом поиске идентичности России решающую роль играет провинция: сколь бы разрозненно ни звучали ее голоса, провинциальный топос во всех случаях служит для постановки многих неразрешимых, но неизменно повторяющихся вопросов о прошлом и будущем России, включая вопросы о том, что значит быть русским и где искать «настоящих» россиян.

1
Публицистика
«Мы ищем богатство в русской провинции и находим его!»

> Люби Воронеж. Москва подождет.
> *Downtown.ru, 2011*

В 1991 году, когда карта советской империи почти в одночасье, как показалось многим, превратилась в карту территории, на которой располагалось более дюжины самостоятельных государств, перед каждым из получивших независимость народов встала одна и та же задача: четко определить свою национальную идентичность в соответствии с новым территориальным статусом. Для народа России, национальная идентичность которого до сих пор была растворена в имперском целом, задача развития этнической идентичности представляла особенную трудность. В то время как народы Украины или Казахстана праздновали обретение своей страны, русские переживали горечь утраты империи. Бо́льшая часть исследований постсоветского русского национализма сосредоточена на отношениях между многочисленными этническими группами в границах России и рассматривает напряженные отношения между русским населением и рабочими-мигрантами из новообразованных государств, а также отношения России с этими государствами (конкретно — со странами Средней Азии и Балтии, Грузией и Украиной)[1]. Мень-

---

[1] См., в частности, [Tolz 1998; Kempton, Clark 2002; Laruelle 2014].

шая часть исследований посвящена многочисленным регионам Российской Федерации, получившим после распада Советского Союза невиданный прежде уровень автономии. Эти регионы и провинции, преимущественно русские, в 1990-е годы пытались воспользоваться этой автономией, чтобы установить контроль над собственными природными ресурсами и промышленностью и взять в свои руки управление. В последующие десятилетия центральная власть вернула себе финансовый и административный контроль над регионами. Однако в это первое постсоветское десятилетие успела сформироваться продолжающая развиваться и по сей день культурная тенденция: вне зависимости от физического статуса регионов, в символической географии России провинция из культурного мифа стала настойчиво претендовать на уникальность и влияние.

По мере того как многочисленные провинциальные регионы реформировали свою экономическую и политическую организацию, они включались также и в процесс концептуального и символического самоопределения. Этот двунаправленный процесс разворачивался следующим образом: культурная элита центра породила националистический дискурс, в котором провинция представлялась обителью истинной русскости. Культурная и политическая элита российской провинции ответила на это собственными текстами, в которых провозглашала новообретенную независимость от центра и гордость за свою провинциальность. В большинстве случаев эти провинциальные деятели использовали идею «провинция — наше все» для продвижения собственных политических или деловых интересов. В этой главе я буду рассматривать газеты и популярные еженедельники общего направления, издаваемые в российской глубинке, а также три ежемесячных журнала: «Русская провинция» (Новгород), «Российская провинция» (Набережные Челны) и «Губернский стиль» (Воронеж)[2]. Особое внимание я обращаю на публикации

---

[2] Русская провинция: Литературно-художественный и историко-публицистический журнал. Новгород, Псков, Тверь: Писательские организации Новгорода, Пскова, Твери, 1991–2002; Российская провинция. Набережные Челны:

первого года каждого издания, в особенности на дебютные выпуски, в которых излагается редакционная политика, а также описываются задачи и философия журнала. Передовые статьи, эссе и интервью с крупными политическими и культурными деятелями представляют собой уникальное сочетание непосредственного отклика на миф о провинции с анализом (неакадемическим) этого мифа и его роли в дискурсе национального самоопределения новой России.

В 1990-е годы реконфигурация российской символической географии совпала с реабилитацией дореволюционных понятий и ценностей. Этот пассеистский импульс выдвинул концепцию провинции и само слово «провинция» на передний план социокультурного дискурса. Это слово стало восприниматься как связанное с прошлым и «с памятью культуры», отсылающее «к дореволюционной истории» [Ахапкина 2001: 11]. Один из признаков этой переоценки — волна переименований региональных газет с тем, чтобы подчеркнуть в новых названиях их провинциальность. Моника Спивак представляет обзор употребления этого слова в СМИ, а также в сфере маркетинга и рекламы; она приводит длинный список названий: «Провинциальные новости» («вести», «ведомости»), «Провинциальные хроники», «Провинциальные истории», «Золотая провинция» (Ижевск), «Деловая провинция» (Калуга), «Новая провинция» (Муром), — и это лишь малая часть. Бо́льшая часть этих газет и еженедельников — исключительно региональные издания, в названиях которых может указываться или не указываться город, где они опубликованы; многие из них контролируются местными политическими силами. Следует подчеркнуть, что эти издания не отражают особого интереса ни к провинции как культурной концепции, ни к мифу о провинции; они делают упор на местные новости, политику и бизнес. Таким образом, использование в их названиях слова «провинция» в основном отражает лишь воз-

---

Прикамье, 1993–1999; Губернский стиль: Русский провинциальный журнал литературы и публицистики. Воронеж: Центрально-черноземное книжное издательство, 2006.

росшую культурную и идеологическую привлекательность этого слова. Проще говоря, для владельцев СМИ «провинциальный» становится более престижным синонимом прилагательных «региональный» и «местный».

Положительные коннотации этого термина оказались, помимо всего прочего, и прибыльными; легко заметить, как растет число предприятий, в том числе связанных с шоу-бизнесом, которые сумели извлечь доход из его привлекательности: слово «провинциальный» появляется в названиях книжных магазинов, художественных выставок, стихотворных сборников, продовольственных компаний и брачных агентств [Спивак 2004]. Политики — уроженцы провинции, включая покойного Бориса Немцова, позиционируют себя как не затронутых коррупцией чужаков-провинциалов [Буле 2000а][3]; певцы дают своим альбомам такие названия, как «Провинциалка»; рекламодатели продвигают экологически чистые молочные продукты из провинции; и, наконец, брачные агентства, такие как чувашская «Провинциальная леди», восхваляют достоинства своих невест. Если в повседневном дискурсе «провинциальное» еще может быть приравнено к «второсортному», то в роли маркетингового и идеологического инструмента, отражающего дискурсы национальной и региональной идентичности, в сочетании с антимосковской риторикой это слово неизменно означает «первоклассное».

Локальные периодические издания, сменившие названия на новые, содержащие слова «провинция» или «провинциальный», неизменно отводят в своих дебютных выпусках место для того, чтобы объяснить эту смену названия, отражающую, во-первых, гордость за свою провинциальность (и, следовательно, истинную русскость), а во-вторых, повышенный интерес ко всему местному. Такая редакционная статья часто начинается с формулировки задач, непосредственно связанных с ролью провинции в российской культуре и экономике. Однако уже через несколько

---

[3] См. также [Милюгина, Строганов 2012], статья «Провинциалка в столице». URL: http://journal-labirint.com/wp-content/uploads/2012/07/journal/milugina-stroganov.pdf (в настоящий момент недоступен).

месяцев эти амбиции ослабевают или полностью исчезают. Публикаций, посвященных теме провинции, становится все меньше, а оставшиеся непосредственно связаны с дискурсом национализма. Таким образом, местные периодические издания неизменно делятся на две категории: обычные местные новостные СМИ, мало интересующиеся такими абстрактными категориями, как национализм, и национально ориентированная периодика, посвященная теме провинции и открыто участвующая в обсуждении провинциального мифа в рамках националистического дискурса.

Два крупных журнала, «Русская провинция» (Новгород, 1991) и «Российская провинция» (Набережные Челны, 1993–96), остались верны своим тематическим названиям. Они публикуют репортажи, комментарии, критику, эссе и художественную литературу (в духе «The New Yorker») и выдают оперативные отклики наряду с ненаучным (хотя и грамотным) анализом. Таким образом, оба журнала могут служить индикаторами дискурсивных практик в публичной сфере.

«Российская провинция» — всероссийский журнал, выходивший раз в два месяца, — располагался и печатался в Москве, но издавался МКО «Прикамье» из Набережных Челнов — большого города на реке Каме, крупнейшем притоке Волги в Татарстане. Первый сентябрьский номер 1993 года открывается короткой передовой статьей Вадима Чурбанова — главного редактора, доктора философских наук, профессора, а затем вице-президента Российской государственной библиотеки в Москве. Удивительно информативная для такого короткого текста статья начинается с характеристики 1990-х годов как «дней, до крайности наполненных бедами и тревогой» и провозглашает провинцию источником национального спасения, каким она и была всегда, на протяжении всей истории России. Чурбанов утверждает, что Россия выживает «не по предначертаниям умствующих столичных правителей», а «мудростью и делами людей, которые населяют ее многочисленные земли, зовущиеся провинцией». В этом противопоставлении провинциального и столичного последнее приобретает негативный оттенок: большинство всероссийских изданий являются «столичными» по духу и декларируемым ценностям, тогда как «Российская провинция» намерена дать слово истинной России. Чурбанов также подчеркивает, что журнал издается и финансируется исключительно провинциальными организациями.

Чурбанов опирается на авторитет русского писателя и историка Николая Карамзина, утверждавшего, что «Россия сильна провинцией», поскольку провинция «обильна... природными богатствами и многообразна укладом жизни, неиссякаема талантами и терпением, трудолюбием и совестливостью»[4]. Он ставит знак равенства между целевой аудиторией журнала — провинциальной интеллигенцией — и истинно русским народом и обещает, что журнал не будет поддерживать никакие политические партии или направления. В этой передовой статье присутствуют все ключевые составляющие провинциального мифа: идея провинции как хранилища культурного богатства и национального характера; упор на способность россиян переносить невзгоды — с отсылкой к уникально трудной истории России; и, наконец, идея о том, что столица — не спасение от беды, а ее часть. Весь первый номер журнала, в соответствии с редакционной повесткой, состоит из добротно написанных материалов: свободных от эмоциональных всплесков и откровенно националистических настроений трезвых рассуждений и взвешенных ответов хулителям провинции, выдержанных в спокойном рассудительном тоне, как, например, «Со столицей наравне. Заметки о переживаниях провинциальной интеллигенции» Юрия Милованова [Милованов 1993], где прослеживается изменение отношения интеллигенции Ростова-на-Дону к столице.

Милованов рассуждает о разочаровании провинциального интеллигента в российском центре и о поисках идентичности, свободной от столичного влияния. Он пишет об утрате Москвой политического и культурного авторитета и о попытках провинциальной интеллигенции найти новые основы аутентичности и маркеры престижа. Статья состоит из шести подразделов,

---

[4] Российская провинция. 1993. № 1. С. 1.

каждый из которых имеет свою направленность, сформулированную в соответствующих рубриках: «Авторитет: Москва-столица»; «Кризис: "Они там сами не знают, чего хотят"»; «Распад: Москва заботится лишь о себе самой»; «"Мы другие": Провинция богата собственными ценностями»; «"Хватит их кормить": Проживет ли провинция без Москвы?»; «"И другие действующие лица": Москва может восстановить свой авторитет лишь в общекультурном, а не политическом диалоге с провинцией». Провинциальная интеллигенция, освободившаяся от ярлыков «маргинальности» и «неполноценности» и лишившаяся привычной «единой системы ценностей» [Милованов 1993: 49], предстает в описании автора хоть и несколько растерянной, однако настроенной оптимистично и уверенно ставящей себя на тот же символический уровень, на котором стоит интеллигенция московская, если не выше.

В этом и подобных размышлениях отчетливо прослеживается компенсаторная логика. Провинциальная интеллигенция давно чувствовала себя маргинализованной, превращенной в объект неуважения и насмешек; теперь же, когда «время культурного патернализма Москвы кончилось» [Милованов 1993: 50], она готова дать отпор. Этот процесс включает в себя разработку «новой провинциальной физиономии», свободной от провинциальных комплексов, способной предложить России новый «интерес и надежду» [Милованов 1993: 49]. Примечательно, что в этом подходе к формированию идентичности просматривается все та же бинарная природа, хотя и с перевернутой иерархией: прежняя динамика ценностей изменилась, но отношения между провинцией и центром по-прежнему точнее всего описываются в терминах взаимного ресентимента. Горделивое заявление Милованова «Мы другие» вызывает в памяти еще одно значение этого слова: получается, что провинция не просто не похожа на Москву, но и представляет собой ее Другого.

В интервью, опубликованном в том же номере, академик Никита Моисеев рассматривает эту тему схожим образом, заявляя, что «судьба России решается в провинции» и что провинция «не должна отдавать судьбу России в ненадежные руки Москвы»

[Моисеев 1993: 81]. Доктор философских наук профессор Московского университета Александр Панарин также говорит о «реванше провинции» и «возрастании престижа провинциального образа жизни». «Провинция, — утверждает он, — обладает наиболее дефицитными ресурсами, к каким сегодня в первую очередь относятся сбереженная природа и сбереженная мораль» [Панарин 1993: 144].

Энтузиазм, с которым центральная и провинциальная элита производит эту переоценку, неизменно сопровождающую дискурс ресентимента, подчеркивает как устойчивость логики ресентимента, так и потребность в Другом как условии саморепрезентации. Дискурс инаковости остается постоянным во всем номере журнала. Столь же неизменно устойчивое представление о провинции как о кладезе моральных и духовных ценностей, месте, где сохранились в неприкосновенности лучшие черты русскости. В первом номере журнала за 1996 год опубликовано интервью с Валентином Распутиным под названием «Скажите всем, что Русь жива», в котором знаменитый писатель делает следующее заявление: «И российская провинция, крестьянская наша сторона, говорят, утратила то, что отличало ее от "центра" в лучшую сторону. Нет там прежней чистоты нравов, прежнего уклада... Как будто и возродиться России неоткуда» [Распутин 1996: 4]. Сама форма утверждения — безличное «говорят» в сочетании с «как будто» — подразумевает и провоцирует несогласие и с самим утверждением, и с идеей, которую так горячо отстаивает Распутин.

Двумя страницами ниже в том же номере популярный актер театра и кино Юрий Соломин отвечает на похожее заявление, хотя и в более амбивалентной формулировке: «В последние годы в моде мнение, будто возродить Россию может только наша провинция; будто только там сохранились деловая хватка, национальные обычаи и кладезь талантов» [Соломин 1996: 10]. В этой версии, в отличие от предыдущей, проглядывает скрытый цинизм; «будто» словно бы подразумевает несколько скептическое отношение к возведению провинции на пьедестал, особенно когда это именуется «модным мнением». Однако Соломина это не смущает; он отдает дань уважения жителям провинции, среди которых «бескорыстные труженики искусства и образования, музыканты, артисты, краеведы, коллекционеры, чудаки-бессребреники» [Соломин 1996: 12]. В сущности, и мнения журналистов, и реплики этих выдающихся деятелей культуры тоже «в моде» и распространены весьма широко — настолько, что эти фразы кажутся банальными даже тем, кто их произносит. Общий для всех выбор идей и образов при обращении к этой теме примечателен и позволяет предположить, что все они опираются на культурный миф о провинции как на устойчивую конструкцию с фиксированным набором образов и лексики. Каждый из них в отдельности может быть искренен в своих репликах; однако все они опираются не столько на личный опыт и наблюдения, сколько на культурную мифологию.

Разумеется, в «Российской провинции» отводится место и другим материалам: рецензиям на книги, краеведческим заметкам, а также изобразительному искусству, регулярному разделу «Пушкин — наше все» и интервью с известными людьми. В число последних входят такие высокопоставленные чиновники, как глава департамента культуры и губернатор. Оба они, хотя и несколько расплывчато — вероятно, в силу скованности позицией журнала «вне политики», — выражают энтузиазм по поводу культурного и экономического потенциала провинции. Глава Самарского областного департамента культуры размышляет: «Вы знаете, вот удивительное дело в России: часто так бывает, что где-то в Оренбурге, в Омске, в Самаре могут оказаться творческие личности такого масштаба, какие не снились ни Москве, ни Питеру» [Хумарьян 1996: 38]. И вновь поражает унифицированная риторика этих эссе и интервью: писатель, актер, философ и профессор университета, редактор, администратор и рядовой интеллигент словно черпают из одного и того же источника ценностных эпитетов. Будто пересказывая один и тот же текст, они проводят черту между провинцией и центром (иными словами, определяют себя на роль Другого); оспаривают авторитет Москвы и ее способность вывести Россию из кризиса; настаивают на том, что лишь провинция может привести к возрождению

России, и в подтверждение этого заявления ассоциируют провинцию с «истинно русскими национальными особенностями», воплощенными в понятиях сохранения ценностей, чистоты и традиционализма.

Следует также отметить, что этот безликий и стандартный образ, выраженный знакомой лексикой культурного мифа о провинции, почти лишен маркеров какой-либо определенной местности. Провинция представляет собой бескрайнее однородное пространство; упоминание в последней цитате трех отдельных географических пунктов — «где-то в Оренбурге, в Омске, в Самаре» — лишь подчеркивает их взаимозаменяемость. Даже если речь идет о какой-нибудь особенной и уникальной достопримечательности, автор, рассказав о том, какие усилия были вложены в восстановление монастыря или заповедника, тут же скатывается все к той же обобщающей риторике. В номере журнала за 1995 год Сергей Попадюк с восторгом пишет о том, как общими усилиями создавался заповедник возле Успенского монастыря в Свияжске, островном городке на Волге. Заключает он пассажем, изобилующим все теми же банальными образами, вроде «живительной волны духовной энергии», зародившейся в провинциальном Свияжске и способной обновить всю Россию [Попадюк 1995: 83].

Последний пример обнаруживает недавно возникший материальный аспект связанной с провинцией риторики. Найдя коммерческое применение дискурсу инаковости и ресентимента, провинциальная элита тонко смещает акцент с довольно абстрактной и плохо продаваемой «духовной чистоты и богатства» на конкретные, имеющие определенную рыночную стоимость образы нетронутой природы, чистого воздуха и воды. Эта тенденция, в то время уникальная для российских регионов, становится все более заметной в региональных периодических изданиях 2000-х годов, когда они начинают активно продвигать местный туризм.

«Российская провинция» перестала выходить с 1999 года, однако ее недолгое шестилетнее существование как интеллектуального, подчеркнуто неполитического издания выглядит довольно впечатляюще в свете отсутствия в нем рекламы. Еще одной заслугой журнала была его нексенофобная позиция. Вступительная редакционная статья прямо упоминает «невиданное многоцветье укорененных этносов с общей исторической судьбой и общим будущим» и называет целевой аудиторией журнала «все народы России». «Инклюзивная» политика «Российской провинции» составляет ее самое разительное отличие от журнала-современника с почти идентичным названием — «Русская провинция».

Журнал «Русская провинция» издавался в 1991–2002 годах и до 1997 года распространялся в трех крупных регионах — Новгородской, Тверской и Псковской областях — после чего получил всероссийский статус. В каждом его выпуске представлены произведения прозы и поэзии провинциальных авторов, обзоры выставок провинциальных художников, большой раздел о религии, очерки об известных писателях и художниках (Чехов, Левитан, Платонов), связанных с тем или иным провинциальным регионом, и краеведческий раздел с выразительным названием «Родиноведение». На задней стороне обложки указывалась дата выхода следующего номера и заявлялось кредо журнала: «Мы ищем богатство в русской провинции и находим его!»

В 2000 году журнал утратил статус всероссийского. В выпуске, объявляющем о его прискорбной мутации до регионального издания, чья аудитория ограничивается теперь одной только Тверью, непримиримая националистическая ориентация издания проявляется с первых же строчек: этот выпуск открывается знаменитым сталинским тостом за здоровье русского народа, который был произнесен на торжественном приеме в честь командующих войсками Красной армии, устроенном советским правительством в Кремле 24 мая 1945 года:

> Я хотел бы поднять тост за здоровье нашего советского народа и, прежде всего, русского народа. Я пью, прежде всего, за здоровье русского народа, потому что он является наиболее выдающейся нацией из всех наций, входящих в состав Советского Союза. Я поднимаю тост за здоровье русского народа, потому что он заслужил в этой войне общее признание как руководящей силы Советского Союза среди

> всех народов нашей страны. Я поднимаю тост за здоровье русского народа не только потому, что он — руководящий народ, но и потому, что у него имеется ясный ум, стойкий характер и терпение[5].

Последняя страница того же номера отведена под эмоциональное заявление редактора и, в виде свидетельства того, что журнал намерен продолжать свою деятельность, под описание предполагаемого содержания будущих выпусков, куда входят «рассказы о русской жизни: о русском мужестве, русском терпении, о русской истории, о русских ценностях»[6]. Постоянный повтор слова «русский» — риторический прием, который не столько подчеркивает специфически русский характер этих рассказов, сколько намекает на то, что «русские» истории о мужестве и терпении чем-то принципиально отличаются от «нерусских»[7]. Таким образом как бы проводится черта между всем русским и остальным миром, включающим, надо полагать, в себя и прочие многочисленные народы страны, которые еще двумя десятилетиями ранее в аналогичном контексте были бы объединены с «настоящими» русскими в один «советский народ».

В редакторском описании содержания регионального журнала, выходящего ограниченным тиражом, явно подчеркиваются те же достоинства, обладание которыми Сталин приписывал русскому народу пятьюдесятью пятью годами ранее[8]: исключи-

---

[5] Русская провинция. 2000. № 2. С. 3.

[6] Русская провинция. 2000. № 2. С. 112.

[7] Эти два названия — «Русская провинция» и «Российская провинция» — подтверждают замеченное Джеффри Хоскингом и другими различие в значении слов «русский» и «российский»: первое относится к этнической принадлежности, а второе — к государству и империи.

[8] В своем недавнем выступлении во влиятельном дискуссионном клубе «Валдай» Владимир Путин так же усиленно упирает на слово «русский», когда формулирует идентичность и миссию России, охватывающую все национальности и религии. Как и в тосте Сталина, русский народ в итоге ставится выше остальных: «Россия, как образно говорил философ Константин Леонтьев, всегда развивалась как "цветущая сложность", как государство-цивилизация, скрепленная русским народом, русским языком, русской

тельность в ряду других народов, мужество и терпение. Оба текста опираются на знакомые черты русского националистического дискурса: утверждения об инаковости в сочетании с ресентиментом, сильную тенденцию представлять структуры идентичности в виде бинарных оппозиций и изображение основополагающих черт русской национальной идентичности (мужества и терпения) как реакции на вражеские козни и жизненные невзгоды.

То же отсутствие четко определенной национальной идеи характеризует бо́льшую часть официального националистического дискурса. Элиот Боренштейн комментирует столь же избыточные, похожие на заклинание повторы прилагательного «русский» в названиях политических партий в середине 1990-х годов и предполагает, что они используют этот прием не столько для демонстрации своей политической платформы, сколько для подтверждения самого существования России как суверенного государства. В частности, эти названия выполняют

> круговую функцию бесконечного подтверждения существования страны и проживающего в ней населения. [Они] дают повод произнести название страны и тем самым еще раз подтвердить ее существование, словно в попытке превратить желаемую ситуацию в реальную силой заклятия или волшебного слова[9].

Боренштейн заключает, что эти бесконечные подтверждения идентичности блокируют любую попытку ее анализа. В самом деле: в то время как все дискурсы национальной идентичности основываются на качествах, которые объявляются уникальными отличительными чертами нации, типу идентичности, предъяв-

---

культурой, Русской православной церковью и другими традиционными религиями России. Именно из модели государства-цивилизации вытекают особенности нашего государственного устройства». URL: http://kremlin.ru/events/president/news/19243 (дата обращения: 09.09.2021).

[9] Borenstein E. The Russia We Can't Find // Plots Against Russia. URL: https://www.eliotborenstein.net/plots (дата обращения: 2009.0809.2021).

ляемому в большинстве высказываний русских националистов, недостает конкретности. Прилагательное «русский» в качестве определения терпения, мужества, цивилизации или культуры указывает на некое отличие, но не в состоянии его описать; таким способом невозможно сформулировать никакую конкретную уникальную идентичность, кроме Другого по отношению к недругам России. Риторика провинциальных националистов, напротив, предлагает нечто конкретное: те качества национального характера, что утрачены центром, но сохранились в провинции. Однако и они тоже определяются апофатически, в рамках привычных бинарных систем, и представляются реакцией на враждебное окружение. Провинция — это в первую очередь Другой по отношению к центру.

Появление в начале 1990-х годов двух журналов с почти одинаковыми названиями одновременно с первыми попытками российской культурной и идеологической элиты сформулировать постимперскую идентичность России не было случайным совпадением. Оба журнала были участниками этого проекта: они стремились зафиксировать, проанализировать и, возможно, закрепить сдвиг в восприятии провинции. Многие другие издания также отражали этот сдвиг, хотя и несколько механически. Как бы то ни было, они заслуживают внимания — именно потому, что их стереотипные попытки влиться в обсуждение провинциальной идентичности подтверждают ключевую роль культурного мифа о провинции в дискурсе постсоветской идентичности.

Как правило, периодические издания демонстрируют «провинциальную гордость» в своих дебютных выпусках, цитируя видных деятелей культуры и декларируя прочную связь с известными личностями, родившимися в этом регионе или городе. Первый номер еженедельной газеты «Новая провинция» (Муром, октябрь 1995 г.) открывается такими словами: «Уже самим названием мы хотели бы выразить отстраненность от узкополитических тем, ибо провинция пока имеет устойчивый иммунитет от этой болезни "больших городов"»[10]. В том же номере, в рубрике

---

[10] Новая провинция. Муром. 1995. 7 октября. № 1. С. 1.

«Провинция и провинциалы», высказывания академика Дмитрия Лихачева сопоставляются с высказываниями местного экскурсовода С. Масленниковой. Цитируются слова Лихачева: «Мы ждем обновления нашей жизни именно из провинции. Мы верим в провинцию и во все то русское, что она сохранила». По словам Масленниковой, провинция — «не географическая, а скорее моральная категория». «Провинция, — продолжает она, — сильна людьми (все великие люди вышли из провинции) и особенным чувством любви к Родине»[11]. Ни в этом, ни в последующих номерах о провинции как концепции больше не упоминается; в соответствии с заявленной направленностью, «Новая провинция» отныне посвящена местным новостям и политике. Точно так же, объяснив выбор названия в первом номере, «Провинциалка» (Сергиев Посад, с 1995 г.) в дальнейшем сосредоточивает свое внимание на женской теме. В числе других местных газет — «Провинциальный экспресс» (Кимры, с 1996 г.), «Провинциальная мысль» (Ставрополь, с 1994 г.) и «Провинциальные хроники» (Выкса, Нижегородская область, с 1991 г.).

Более поздняя «Ивановская провинция» (Шуя, Ивановская область, с 2002 г.), бывшие «Городские новости», объясняет смену названия тем, что «шуйских читателей редакция будет знакомить со всеми интересными и значимыми событиями, происходящими на земле Шуйской». «Провинциальное слово» (Гвардейск, Калининградская область, с 2002 г.) в первом выпуске обещает стать трибуной «для открытого и честного обмена мнениями о делах и заботах районных»[12]. Третий номер включает в себя озаглавленное «Страна сильна провинцией» интервью на целую страницу с депутатом областного совета, в котором он обсуждает проблемы и заботы области, ни словом не затрагивая провинцию как концепцию. В заключение эту тему формально поднимает интервьюер — вопросом, правда ли, что «провинциальный очаг вновь обречен просить огня». «Да, — отвечает де-

---

[11] О провинции и провинциалах // Новая провинция. Муром. 1995. 7 октября. № 1. С. 6.

[12] Провинциальное слово. 2002. 30 октября. № 1. С. 1.

путат, — но важно то, что в России поняли значение и место муниципальной власти во властной вертикали. Осознали, что страна сильна провинцией»[13]. Трюизм, открывающий и завершающий интервью с местным политиком, подтверждает тот факт, что местные провинциальные органы власти, так же как и их провинциальные избиратели, признают и используют престиж самого слова «провинция», однако не проявляют никакого интереса к его концептуальным смыслам.

В отличие от «Российской провинции» и «Русской провинции», эти местные издания не принимают открытого участия в дискурсе национального самоопределения. Тем не менее выбор названий и его стандартное обоснование отражают два важных итога провинциального дискурса двух последних десятилетий. Во-первых, недоверие к столице усилилось в результате децентрализации экономики, когда контроль Москвы над экономическим и культурным развитием регионов ослабел. Во-вторых, переоценка роли провинции обеспечила ее политическую и культурную элиту готовым набором положительно окрашенной лексики, пригодной для использования в самых разных целях. Само существование такого набора подтверждает изменения в символической географии страны и важное место провинции в формирующейся герметичной модели национальной идентичности. Теперь провинция выступает в русской культуре и идеологии претендентом на роль, традиционно отводимую Западу, — роль Другого.

Таким образом, оба элемента бинарной оппозиции «провинция — столица» находятся в процессе пересмотра.

Так же как и символическая власть Москвы, «буквальная» власть столицы, основанная на культурном и экономическом превосходстве, за последние два десятилетия оказалась подорванной. Продолжающийся распад концепции столицы ясно просматривается в многочисленных и множащихся далее именованиях различных городов по всей России «столицами». Такая привилегия города или поселка иногда может быть оправдана географи-

---

[13] Провинциальное слово. 2002. 13 ноября. № 3. С. 2.

ческими и административными реалиями — например, когда Екатеринбург называют столицей Урала, Новосибирск — столицей Сибири, а Владивосток — столицей Дальнего Востока. Однако зачастую обоснования далеко не столь очевидны и кажутся надуманными, а то и притянутыми искусственно. Чаще всего подобные названия появляются на официальных сайтах различных городов, и вокруг них строится риторика официальных речей городских властей.

В середине 2000-х годов Министерство культуры, молодежной политики и массовых коммуникаций Пермского края запустило ряд культурных инициатив, таких как программы «Пермь — культурная столица Поволжья» (2006) и «Пермский край — территория культуры» (с 2007 г.)[14]. Последняя включает в себя ежегодный конкурс краевого министерства культуры на звание культурной столицы Пермского края, который подробно освещается в специальном юбилейном номере журнала «Пермский период»[15]. Журнал отмечает юбилей Пермского края (пять лет с момента слияния Пермской области и Коми-Пермяцкого автономного округа), рисуя имидж края как независимого образования, едва ли не отдельного государства — со своим центром, историей, промышленностью, курортами и даже столицей. Однако, поскольку титул культурной столицы Пермского края ежегодно присуждается сразу трем городам или селам, список столиц растет с каждым годом.

Пермские проекты инициируются и финансируются краевой администрацией, и большинство других городов тоже получают звания «столиц» по инициативе официальных властей. Программа «Нижний Новгород — столица Поволжья» была разработана специальной комиссией, в которую вошли полномочный представитель президента в Приволжском федеральном округе, мэр Нижнего Новгорода и губернатор Нижегородской области. В отчете Института научной информации по общественным наукам РАН утверждается, что программа призвана не только

---

[14] URL: http://www.tk.permkrai.ru (дата обращения: 09.09.2021).
[15] Пермский период. 2010. № 9.

оживить город, но и вызвать к нему определенное отношение, скорректировать его имидж.

> В последние годы вопросы создания положительного образа Нижнего Новгорода привлекают внимание как городских властей, так и широкой общественности. Помимо программы «Нижний Новгород — столица Поволжья», город принял участие и победил в конкурсе «Культурная столица 2006», что является результатом усилий по представлению города как культурного центра[16].

Город Воронеж называют столицей Черноземья в самых разных контекстах — от туристических справочников до новостных репортажей и страниц города в социальной сети[17]. Сайт «Спартакиада ПАО "Газпром" 2011» именует город Саранск, столицу Мордовии, «спортивной столицей» Поволжья[18]. Официальный сайт города Димитровграда Ульяновской области продвигает город как «культурную столицу Приволжского федерального округа — 2004», усиленно пиарит его победу в областном конкурсе проектов, способствующих развитию молодежной политики, в 2010 году — подчеркивает статус пилотной площадки проекта «Молодежная столица Ульяновской области»[19]. Более того, русская служба BBC News сообщает, что власти Ульяновска «разработали специальную целевую программу, в которой пытаются позиционировать областной центр как "авиационную столицу России"». В той же статье высказывается предположение, что упомянутый ранее рост числа столиц — просто «имиджевый момент для руководства региона»[20]. Региональное руководство

---

[16] URL: http://magisters.narod.ru/sasastat10.html (на данный момент ресурс недоступен).

[17] URL: http://vk.com/vrn24 (дата обращения: 09.09.2021).

[18] URL: http://www.gazpromspartakiada.ru/index.php?id=693 (дата обращения: 09.09.2021).

[19] URL: http://www.dimitrovgrad.ru/projects/index.html (на данный момент ресурс недоступен).

[20] URL: http://www.bbc.co.uk/russian/russia/2009/10/091023_capitals_russia.shtml (дата обращения: 09.09.2021).

действительно извлекает выгоду из дискурсов региональной идентичности и мифа о провинции. По мере того как реальный авторитет Москвы ослабевает, а само понятие центра, даже в качестве символического авторитета, становится все менее жизнеспособным, любой политик, претендующий на независимость своего региона от Москвы, а то и на превосходство над ней, находит в этих дискурсах надежную точку опоры.

Статья «Столица» в «Lurkmore», юмористической веб-энциклопедии «современной культуры, фольклора и субкультур, а также всего остального» в стиле «Википедии», начинается со слов: «Столица — практически любой город в этой стране». Далее перечисляются города и их многочисленные титулы «столицы...», как в случае с городом Балабаново Калужской области, чей статус варьируется от столицы Урала до столицы спичек[21]. Понимая юмор, никто не воспринимает эти титулы всерьез, хотя растущий список «столиц» служит напоминанием о том, что настоящая столица утратила свое традиционное содержание власти и престижа. Однако само по себе название «столица» сохраняет свое значение в риторике городских властей, туристических агентств, журналистов и рекламодателей; это лейбл, который обещает добавить престижа региону и поднять его экономику за счет привлечения туристов. Другими словами, определение «столица» имеет ключевое значение для дискурса региональной идентичности.

Региональная идентичность, колбаса и малая родина

«Региональная идентичность» — краеугольный камень самоопределения провинции; эта концепция стала предметом многочисленных научных исследований в первые десятилетия XXI века. Она включает в себя местную историю, культуру и природные ресурсы региона, а также перспективы его будущего развития. В дискурсе идентичности региона выделяются его собственные центры (областные, районные и т. д.) и периферия. В результате

---

[21] URL: http://lurkmore.to/Столица (дата обращения: 09.09.2021).

создаются спиральные образы, работающие по принципу матрешки: образ столицы и окружающего ее нестоличного пространства повторяется во все уменьшающемся масштабе — с бесчисленными районными центрами в пределах области, имеющей свой областной центр, а внутри районов — населенные пункты поменьше, для каждого из которых имеется своя периферия. Таким образом, само понятие центра размывается и обретает новые смыслы и ценности.

В недавнем подробном эмпирическом исследовании региональной идентичности на материале европейской части России географ Михаил Крылов рассматривает, помимо региональных различий, «наличие внутреннего ви́дения территорий как особого космоса, сочетание взгляда изнутри со взглядом извне» [Крылов 2010: 12]. Крылов дает определение региональной идентичности: «...системная совокупность культурных отношений, связанная с понятием *“малая родина”*» [Крылов 2010: 13][22]. Комплекс идей, который олицетворяет малая родина, включает в себя «местную специфику и географическую индивидуальность», связанные с *«представлениями и самосознанием»* местного населения [Крылов 2010: 13][23]. Он приходит к заключению, что «внутренний набор образов, символов, мифов» [Крылов 2010: 71], составляющих региональную идентичность, хорошо разработан, имеет положительные коннотации и относительно независим от других, внешних определений тех же регионов. Обширное исследование нескольких областей европейской части России (Вологодской, Воронежской, Ярославской, Костромской, Тверской, Саратовской, Самарской и Белгородской) приводит автора к выводу, что региональная идентичность включает в себя любовь к родине как к месту рождения (местный патриотизм) и коренится вовсе не в комплексе неполноценности и не в агрессии по отношению к другим регионам или к столице. По его мнению, региональная идентичность формируется под влиянием исключительно местных факторов.

---

[22] Выделено автором.
[23] Выделено автором.

Крылов проводит анализ концепции региональной идентичности в недиахронических рамках, рассматривая лишь современные ее проявления. Другие исследователи региональной идентичности отмечают, что она приобрела значение в постсоветский период, когда другие виды идентичности стали менее удовлетворительными. Леонид Смирнягин, со своей стороны, указывает на то, что в Советском Союзе советская идентичность доминировала над всеми прочими, включая региональную. Он объясняет успех советской идентичности по сравнению с сугубо региональной недостаточным «чувством места» в русской культуре или «внепространственностью» этой культуры. Тем примечательнее, по его словам, то, «насколько быстро с началом перестройки региональная (или даже сугубо местная) идентичность заняла место в ряду самых важных для человека видов идентичности» [Смирнягин 2006: 115]. После коллапса СССР региональная идентичность заменила собой и политическую, и профессиональную, и даже этническую, поскольку в то время они не могли служить оринтирами для человека в меняющемся мире. Надежда Замятина тоже видит в растущем значении региональной идентичности результат перехода от советской географической конструкции, где отношения строились по типу «центр — периферия», к постсоветской ситуации, когда децентрализация дала провинциям шанс на самоопределение и репрезентацию [Замятина 2006].

Семен Павлюк также отмечает, что подавленное в Советском Союзе «чувство места» приобрело новое значение в постперестроечные годы, с развитием региональной независимости и идентичности. Он обращает внимание на то, что бо́льшая часть советских газет имела невыразительные, почти лишенные каких-либо местных примет названия и перепечатывала одни и те же новости, главным образом столичные и мировые, используя при этом очень похожую лексику. Цитируя популярную советскую песню, он даже до некоторой степени соглашается с тем, что в те дни единственным адресом человека был «не дом и не улица», а Советский Союз [Павлюк 2006: 109]. Материалом для исследования Павлюка стали в том числе газеты, издававшиеся в Торжке, старинном городке Тверской области, с 1985 по 2001 год. Он кратко описывает переход от внепространственной манеры освещения событий в 1985 году, когда местных новостей в газетах не было совсем, к краткому постперестроечному периоду, когда там стали появляться материалы, посвященные местным проблемам, и, наконец, к сложившемуся к 2001 году балансу в освещении региональных и общенациональных новостей. Павлюк отмечает появление в последние охваченные его исследованием годы значительного количества материалов, посвященных местной культуре, отражающих гордость историей Торжка и его природными богатствами.

Надежда Замятина подходит к основанному на официальных сайтах нескольких областей анализу региональной саморепрезентации аналогичным образом. Она отмечает общую тенденцию к переопределению отношений центра и периферии, когда изменяется само значение слова «центр»: теперь оно относится не к конкретной столице, а к любому месту, имеющему культурное, историческое и экономическое значение. Замятина, однако, поясняет, что «стоит принять логику центра и периферии, вступить на путь ранжирования, и регион автоматически оказывается и чьим-то центром (Поволжья, Западной Сибири, России в целом), и чьей-то (Москвы, Запада) периферией» [Замятина 2006: 282]. Таким образом подрывается традиционная иерархия и размываются концепции центра и периферии. Как бы то ни было, бинарная по своей сути природа всех идентичностей (с одной стороны) и изменившаяся концепция центра (с другой) вызвали в российской символической географии любопытные сдвиги.

Регионы России, несомненно, отличаются друг от друга, однако их проекты региональной идентичности фундаментально схожи: все они упирают на общие ценности, прочно связанные с местом рождения, истинно русские традиции и нетронутую природу. Эти проекты идентичности неизменно рассматриваются в подразумеваемом (или явном) контрасте со столицей, где эти провинциальные ценности, как предполагается, отсутствуют. Дискуссии о повышении статуса провинциальной идентичности также проникнуты ощутимым чувством гордости по поводу возвращения в регион плодов материального и культурного производства, в том числе самых элементарных, таких как продукты, которые до недавнего времени отправлялись в Москву.

Неудивительно, что этот фактор имеет для регионов большое значение. В стране, страдавшей при советской власти от постоянного дефицита, еда становится постоянной темой для разговоров, что отражается в распространенных рекламных объявлениях типа: «Наши магазины теперь предлагают такое же разнообразие продуктов, как и московские». Редакционная статья в первом номере сергиево-посадской «Провинциалки» начинается с обращения «Дорогие подруги» и объясняет выбор названия следующим образом:

> Мы очень долго думали над названием. Понимали: слово «провинциалка» до недавнего времени имело несколько негативный оттенок. Но жизнь наша изменилась. Мы перестали мотаться по Москве взмокшие, злые, обвешанные авоськами, а ездим в столицу только по делам или в театр. Мы видим, что от столичной суеты и грязи можно прийти в себя только у нас, в маленьком уютном городке. Думаю, многие сегодня осознали, что дальнейший путь реформ в России во многом зависит именно от провинции[24].

Этот плавный переход от «мы перестали мотаться по Москве...» к «дальнейшему пути реформ» одновременно примечателен и типичен. Так же типично и то, что экономическая и культурная привлекательность и контроль Москвы (или их отсутствие) сводятся к двум повторяющимся образам: еда и театр.

В интервью волгоградской газете «Провинциальные новости» оскароносный кинорежиссер Никита Михалков, рассуждая о политическом, экономическом и культурном диктате центра, тоже смешивает в одно целое еду и театр. Он начинает свою речь о том, почему «Проблемы России может решить только российская провинция» (название интервью) с того же аргумента:

---

[24] Провинциалка. Сергиев Посад. 1995. № 1. С. 1.

> На мой взгляд, сегодня происходит одна очень важная метаморфоза. Сначала все смотрели на Москву и из Центра ждали директив и распоряжений. И Центр в себе скапливал всевозможные силы. Еще пять-десять лет назад ездили в Москву за колбасой, но теперь в Туле есть своя колбаса, и дешевле, чем в Москве. Ездили в Большой театр, но сейчас ведь он практически закрыт для зрителей отечественных. Сегодня начинает возрождаться национальное региональное самосознание, понятие «малой родины»[25].

То есть, очевидно, колбаса, театр (как обобщенный символ культуры в целом) и национальная идентичность в рамках провинциального дискурса неразрывно связаны.

Не будем смотреть на колбасу с пренебрежением: русская литература наделила ее глубоким символическим смыслом в таких знаковых текстах, как «Зависть» Юрия Олеши, «Собачье сердце» Михаила Булгакова и «Один день из жизни Ивана Денисовича» Александра Солженицына. В провинциальном мифе колбаса служит синонимом экономической и культурной независимости. В популярном дискурсе наличие собственной колбасы дает провинциалам ощущение освобождения от экономической и политической власти Москвы. Ученые выдвигают тот же аргумент, утверждая, что экономическая независимость регионов — необходимое условие для самоуправления, и что оба процесса лежат в основе развития и проявления региональной идентичности[26].

До перестройки безраздельное господство Москвы и над «колбасой», и над культурой (поскольку провинциальные таланты перебирались в столицу) можно было описать как отношение метрополии к колонизированным территориям: центр устанавливал над периферией политический и экономический контроль, чтобы использовать ее богатства, ресурсы и прибыль в собственных интересах. Это типичная ситуация колониального экономического и культурного контроля, на которую и последовала

---

[25] Провинциальные ведомости: Журнал для всех. Волгоград. 1994. № 12. С. 3.
[26] См., к примеру, [Сибиряков 2001; Смирнягин 2006].

предсказуемая постколониальная реакция в риторике: представители провинциальной элиты пытаются реструктурировать отношения с Москвой посредством понятий и лексики, типичных для постколониального дискурса. Они бросают вызов установившейся в противостоянии «центр — провинция» иерархии и претендуют не только на независимость от центра, но и на превосходство над ним. Однако в конечном итоге они используют все ту же привычную дихотомию, а не разрушают ее.

Я использую термин «постколониальный» исключительно в значении отношений власти и подчинения между территориями с точки зрения самовоспринимаемого объекта этой колонизации, то есть политического и экономического контроля и эксплуатации. Бо́льшая часть попыток научного анализа России средствами критического аппарата постколониальных исследований сосредоточено на отношениях между российским центром и многочисленными этническими группами Российской и советской империй. Провинция же представляет собой неэкзотические земли, населенные преимущественно этническими русскими; таким образом, постколониальный анализ отношений «центр — провинция» должен быть сосредоточен не на вопросах этнической принадлежности, а на динамике власти, обусловленной централизованным контролем над экономикой и культурой. Александр Эткинд определяет отношение имперского центра России к ее глубинке как внутреннюю колонизацию, или «культурное господство внутри национальных границ, реальное или воображаемое» [Etkind 2011: 7], в равной степени обусловленное колонизационным процессом установления контроля и отношениями центра с землями и народами Сибири, а также юга России и Средней Азии. Эти отношения подразумевают воображаемую географию и «метафорический ландшафт, отражающий не географическое положение, а положение власти» [Ashcroft et al. 2009: 30].

Дэвид Чиони Мур описывает постколониальный период как

> характеризующийся противоречиями между стремлением к автономии и историей зависимости, между стремлением к автохтонии и фактом гибридного, частично колониально-

го происхождения, между сопротивлением и пособничеством, а также между имитацией (или мимикрией) и подлинностью [Moore 2001: 112].

Как и в случаях с другими постколониальными образованиями, реакция российских провинций на ослабление централизованного контроля в постсоветские времена вылилась в бунт против, казалось бы, фундаментальных географических, культурных и политических иерархий. Доминирующая в провинциальных СМИ 1990-х годов тема: Москва живет за счет провинции, как в экономическом, так и в культурном плане, и эту ситуацию необходимо исправить, сменив отношения диктата на отношения диалога. Такова природа постколониального дискурса: бывшие колонии утверждают свою культурную и экономическую независимость от центра, переосмысливают прежние отношения и предлагают новые условия для их развития. Вячеслав Морозов отмечает, что «современные интерпретации постколониальной агентности описывают ее не как прямое противостояние колониализму, а, скорее, как повторное присвоение и реструктуризацию всего дискурсивного пространства, в котором возможно доминирование» [Morozov 2015: 22]. Именно это и делают провинциальные журналисты и политики: сохраняя элементы дискурса, они реструктурируют его, заменяя зависимость и неполноценность автономией и превосходством. Этот дискурс — дискурс эмоций, заинтересованный не столько в логическом и рациональном анализе, сколько в смягчении провинциального ресентимента посредством переоценки ценностей.

Идентичность — в бренд

К 2000-м годам, когда региональное самоопределение уже прочно утвердилось как в концепции, так и на практике, местные издания сохранили свои демонстративно «провинциальные» названия, однако сместили тематический фокус с пропаганды укрепления экономического и культурного авторитета провинции на удовлетворение потребностей самих местных и региональных СМИ. Гордость родными местами, воплощенная в словах «малая родина», встала на службу преимущественно коммерческим целям. Многие периодические издания стали размещать рекламные объявления, по объему напоминавшие целые статьи, в разделах с такими заголовками, как «Верность традициям» или «Откройте для себя свой город»[27]. Якобы историческое описание здания, относящегося к местному культурному наследию, оказывается в действительности рекламой аптеки, расположенной в нем на первом этаже, а соседний текст рекламирует местные предприятия и услуги. Содержание большинства провинциальных изданий также часто включает в себя символический отклик на запрос читателей, интересующихся местной историей (краеведением), при том что бóльшая часть выпуска занята рекламой под видом интервью и статей.

Сторонники местного туризма извлекают выгоду из теперь уже безусловно позитивных коннотаций провинциального дискурса, рекламируя различные российские направления — от заповедников до исторических мест — в соответствии не только с представлениями читателей об отдыхе, но и с их патриотическими настроениями. Преимущества местного туризма очевидны: он стимулирует экономику провинциальных городов и обеспечивает финансирование «привлекательных для туристов» объектов и мест, способствуя тем самым росту туризма в будущем. Кроме того, фирмы, апеллирующие к читательскому чувству патриотизма, получают в свои руки маркетинговый инструмент, а политики зарабатывают дополнительные очки, рассказывая о том, что сделали для развития культурных, природных и экономических ресурсов региона. Так, сайт Музея-парка «Этномир» под Калугой рекламирует не только то, что можно увидеть в самом музее, но и различные культурные проекты, спонсируемые местными властями, а также публикует материалы о духовно возрождающем эффекте путешествий по России с историческим уклоном[28].

---

[27] Воронеж. Русский провинциальный журнал. 1996. № 2; Рязань City. 2008. Май.
[28] URL: http://ethnomir.ru/ (дата обращения: 10.09.2021).

Эти маркетинговые стратегии относятся к категории «регионального брендинга» — концепция и практика, набирающие популярность в России. И региональная идентичность, и брендинг города — продукты переоценки и нового самоопределения провинций: первая — как набор внутренних образов и мифов, а второй — как набор реальных воспроизводимых текстов, обращенных вовне — к потенциальным инвесторам и туристам. Маркетинговый термин «брендинг» применяется к различным методам, предназначенным для «повышения имиджа региона, его коммерческой, инвестиционной и социальной привлекательности» [Нелепов 2010: 16], когда информация о его достопримечательностях, которая «может быть представлена в виде множественных изображений и репрезентаций... доводится до сведения потенциальных целевых рынков и аудитории» [Warnaby, Medway 2010: 205].

Приступая к разработке бренда того или иного города, специалисты по брендингу пытаются сформулировать его уникальную «историю». Чтобы разработать «согласованные стратегии в отношении управления ресурсами, репутацией и имиджем [города]» [Dinnie 2011: 3], команда должна выделить наиболее репрезентативные и жизнеспособные атрибуты своих внутренних образов и преобразовать их в «имидж бренда», который будет положительно восприниматься местными жителями, потенциальными инвесторами и туристами. Н. Абалмасова и Э. Пейн включают брендинг в более широкое понятие — «символический менеджмент», посредством которого создается «положительный имидж региона, предназначенный для внешней аудитории — покупателей» [Abalmasova, Pain 2011: 275].

Таким образом, создать бренд города — значит придать определенную форму уже существующим позитивным ассоциациям, которые отличают его от других городов и придают лоск его имиджу, выделяя его среди конкурентов [Ooi 2011: 57; Тимофеев 2012]. И именно тут провинциальные города сталкиваются с самой трудной задачей: ведь до последнего времени культурный миф о провинции нес в себе преимущественно негативные коннотации и отказывал провинциальным территориям в какой бы то ни было индивидуальности. Энн Лонсбери отмечает, что со времен Гоголя в провинции видели не только отсталость, но прежде всего однообразие:

> Провинция не признает никаких существенных различий, никакой индивидуальности. В этом смысле нереалистичное, на первый взгляд, обозначение N в действительности указывает на определенную социальную и историческую реальность: делая одной из определяющих черт провинциального города именно отсутствие определяющих черт, Гоголь тем самым приписывает физическим характеристикам русских провинциальных городов отрицательную моральную ценность [Lounsbery 2005: 272].

Города N, С или «***ов» в русской литературе XIX и начала XX века не имеют привязки ни к какому конкретному городу и в то же время обозначают все провинциальные города: предполагается, что все они выглядят и воспринимаются совершенно одинаково. До некоторой степени это так и есть. Эти города, построенные после административных реформ Екатерины II, уже лишенные оборонительных стен средневековых городов-крепостей, были смоделированы по образцу тогдашней столицы — Санкт-Петербурга. Таким образом, «губернские города были в известном смысле уменьшенными, а уездные — миниатюрными копиями столицы» [Клубкова, Клубков 2000: 27]. Вторичность провинциальной жизни была буквально встроена в нее. В своем анализе почтовых открыток XIX века Элисон Роули отмечает «взаимозаменяемость видов» на открытках с изображениями провинциальных городов России, в особенности памятников и скверов. Конные статуи везде одинаковы; но создание по всей империи общественных садов, придававших «разнообразному российскому ландшафту централизованный европеизированный вид» [Rowley 2013: 59], способствовало стандартизированному городскому планированию и, как следствие, ощущению «одинаковости», типичному для всех провинциальных городов.

Это тиражирование уменьшенных копий Санкт-Петербурга, когда «типичный провинциальный городок» строился по образцу более крупного провинциального города, смоделированного, в свою очередь, по образцу Санкт-Петербурга, который «выглядел или стремился выглядеть как Европа» [Lounsbery 2005: 272], объясняет, почему подражательность считалась одной из отличительных черт провинциализма: в рамках одной системы ценностей можно сравнивать только схожие между собой объекты. Бесчисленные, зачастую комичные изображения попыток провинциалов подражать столице в литературе XIX века лишь подтверждают представление о провинциальной отсталости.

Ощущение единообразия еще усилилось в советский период, когда типичный городской пейзаж составляли унифицированные административные здания, дворцы культуры и многоэтажные жилые дома. Местная идентификация в Советском Союзе была еще сильнее подавлена новой системой административно-территориального деления, которая «резала по живому» [Павлюк 2006: 109], игнорируя исторические географические границы. Официальные СМИ изображали страну как «нечто огромное, разделенное на множество почти неотделимых ячеек со схожими проблемами, целями и задачами» [Павлюк 2006: 111].

Та же проблема остается и сегодня: несмотря на все немалые усилия провинциальной политической, деловой и культурной элиты по созданию своеобразной и уникальной региональной и городской идентичности, провинциальные регионы по-прежнему сливаются в некое однородное «нестоличное» пространство, лишенное особых примет. Более того, символический характер провинции — существенная часть проблем региональной саморепрезентации, которая, в свою очередь, вынуждена решать свои задачи в рамках символической географии русского национализма. При разработке бренда — то есть привлекательной, продаваемой идентичности — провинциальному городу или области приходится прежде всего преодолевать устойчивые негативные коннотации, присущие провинции в русской культуре: лишь после этого можно создать образ, обеспечивающий баланс между местным (конкретным) и национальным (символическим). Однако теперь, благодаря новой роли провинции в дискурсе национализма, эти негативные ассоциации уступают место представлению о провинциальной России как о хранилище лучших черт национального характера. Этот дискурс входит в более широкие дискурсы русской идентичности и национализма, где исчезает «местное» и доминирует логика культурного мифа. Провинция мифа лишена каких бы то ни было местных примет и чувства места. Чтобы успешно играть роль символической обители истинной русскости, провинция должна оставаться аморфным внестоличным и противостоящим столице пространством.

Таким образом, главные препятствия на пути к созданию идентичности провинциального города связаны с вопросами о том, как создать ощущение места; как сконструировать уникальный узнаваемый бренд для города, отличительная черта которого — неотличимость от других подобных городов; и, наконец, как вложить смысл в то, что всегда характеризовалось его отсутствием.

Типичный пример: «Чем Воронеж не Париж?»

Интернет-мем «Бомбите Воронеж» пользуется популярностью по крайней мере с 2008 года: он часто появляется в виде подписи к фотографиям Владимира Путина, якобы заявляющего: «Если НАТО вторгнется в Сирию, мы будем бомбить Воронеж», а в новейшей версии: «Если они введут новые санкции, мы будем бомбить Воронеж»[29]. Этот мем подразумевает действие, направленное на то, чтобы причинить кому-то вред, досадить, однако бьющее не столько по противнику, сколько по самому агрессору. Истоки мема не вполне ясны[30], однако роль в нем Воронежа

---

[29] См., в частности, следующие сайты: Викисловарь. «Бомбить Воронеж». URL: https://ru.wiktionary.org/wiki/бомбить_Воронеж (дата обращения: 10.09.2021); Пользователи интернета: «Зачем бомбить Воронеж, когда можно просто запретить поставлять туда еду?» Блокнот. 2014. 7 октября. URL: http://bloknot-voronezh.ru/news/polzovateli-interneta-zachem-bombit-voronezh-kogda-mozhno-prosto-zapretit-postavlyat-tuda-edu (дата обращения: 10.09.2021).

[30] URL: http://blog.fontanka.ru/posts/148409/ (на данный момент ресурс недоступен).

очевидна: это обозначение самого типичного российского региона. Бомбить Воронеж, а не Москву — значит причинить вред самой России, в отличие от российской столицы, которая больше не несет в себе такой коннотации.

Предмет моего интереса в этом исследовании — российская глубинка, неэкзотическое нестоличное пространство, стандартный, обезличенный провинциальный «городок N» — в данном случае Воронеж. Я обращаю особое внимание на Воронеж по следующим причинам: это большой провинциальный город в российской глубинке, настоящая провинция, что наглядно демонстрирует приведенный ранее интернет-мем; там выходит журнал с повесткой, аналогичной повестке «Российской провинции» и «Русской провинции», и по крайней мере некоторые из его сотрудников активно участвуют в создании и продвижении несколько парадоксального статуса Воронежа как столицы провинции.

Воронежу, в отличие от некоторых других провинциальных городов, нелегко отстаивать свои позиции в борьбе за статус в России и в мире: в его распоряжении слишком мало культурных мифов, маркеров идентичности или узнаваемых брендов. К примеру, претензии на славу близлежащей Тульской области подкрепляют Куликово поле, имение Льва Толстого — Ясная Поляна, тульское оружие, тульские пряники и тульский самовар. Воронеж мог бы тоже использовать собственную историю — как колыбель первого русского флота, родина поэта Алексея Кольцова, писателей Ивана Бунина и Андрея Платонова. Мог бы он рекламировать себя и как место ссылки Осипа Мандельштама или как родину знаменитого монолита плодородного чернозема, отправившегося на Всемирную выставку в Париже 1889 года. Однако имиджмейкеры Воронежа не стали раскручивать эти факты: вместо этого они решили создать совершенно новую идентичность города. Результатом стал набор противоречивых образов и идей, подпитываемых националистической и оксиденталистской риторикой. Приведут ли эти попытки к созданию связной истории, способной наполнить смыслом провинциальную пустоту, покажет время.

Журнал «Губернский стиль: русский провинциальный журнал литературы и публицистики» был основан в 2006 году. В той же степени, в какой «Российская провинция» и «Русская провинция» были продуктами 1990-х годов, «Губернский стиль» — продукт 2000-х, когда дискурс провинции как кладезя культурного, нравственного и экономического потенциала России получил уже достаточное развитие. Бо́льшую часть материалов журнала составляют краеведческие статьи и литературные произведения провинциальных авторов о провинции. Каждый выпуск начинается с короткой редакционной статьи. Первая из них, озаглавленная «Русское Возрождение», повторяется с вариациями в нескольких номерах и формулирует задачи журнала следующим образом:

> Наш журнал — для будущей России. Мы будем всматриваться в грядущую мировую перспективу из глубин российской провинции. Мы создадим свою фабрику мыслей и идей, основанных на интеллектуальном и духовном опыте поколений, живших в провинциальной России.
> …Мы поднимем пласты культурных и духовных сокровищ российской провинции[31].

Сами по себе «духовные сокровища» и даже сохранение традиций близки к эзотерическим понятиям. Однако в контексте провинциального дискурса они приобретают особую коннотацию: это прежде всего те сферы, в которых провинция превосходит Москву. Первый выпуск «Губернского стиля» прямо обращается к этим концепциям, тем самым великолепно иллюстрируя мое наблюдение, что провинциальный дискурс — неизменно националистический.

В предисловии редактора Николая Сапелкина к первому разделу номера — «Губерния спорит» — изложены некоторые посылки и проблемы, которые предлагается обсудить:

> Духовная сила, интеллектуальный потенциал, оборонная мощь России — в ее глубинке.
> Там же — и лекарство от ее болезней. Сейчас, когда Россия ищет свой путь в будущее, иногда сбиваясь к глобальному

---

[31] Губернский стиль. 2006. № 1 (сентябрь). С. 1.

сообществу, иногда задумываясь об изоляционизме, мы предлагаем взгляд из губернии на проблемные для российской государственности темы[32].

Раздел включает в себя доклад «Будущее России», а также посвященный обороноспособности России и демографической ситуации круглый стол под руководством Сапелкина с участием местных представителей основных политических партий России, члена региональной Думы и священника. Подводя итог жарких дискуссий на темы патриотизма, миграции, абортов и проблем современной молодежи, Сапелкин поднимает вопрос, который до сих пор в явной форме не проговаривался:

> Вдруг придется русским рассеяться по свету или жить на своей земле, но в глобальном обществе, в котором нет границ. Можно ли будет отличить русского человека от представителя другой национальности? Что уже является или может стать нашими этнообразующими признаками?[33]

Как и следовало ожидать, участники называют в качестве таких признаков языковую и этническую самоидентификацию, религию и уникальную русскую духовность. После чего, закрывая круглый стол, Сапелкин вновь возвращается к проблеме национальной идентичности, поскольку во всех дискуссиях о прошлом и будущем России «провинциальная перспектива» неизбежно затрагивает проблему национализма.

В том же разделе опубликовано эссе «Русское лицо патриотизма» Владимира Бондаренко, литературного критика и главного редактора газеты «День литературы»[34]. Риторика этой непримиримо ксенофобской версии русского национализма носит типично оксиденталистский характер и густо насыщена ресентиментом:

---

[32] Там же. С. 3.

[33] Там же. С. 11.

[34] Газета «День литературы» начиналась как литературное приложение к газете «Завтра» и носит столь же откровенно националистический, антизападный и антисемитский характер.

> Русская цивилизация самим существованием своим — вызов цивилизации Запада. Дело отнюдь не в нашей агрессивности, экспансионизме, не в нашем богатстве или нашем уме. Даже дело не в нашей идеологии или характере нашего государственного строя. Монархия или республика, советская власть или президентское правление — для западной цивилизации это вторично. Тем более дело не в отношении к чеченцам, татарам, евреям или каким-либо другим народам, населяющим Россию. Не в России возник антисемитизм, а в просвещенной Европе, не в России платили за каждый скальп аборигена денежное вознаграждение, а в США. Но пока мы будем существовать как иной цивилизационный тип развития, до тех пор мы будем своей инакостью раздражать западный мир. Увы, такова наша историческая участь... Консервативный вызов — вот наш путь в мире. Наша альтернатива экономическому прагматизму [Бондаренко 2006].

Характеристика Запада как прагматичного и лицемерного — один из основных элементов оксиденталистского дискурса, равно как и позиционирование России как Другого для Запада. Инаковость представляется качеством, имманентно присущим русскому характеру и не зависящим от политических или экономических реалий; она носит почти мистический характер. Также типично и определение патриотизма, под которым понимается не столько любовь к своей стране, сколько неприязнь к ее предполагаемым недоброжелателям. Утверждение, что миссия России — отличаться от Запада, никак не помогает определить характер России и не предлагает никаких практических путей решения ее проблем.

Экстремистская позиция Бондаренко уравновешивается академическим обзором различных проявлений патриотизма в статье московского политолога Сергея Маркедонова «Русский вопрос», предостерегающей от опасностей этнического экстремизма. Таким образом, «Губернский стиль» занимает относительно нейтральную позицию; его склонность к этническому национализму проявляется в периодической редакторской подаче материалов в духе провинциального дискурса, с присущим ему националистическим элементом.

Оксиденталистский дискурс характеризуется также отрицательным отношением к столице. Такая позиция дает основание отрицать статус Москвы как символического центра России. «Губернский стиль» идет еще дальше: он перестраивает конфигурацию оппозиции «центр — периферия» с тем, чтобы полностью исключить Москву. Об этом свидетельствует заявление Сапелкина:

> Свои проекты мы не замыкаем на Воронеж или Москву, стараясь делать их по возможности международными. Столицу мы намеренно исключаем, т. к. столица любого крупного государства космополитична по своему назначению. Кроме того, в условиях нынешней социально-экономической ситуации в России в Москву на работу приезжает много талантливой молодежи, но вместо формирования креативного класса происходит «ломка» личности. Москва как большая мясорубка перемалывает и усредняет людей. В провинции много интересных тем, событий, явлений, которые в глобализирующемся мире теряются. Эти темы мы и решили освещать в русском провинциальном журнале литературы и публицистики «Губернский стиль»[35].

Сапелкин четко формулирует оксиденталистский взгляд на Москву как на бездушный космополитический мегаполис, питающийся индивидуальностью провинциалов; такой город больше не может служить организующим символом нации. При этом, даже демонстративно исключив Москву из сферы интересов своего журнала, Сапелкин продолжает определять Воронеж с точки зрения бинарной оппозиции «Москва — область». Концепция столицы всегда имела для региональной самоидентификации решающее значение; Н. Замятина отмечает, что близость к Москве когда-то считалась одним из плюсов данного региона: она подразумевала в числе прочего доступность столицы, филиалы московских учреждений и возможность экспорта местной продукции в Москву. Утратившая свою позитивную роль Москва

---

[35] Из электронного письма Николая Сапелкина автору от 14 июля 2012 года.

перестает быть точкой отсчета; кроме того, любой зарубежный город теперь считается «более престижным потребителем товаров или соседом», чем Москва [Замятина 2006: 276].

Так, в интервью «Чем Воронеж не Париж?», впервые опубликованном в интернете в журнале «Шеф» (2007), а затем перепечатанном в «Губернском стиле» (2010), Сапелкин замечает, что не видит ничего необычного в сравнении столицы Черноземья со столицей Франции: «Вот Воронеж — ничем не хуже Парижа. Просто столица Франции лучше раскручена, немалая доля городского бюджета расходуется на имидж. Воронеж имеет свою особинку, но не рекламирует, не продвигает ее» [Сапелкин 2010: 51].

Заявление Сапелкина вызывает ряд вопросов: от того, как можно «раскрутить» провинциальный город или регион, до того, почему он отказывается от традиционной бинарной оппозиции «столица — провинция», отвергая российскую столицу как точку отсчета и настойчиво сравнивая свой город со «столицей мира» — Парижем. До некоторой степени это отражает относительную легкость, с которой россияне теперь могут путешествовать за границу. Однако, с моей точки зрения, это отражает также и попытку нарисовать в воображении новые центры символической власти, чтобы заменить ими прежний, переставший удовлетворять. Отношения провинциальной элиты с Москвой остаются сложными: в их основе лежит напряженная динамика ориенталистских и оксиденталистских взглядов. Отвержение Москвы в пользу иностранной точки отсчета — Парижа — дает возможность приписать региону престижный статус в рамках новых, исключительно воображаемых систем отсчета и иерархий. Поскольку эта новая география не опирается ни на какие научные данные и носит исключительно символический характер, то и в самом деле — чем, собственно, Воронеж отличается от Парижа? Или от Хьюстона? Или от Амстердама?

Бренд города всегда оторван от географической и культурной реальности. Вместо отражения сущности города бренд объединяет и преобразует его культурные, исторические, природные и архитектурные явления в слоган и/или логотип, призванный донести некую связную историю. Париж — прекрасный пример контраста между географией города и его «метагеографией», то есть мысленными образами, которые люди ассоциируют с данным местом [Lewis, Wigen 1997]. Популярный образ Парижа может не полностью совпадать с его физическими, культурными и географическими параметрами, и тем не менее он существует, поскольку, как замечает географ Дмитрий Замятин, «переход от физико- и культурно-географических слоев к метагеографическому» происходит в результате длительного процесса брендинга, как спонтанного, так и организованного [Замятин 2013: 13]. На первый взгляд, никаких особых причин для такой огромной популярности Парижа не существует. Однако исследование 2008 года, посвященное корреляции между богатством ресурсов и «силой бренда» десяти крупнейших городов Европы, поставило Париж на первое место в обеих категориях[36]. Иными словами, бренд может быть конструктом, часто — лишь «стремлением, которое еще предстоит реализовать» [Ooi 2011: 55], однако для того, чтобы сделать его долговечным, необходима определенная культурная и географическая основа. Чтобы представить, что Воронеж, город, не имеющий сколько-нибудь значительных ресурсов, способен конкурировать с Парижем, нужно иметь весьма своеобразное представление о формировании идентичности, а также о географии — как конструкте, символе, который можно переосмысливать и реконструировать.

Эту символическую географию легче всего представить в параллели с постмодернистским взглядом на мир, где все является текстом, реальность — конструктом, понятие истины размывается и заменяется понятием множественных истин, а концепция центра, по аналогии, заменяется концепцией множественных центров. На такой карте мира Воронеж (как и любой другой город) действительно независим от Москвы и стоит на одном уровне с мировыми столицами.

Название «Губернский стиль» носит не только журнал, но и (с 2002 года) ежегодный фестиваль моды; цель этого фестиваля — сделать Воронеж российской столицей моды и потенциаль-

---

[36] URL: http://www.citymayors.com/marketing/city-brands.html#Anchor-Results-49575 (дата обращения: 10.09.2021).

ным соперником Парижа. Это совместный проект Национальной академии индустрии моды, Министерства промышленности и торговли Российской Федерации и других государственных организаций. Его участники — молодые дизайнеры из России, Украины, а иногда и других стран; в состав жюри вошли мэтр российской моды Вячеслав Зайцев, а также известные деятели модной индустрии из Китая и Франции. Организаторы фестиваля ежегодно проводят круглые столы на тему «Российская провинция в контексте культуры и истории», на которых обсуждаются различные вопросы, от моды и туризма до проблем региональной идентичности.

Высказывания Сапелкина о фестивале подтверждают, что сравнение его города с Парижем представляет собой шаг в сторону от Москвы, к возрождению национальных традиций и гордости России: «Мы решили, — заявляет Сапелкин, — противопоставить столице — губернскую Россию, в основе модных устремлений которой лежал бы этнический стиль». Дальнейшие его высказывания дышат националистическими настроениями:

> Этнический стиль — это использование фольклорных, народных элементов в дизайне современной одежды. Мы же сформировались не на пустой территории, у нас богатейший пласт исторического и культурного наследия. Одномоментно наш старинный костюм воскреснуть не сможет. Но мы понемногу готовим почву, в том числе проводим и модные перформансы в воронежской народной одежде[37].

Все это, заключает Сапелкин, делает Воронеж одним из центров моды и туризма.

Идеи «центра» и «столицы» занимают видное место во всех отзывах об этом мероприятии. Интернет-газета «Воронеж» сообщает: «Благодаря "Губернскому стилю" Воронежская область стала восприниматься в кругах профессиональных дизайнеров как центр моды и туризма европейской России, а город Воронеж

---

[37] URL: http://citycelebrity.ru/citycelebrity/Post.aspx?PostId=3104&PageId=8e215ac8-c7f5–4c24–9c51-ae738319fb94 (дата обращения: 10.09.2021).

как подлинная столица губернской моды»[38]. В онлайн-интервью от 2012 года Сапелкин повторяет, что "Губернский стиль" — один из немногих fashion-проектов в стране, в котором столь массово участвуют модельеры из малых городов. Благодаря фестивалю Воронеж стал столицей моды нестоличной России»[39].

Организация подобных мероприятий — распространенный и эффективный метод городского брендинга, дающий повод муниципальным властям подчеркнуть наиболее привлекательные аспекты своих городов или выдвинуть новые идеи [Ooi 2011: 96]. Организаторы фестиваля «Губернский стиль» ставят перед собой задачу превратить город в «столицу моды». Чтобы оправдать свои амбиции, им необходимо создать в воображении новое символическое пространство, в котором Воронеж сможет претендовать на этот статус. Журналистка «Губернского стиля», рассказывающая о фестивале 2010 года, на котором присутствовал декан пекинской школы дизайна, пытается сделать именно это. Она гордится международными достижениями победителей, а также триумфом российской провинциальной культуры, которая «уверенной походкой движется навстречу успеху и процветанию... и особую изящность движению придает ее собственный Стиль» [Соколовская 2010: 47]. Свой репортаж, озаглавленный «Губернский стиль от Пекина до Парижа», она завершает небольшим экскурсом в символическую географию, соединяя модные столицы Запада и Дальневосточного региона линией, проходящей между ними не напрямую, а через Воронеж: «Вот так и развивается "Губернский стиль": от Пекина до Парижа с центром в Воронеже. И хотя расстояния от Воронежа до Парижа всего три тысячи километров, а до Пекина двенадцать тысяч — эти города одинаково близки Воронежу и воронежцам» [Соколовская 2010: 50].

Фестиваль, несомненно, принес большую пользу и заинтересовал местных начинающих дизайнеров. Однако риторика организаторов, поднимающаяся на глобальный и подчеркнуто аб-

---

[38] URL: https://vrn-uk.ru/2014/05/gubernskij-stil-v-voronezhe/ (дата обращения: 10.09.2021).

[39] URL: http://www.gumilev-center.ru/voronezh-predstavlyaet-gubernskijj-stil/ (дата обращения: 10.09.2021).

страктный уровень, вызывает много вопросов. Какой эффект может иметь позиционирование реального города как столицы мифической страны — «нестоличной России»? Означает ли отказ провинциального города мерить себя столичными мерками освобождение от рамок бинарной оппозиции «столица — провинция», позволяющее ему самостоятельно определять собственную идентичность? И, наконец, почему эта новая идентичность, по всей видимости, воспроизводит все ту же бинарную оппозицию, хотя теперь в ней и фигурируют другие города? Очевидно, региональная традиция в современной России так же неразвита, как и во времена Гоголя, а провинция по-прежнему остается культурным мифом, который, как утверждал Ролан Барт, представляет собой пустую форму, которую можно наполнить любым содержанием. Карта мира, на которой проводится линия «от Пекина до Парижа с центром в Воронеже», не просто символична: она фантастична. Никакая статистика, никакие рейтинги, индексы или опросы общественного мнения не властны над царством мифа. Провинциальный идеолог (по терминологии Екатерины Евтуховой) не связан необходимостью доказывать свои утверждения [Evtuhov 2011].

И это дает ему необычайную свободу творчества. Поскольку, согласно теории брендинга, города могут быть «составлены из множества образов и репрезентаций» — иными словами, если тексты могут творить собственную реальность, — Сапелкин смелым постмодернистским актом создания воображаемой реальности превращает Воронеж в Париж: для этого ему достаточно просто переименовать его жителей. На круглом столе фестиваля 2013 года Сапелкин представил свой проект «Воронеж — Идентификация». Обсудив виды рекламы на улицах города, состояние его освещения и газонов, он предложил вслед за этим изменить демоним местных жителей с привычного «воронежец» на «воронежанин». Кроме того, он предлагает присвоить городу собственные цвета (красный и белый), вкус (соленый) и аромат (луговой) [Sapelkin 2013]. Разумеется, эти предложения выглядят надуманными. Вопрос, однако, не в том, хотят ли сами жители Воронежа, чтобы их называли воронежанами, а в том, что проект формирования идентичности, особенно в регионе, имеющем так мало исторических маркеров самоидентификации, не опирается на географическую, экономическую или культурную реальность и не связан ею. Это чистое мифотворчество, которое не сковывает себя рамками существующих местных традиций, идентичностей и даже реальности (или не замечает их).

Туристический проект «Воронежская кругосветка» добавляет к этому взгляду еще одно измерение. Его организаторы не видят противоречия между направленной вовне, открытой миру, даже космополитической позицией «Парижа русской провинции» и этим туристическим маршрутом, умещающимся в административных границах Воронежской области. В то время как линейная логика Париж — Воронеж — Пекин выталкивает Воронеж в мир, простирающийся за пределами российской границы, «кругосветка», в самом названии которой заключено слово «круг», визуально очерчивает Воронежскую область замкнутой линией.

Как мы знаем, истории путешествий — это зачастую рассказ о самопознании. Русские путешественники, возвращавшиеся из Европы, как известно, часто обращались к российской глубинке в поисках собственных корней и идентичности[40]. В интервью 2010 года Сапелкин утверждает, что путешествующие по России волей-неволей становятся патриотами, в то время как путешествующий в пределах Воронежской области не ищет патриотических ценностей — он уже патриот, он выражает и пропагандирует их. По словам Сапелкина, проект реализуется с целью способствовать патриотическому и нравственному воспитанию граждан, сделать Воронежскую область туристически привлекательным регионом, привлечь внимание к проблеме сохранения памятников истории и архитектуры, узнать больше об образе жизни местного населения, популяризировать здоровый образ жизни и традиционные русские культурные ценности. Однако даже откровенно деловой тон заботы о «туристической привлекательности» не может скрыть националистического уклона этих высказываний.

---

[40] См., в частности, [Dickinson 2006].

О чем говорит эта смесь брендинговых приемов, националистической и антимосковской риторики? О том, что власть, в которой отказано Москве, так и не перешла к провинциальному городу, и о том, что акцент на провинции как хранилище истинной русскости сохраняет провинциальный дискурс и провинциальную идентичность прочно привязанными к спекулятивным дискурсам национализма и культурной мифологии.

Ученые всего мира расходятся во мнениях относительно эффективности брендинга городов (территорий, стран). Саймон Анхольт, специалист в области изучения брендов, настаивает на том, что «слово на букву "б"» можно использовать только в качестве метафоры. Он замечает, что географические места могут иметь свои бренды — «в смысле репутации», но идея о том, что город можно брендировать так же, как корпорации брендируют свою продукцию, по его мнению, «и поверхностна, и глупа». Что же касается национального брендинга, то далее Анхольт утверждает, что в ходе пятнадцатилетних исследований так и не увидел никаких доказательств «корреляции между изменением имиджа нации и вложениями в "кампании национального строительства"» [Anholt 2010: 2]. Обращаясь к российской практике брендинга, Н. Абалмасова и Э. Паин утверждают, что

> российская практика региональной и городской политики в настоящее время демонстрирует крайне скудный опыт реализации целостных символических программ. И даже в тех случаях, когда такие программы были реализованы, они редко приносили элите социально-политическую «прибыль», представляющую какую-то ценность для внутриполитических целей региона [Abalmasova, Pain 2011: 279].

Некоторые ученые связывают провал проектов регионального брендинга в России с идеологией и экономической политикой путинской эпохи:

> Поиски региональных идентичностей и брендов, в которых фиксировалась локальная исключительность, плохо вписываются в новый, укрепляющийся в средствах массовой

информации дискурс самоизоляции, византизма, евразийства и национального единения на основе православия [Игнатьев, Лысенко 2015: 7].

Приведенные ранее наблюдения действительно объясняют, почему провинциальным элитам редко удается сформулировать позитивные, уникальные и выдерживающие проверку фактами бренды и идентичности городов и регионов. В этом процессе российский провинциальный город сталкивается с дополнительными проблемами: в то время как региональная идентичность по-прежнему подчинена национальной идентичности, которая сама еще только формулируется и обсуждается, в сфере культурного мифа провинциальное пространство остается некой неопределенной нестоличной лакуной. Миф имеет очень мало общего с действительностью; брендинг определятся как «отложенная реальность» [Anholt 2010: 31], а постмодернистский взгляд на эту реальность до такой степени стирает границу между существующим в действительности и существующим только в виде текста, что для ее конструирования достаточно лишь вооружиться набором имен и концепций. Жизнетворческие попытки Николая Сапелкина и других могут стать первым шагом на пути к формулированию и отражению смысла, лежащего в основе идентичности их города. Но пока все, что у нас есть, — это нелепый образ «воронежанина», одетого в этническом стиле и совершающего «кругосветное» путешествие в пределах Воронежской области.

Переоценка бинарной системы «провинция — столица» началась в начале 1990-х годов и продолжалась с небольшими вариациями в течение следующих десятилетий. Провинциальная культурная элита инициировала этот процесс восторженными заявлениями о паритете провинции со столицей и даже о превосходстве над ней. Вскоре после этого политики и бизнесмены обнаружили, что риторику провинциального мифа можно использовать в их собственных целях. Присвоение риторики национальной идентичности позволяет провинциальной элите заявлять о новых отношениях со столицей в рамках символической географии, которую они реструктурируют, приспосабливая к собственным нуждам. Сохраняя основные элементы тернарной структуры «провинция — Москва — Запад», они выстраивают новую воображаемую иерархию и провозглашают автономию и превосходство вместо былой зависимости и неполноценности.

В рамках герметичной модели национальной самоидентификации отношения между провинцией и Москвой развивались аналогично отношениям между Россией и Западом — как комбинация притяжения и неприязни. Создание положительного имиджа России с Западом в качестве Другого представляется уже очевидно невозможным. Провинциальный Другой, рассматриваемый как более приемлемая альтернатива, присвоил темы и лексику провинциального мифа и начал эксплуатировать их в своих целях. Но, как бы то ни было, эта герметичная модель «мы — мы» делает возможным альтернативный, гораздо менее конфликтный образ нации, чем при использовании противостояния «Россия — Запад». Сохранение привычного мифа идет на пользу обеим сторонам: центру он дает источник истинной русскости, а провинции — возможность «реванша». Даже в тех случаях, когда провинциальные творцы мифов решаются строить в воображении бинарные отношения с Западом в обход российской столицы, тернарная структура «провинция — Москва — Запад» не растворяется в составляющих ее бинарных элементах. Эти три краеугольных камня российской символической географии остаются непоколебимыми, и, при всех их разнообразных реконфигурациях, русская национальная идентичность все еще ждет своего внятного выражения.

2
Литература
В провинциальном состоянии души

> Париж — это от нас далеко? Пять тысяч верст? Боже мой, какая провинция!
>
> *М. Харитонов, 1992*

Живущие и работающие в провинции русские писатели часто затрагивают вопросы о динамике отношений центра и периферии, когда говорят об отсутствии доступа к престижным издательствам, отрыве от литературной среды и невнимании к ним комитетов по присуждению литературных премий. Однако, хотя в интервью этих писателей острое осознание ими своего провинциального статуса неоднократно проговаривалось, в их литературных произведениях оно не всегда находило эксплицитное выражение. Да и почему место рождения и жительства авторов непременно должно влиять на выбор сюжета, тем и персонажей? Выбор в качестве места действия провинциального города не обязательно подразумевает описание характерных черт провинциальной жизни или взаимоотношений между провинцией и центром. Не все литературные персонажи, которые ходят по улицам малых российских городов, ловят рыбу в местных речках и устраивают пикники на полянке в близлежащих лесах, явно маркированы как провинциалы. Меня, однако, интересуют те случаи, когда такой выбор места действия действительно несет в себе определенный смысловой заряд, а именно — определение провинции как «настоящей» России, отличающейся от российской столицы и часто противопоставляемой ей. Подчеркивая символическую географию того или иного произведения и характеризуя место действия, главных героев и имплицитного автора как представителей провинции или центра, автор выражает определенный взгляд на то, что это значит — жить в российской глубинке или в столице. В текстах, рассматриваемых в этой главе, провинциальный топос представляет собой отдельную важную тему, а также элемент характеристики и средство осмысления российской идентичности. Культурный миф о провинции кратчайшим путем ведет к темам национальной идеи и символической географии России. Независимо от того, могут ли (и хотят ли) авторы предложить какие-либо жизнеспособные определения русскости, их произведения рассматривают ключевые проблемы русской национальной идентичности с точки зрения отношений между столицей и провинцией.

Провинция как философия

Трилогия Марка Харитонова «Провинциальная философия» включает в себя романы «Прохор Меньшутин» (1971, опубликован в 1988) и «Провинциальная философия» (1977, опубликован в 1993). Последняя часть трилогии, роман «Линии судьбы, или Сундучок Милашевича» (1980–1985), после ее публикации в 1992 году была удостоена первой российской Букеровской премии. Это произведение, хоть и было написано до обозначенного мной периода анализа, представляет тем не менее для настоящего исследования исключительную ценность. В манере, типичной для позднесоветской культуры, оно развивает тему провинциального топоса: этот топос предстает здесь как место действия, существующее вне идеологии и истории, аналогичное по функциям понятию частной сферы. Кроме того, «Линии судьбы» предвосхищают возрастание значения постсоветского провинциального тропа в дискурсе национальной идентичности. В этом качестве они могут служить литературным дополнением к журналистскому открытию уникальной роли провинции в сохранении русского культурного богатства и национального характера, о чем говорилось в предыдущей главе.

Критики разошлись в оценках романа: одни предсказывали, что его будущее значение для русской культуры будет сопоставимо с влиянием романа Умберто Эко «Имя розы» на культуру западную, тогда как другие сочли его слишком искусственным и невыносимо затянутым [Степанян 1992: 236]. В предисловии к своему переводу романа в 1996 году Хелена Гощило называет его «русским "Доктором Живаго" 1980-х», в то время как газета The New York Times в рецензии на этот ее перевод отмечает вторичность философских посылок романа и находит «пристрастие Харитонова к излишним подробностям, запутанным отступлениям и загадочным вставкам» утомительным [Goscilo 1996: 2; Cavanagh 1996]. Наум Лейдерман и Марк Липовецкий высоко оценивают его «сложный многослойный и многоголосый обоюдоострый диалог между Миром и Текстом», а Андрей Немзер проводит параллели с Гоголем и Розановым [Лейдерман, Липовецкий 1993: 247; Немзер 1998]. Как благожелательные, так и недовольные критики концентрируются в первую очередь на форме романа: на его постмодернистской, метахудожественной и метаисторической природе, на его сложной структуре и явно выраженной философской направленности. На мой взгляд, «Линии судьбы» рассматривают вечные русские вопросы в весьма своеобразной и навязчиво усложненной манере, однако в первую очередь меня интересует обстановка, в которой разворачивается сюжет, — насыщенная эмоциями и смыслами атмосфера российской провинции. Мое исследование романа Харитонова сосредоточено на двух конкретных аспектах: во-первых, на том, какими способами он осуществляет и предвосхищает сдвиги в провинциальном дискурсе, а во-вторых, на растущем интересе к провинциальному топосу в то время, когда роман вышел в свет.

Как и бо́льшая часть русской литературы постперестроечного периода, «Линии судьбы» метафизичны и метаисторичны; в них изображен «современный» писатель и литературовед, кропотливо реконструирующий тексты своего литературного «предшественника», отыскивающий автобиографические ключи в его произведениях и в исторических документах его времени. Антон Андреевич Лизавин, преподаватель литературы в провинциальном университете 1970-х, до одержимости увлечен Симеоном Милашевичем — местным малоизвестным писателем 1910–1920-х годов. Случайно Лизавин натыкается на сундучок с разрозненными заметками Милашевича, бо́льшая часть которых представляет собой пару фраз, записанных на фантиках от конфет местной кондитерской фабрики. Отсюда «фантичный», типично постмодернистский стиль текста, похожего на рассыпанные части головоломки, которые никак не складываются в цельную картину, то и дело перестраиваются в новом порядке и переосмысливаются, вследствие чего получившийся текст всякий раз представляет собой не окончательный вариант, а лишь один из множества возможных.

Фрагментарность текста Милашевича отсылает читателя к таким же фрагментарным текстам Василия Розанова 1910-х годов — к «Опавшим листьям» (1912–1913) и «Эмбрионам» (1918). В заметках Розанова, казалось бы, бессистемно сочетаются короткие зарисовки и еще более короткие сентенции о жизни, о смерти и о судьбе писателя. Как серия фотоснимков, вместе они отображают жизнь автора и его время. У Лизавина задача посложнее, чем у читателя Розанова: в сундучке с записями Милашевича порядка не больше, чем в ворохе опавших листьев. Задача Лизавина — упорядочить эти записи, чтобы они обрели смысл. Таким образом, его связь с этими текстами гораздо прочнее, чем у простого читателя или толкователя: фактически он становится соавтором Милашевича. По мере развития романа Лизавин все глубже погружается в судьбу Милашевича, а его собственное комфортное существование и карьера тем временем постепенно рассыпаются на части. По сути, он уходит от всего нормативного и коллективного в мир, где границы между текстом и жизнью размыты, а приоритеты смещаются до такой степени, что, по словам Андрея Немзера, «вопрос, на ком жениться, с неизбежностью превращается в проблему спасения души мира» [Немзер 1998: 388].

«Линии судьбы» открываются цитатой из рассказа Милашевича — первого из нескольких частично автобиографических текстов, которые служат Лизавину ориентирами в процессе распутывания и реконструкции жизненного пути Милашевича с его домашней идиллией, центром которой становится его жена. В некоторых рассказах присутствие женщины «ощущается не столько прямо, сколько во всяческом рукоделии, салфеточках, занавесках, наспинных подушечках, равно как в вареньях, масленичных блинах и прочих радостях провинциального быта, которые так любовно вставляет в свои описания Милашевич» [Харитонов 1992]. Эти детали — рукоделия, салфеточки и, с особенным постоянством, чай и малиновое варенье — составляют основу того, что Лизавин называет провинциальной философией Милашевича, которая

> вообще чужда всяким системам и не нуждается в доказательствах. Ее правда — в способности обеспечить внутреннюю гармонию и наделить чувством счастья независимо от внешнего устройства жизни. Она не претендует на величие, ее сила — именно в общедоступности [Харитонов 1992].

Философия Милашевича — это гимн провинциальной жизни, где дом становится убежищем от внешнего мира и местом, где человек может устоять против хода истории. Чай с малиновым вареньем приобретают символическое значение, гораздо более важное, чем их традиционная роль маркеров домашнего очага и надлежащим образом устроенной семейной жизни[1].

Чаепитие служит также дополнительной интертекстуальной отсылкой к розановским «Эмбрионам», где чай с вареньем становится ответом на один из извечных вопросов русской культуры: «— Что делать? — спросил нетерпеливый петербургский юноша. — Как что делать: если это *лето* — чистить ягоды и варить варенье; если *зима* — пить с этим вареньем чай». «Фантики» Милашевича и короткие эссе Розанова — жанры, идеально со-

---

[1] Вспомним, к примеру, в «Анне Карениной» сцену варки варенья, которую Толстой считал центральной в романе.

ответствующие своему времени, такому же хаотичному и запутанному; более того, они придают извечным вопросам новую актуальность. «Вопрос Чернышевского, поставленный в заглавии его романа, — продолжает Розанов, — есть вопрос существенно лирический, несвоевременный; ему может быть дан только бытовой ответ: делать нужно то, что было делаемо вчера» [Розанов 1993: 166]. Возможно, такое повышенное внимание к чаепитию — осознанный интертекстовый прием или отсылка к тому особому месту, которое этот обычай занимает в русской литературе — от Чернышевского до Толстого, Достоевского и Исаака Бабеля, — но, как бы то ни было, это обыденное домашнее времяпрепровождение приобретает символическое значение, вызывая ощущение стабильности и преемственности[2].

Примечательно, что, хотя Милашевич писал свои ранние рассказы в Санкт-Петербурге, свою идиллию он разворачивает в маленьком провинциальном городке. Таким образом, это «заочное» провинциальное измерение существенно для философии Милашевича. Лизавину с самого начала ясно, что провинция у Милашевича — «не географическое понятие, а категория духовная, способ существования, она коренится в душе человека независимо от места жительства» [Харитонов 1992]. Здесь, как и на протяжении всего романа (в той мере, в какой, как сетует Немзер, критический анализ был проделан в самом произведении) Лизавин выступает в роли толкователя, обнажая дихотомию, лежащую в основе философии Милашевича: провинция реальна и в то же время символична. Такой узнаваемый провинциальный городок — одновременно и состояние души. Духовный аспект уютно включает в себя повседневность, даже возводит ее в статус «поэзии незамысловатого мещанского уюта, печного тепла, летней пыли, весенней грязи, вечернего мытья ног, чаепитий в саду под яблонькой...» [Харитонов 1992].

Такое почти гиперболизированное представление о тихой провинциальной жизни как о философской позиции идет вразрез с традиционным для русской литературы образом провинциаль-

---

[2] О мотиве чаепития см. [Жолковский, Ямпольский 1994: 330–334].

ного города. Изображенные в романе города Нечайск и Столбенец, как и большинство провинциальных городов в русской литературе, восходят к отвратительному провинциальному болоту — гоголевскому городку N. Привнесение идиллического элемента отсылает к другой традиции — руссоистскому представлению о провинции как о чем-то чистом и неиспорченном, оплоте нравственности и народных традиций. Такой взгляд подразумевает пространственное и временно́е дистанцирование: провинция удалена от центра и существует в прошлом, в неизбежно идеализируемом месте и времени.

Один из трюизмов современного дискурса о провинции приписывает замедленный ритм ее жизни сохранившейся в неприкосновенности народной традиции: «провинция часто воспринимается как некий фундамент, консервативная структура, оплот традиционности»; «современная провинция означает групповую общность, которой свойственны органичность, определенность и устойчивость границ» [Фортунатова 2006: 6]. Также известен перечень дихотомий, характеризующих оппозицию «провинция — столица»: природа — культура, статика — динамика, структурированность — хаотичность, пассивность — активность и пр. Во времена политических и идеологических сдвигов эти элементы пересматриваются вместе с главными вопросами современности и соответственно переоцениваются. Роман Харитонова, написанный в 80-е годы, обобщает опыт советской интеллигенции, для которой бегство в частную сферу стало достойной альтернативой политической борьбе. «В 1970-е годы, — пишет Светлана Бойм, — после того, как советские танки вошли в Прагу, интеллигенция удалилась в частную жизнь и заново оценила свои "кухонные общины" 1960-х годов» [Boym 1994: 40]. О. В. Конфедерат обсуждает ряд периодов в течение XX века, когда интеллектуалы склонялись к «провинциальным формам» искусства, «намеренно снижая пафос Искусства до житейской обыденности», обращаясь к «природным, родовым, религиозно-православным основам бытия» как к источнику «альтернативной идентификации» в ответ на официальную ориентацию на западные модели политики, идеологии и культуры. В течение 1930-х, 1960-х и в конце 1990-х годов произведения искусства демонстрировали тенденцию к «реабилитации жизненной среды как культурной ценности и реальной формы существования культуры». Обычно персонажи литературы того времени прогуливаются по «провинциально тихим улицам поселков городского типа, по дорогам русской глубинки», населяют и прославляют «тихий мир» повседневности [Конфедерат 2006: 35].

Обостренное осознание важности частной сферы как формы противостояния официальной идеологии характерно для последних десятилетий советской власти:

> Особенность советского культурного пространства заключалась в тотальном разделении на государственное и личное. Границы империи проходили вне человека, между человеком и системой. <…> Эмблематичными для этой культурной практики оказываются не ораторская трибуна, а кухонный стол и походный костер, вокруг которого все равны и значимы [Конфедерат 2006: 35].

Светлана Бойм определяет «частное» при помощи тех же образов:

> Частное в послесталинские десятилетия, не огражденное рамками личных или имущественных прав, возрождается… в поэтических побегах от реальности, одержимом бумагомарании и нескольких неофициальных песнях под гитару в компании друзей, набившихся в тесную кухню [Boym 1994: 74].

Харитонов проводит границу между государством и личностью в том же самом месте: его дихотомия «провинция — столица» синонимична противостоянию личности и государства. Травмы истории (государственной сферы) выражаются для его героев расшатыванием их частной сферы. Та ценность, которую они придают уединению и защите от требований к жизни, навязываемых официальной идеологией (своему праву выпить в тишине чашку чая с малиновым вареньем), символизирует формы социального протеста, характерные для последних двух десятилетий советского периода, когда интеллигенция стала уходить в частные пространства. Герои Харитонова, спасаясь от идеологии, удаляются от нее и в пространстве и во времени: Милашевич возвращается из Петербурга в родной провинциальный городок, создает (в реальности или в воображении) тихую домашнюю идиллию и обосновывает это в своих разрозненных заметках на конфетных обертках. Лизавин, провинциал, «путешествует во времени», вступает в диалог с Милашевичем, принимает его взгляды как свои собственные и, в свою очередь, пытается жить в соответствии с провинциальной философией.

Философия Милашевича состоит из множества взаимосвязанных слоев: она постулирует право личности на свой частный мир и содержит более широкий экзистенциальный призыв к уважению повседневной жизни — позиция, преобразующая «быт в Бытие» [Харитонов 1992]. Ее можно рассматривать как утопическую философию, столь же хрупкую и обреченную на саморазрушение, как и ее более знаменитая родственница — коммунистическая утопия[3]. В конце концов выясняется, что Милашевич потерпел неудачу в практическом применении своей философии, то есть в попытке отстоять право личности на частную жизнь, выстроив герметично замкнутую частную идиллию вокруг своей любимой жены. Оказывается, эта идиллия существовала лишь в воображении Милашевича: на самом деле они с женой в годы революции разлучились, после чего она заболела и много лет провела почти в коме. Это подвешенное состояние — ни мертвая, ни живая — становится символом внутренней противоречивости попыток Милашевича уловить момент повседневности и возвысить его до объекта философского созерцания. Более того, само осознание Милашевичем своей задачи обрекает его на провал: «Вот в чем противоречие: счастливый покой не позволяет ничего ощутить, о чувстве напоминает боль...» [Харитонов 1992].

История Милашевича заканчивается тем, что он сходит с ума. Его философия обыденности и заурядности оказалась мечтой, тактикой выживания этого далеко не заурядного человека:

---

[3] См. [Obrist 2005].

> Больная женщина лежала за перегородкой, в затхлом воздухе тесного жилья, а он выстраивал вокруг нее подобие цветочного рая, записывал слова на обороте фантиков, где светловолосая красавица вышивала, поливала клумбу, разливала чай из расписного чайника — женственный символ провинции на гербе Столбенца или Нечайска. За всем виделась теперь безумная, обреченная попытка избавить, оградить любимую от общей человеческой судьбы — до самого конца он отказывался признать не поражение — крах, и, может, не из одной только гордости твердил о своем счастье — он испытал его невыносимую полноту [Харитонов 1992].

Собственный опыт Лизавина также выдвигает на первый план роковой парадокс философии Милашевича: люди, способные осмыслить очарование обыденного, не могут им удовлетвориться. Пытаясь воплотить в жизнь идеи своего наставника, Лизавин скатывается к настоящему мещанскому существованию, к жизни на диване с фантастическим романом, в который он сбегает от реальности. В значительной степени это портрет советской интеллигенции 1970–1980-х годов: ее побег в частное пространство кухонь и костров был тактикой выживания, попыткой представить этот уход в частную сферу как активную социальную позицию. Лизавин прекрасно осознает разрыв между бегством от идеологии и противостоянием ей:

> …Если признаться совсем уж честно, не очень как-то тянуло в ту сторону — в мир политических страстей и интриг, партийной борьбы, эпохальных замахов, программ, жертв, войн, потрясений. Он одной крови с нами, Антон Андреевич, мирной крови провинциала... Так ли мы в самом деле рвемся под холодные небеса, на трагические просторы истории? Не предпочитаем ли в искренней глубине существа материи более соразмерные? — то есть в самом ли деле над нашей душой совсем не властна провинция? [Харитонов 1992].

Таким образом, провинция действительно представляет собой состояние души: оно связано не с географической удаленностью от столицы, а с потребностью человека в убежище от «холодных небес истории».

В финале «Линий судьбы» известие о самоубийстве другого загадочного персонажа, борца за гражданские права, выводит Лизавина из полукоматозного существования. Этот социально активный герой, традиционный для русской литературы героический тип, прямо опровергает своим существованием философию Милашевича о «счастье, независимом от внешнего устройства жизни». История его жизни и самоубийства не предлагает никакой убедительной альтернативы, однако вынуждает Лизавина признать, что эскапистский пафос «чая с малиновым вареньем» не может удовлетворить человека с совестью и умом. Он вновь выходит в мир, где и жизнь, и ее смысл приходится создавать для себя самому. Роман завершается осторожно обнадеживающей нотой: «Есть еще надежда. Надежда есть, пока кто-то пытается ее обновить. И некому, кроме тебя. Нет смысла, кроме того, что ты создашь сам. Мы обречены надеяться, мы должны жить так, словно от нас зависит начать сначала» [Харитонов 1992].

«Линии судьбы» Харитонова отражают отношения между человеком и государством, между человеком и историей и во многом обобщают опыт советской интеллигенции. Если бы этот роман вышел в свет сразу после его завершения, в середине 1980-х годов, то был бы воспринят как раннеперестроечный текст о российской истории, поднимающий традиционные вопросы социальной активности и моральной ответственности. Однако, опубликованный в 1992 году, когда советская идеология уже не годилась на роль могущественного врага, он был воспринят в совершенно ином идеологическом (точнее, неидеологическом) контексте. Наталья Иванова отмечает:

> Если окинуть взглядом отечественную словесность 90-х, то самой отчетливой ее чертой и стало освобождение от идеологий... Романтический период сплава литературы с идеологией, пропитанности литературы идеологическими проблемами и идейными ценностями завершился... Кстати, теперь, задним числом, становится более внятным и объяснимым вызов первого букеровского жюри, присудившего премию роману Марка Харитонова «Линии судьбы, или Сундучок Милашевича», далекому от всякой идеологичности [Иванова 2000].

К выводу Ивановой я бы добавила еще одно: роман Харитонова был удостоен Букера в том числе и потому, что интерпретировался уже в контексте иного, более свежего идеологического дискурса — о поисках национальной идеи. Провинциальная философия Милашевича, хоть и не выдержавшая роли опоры для своего создателя, обосновывает значение провинции в дискурсе национализма. С этой точки зрения она одновременно воплощает и критически осмысливает основы современного культурного мифа о провинции. Провинциальная Россия выступает контрастом к деградирующим прозападным столицам — как обитель чистоты и природы, оплот национальных традиций. Все эти черты провинциального мифа нашли отражение в литературных произведениях, фильмах и популярных СМИ последних лет. В целом они отражают атмосферу ностальгии, присущую постсоветской культуре. Провинция тоже стала объектом ностальгии, воплощающей в себе «тоску по замедленным ритмам прошлого, по преемственности, социальной сплоченности и традициям» [Boym 2001: 16]. Милашевич размышляет о склонности провинции к гиперкомпенсации своей провинциальности, вследствие чего она доводит заимствованные из центра идеи до гротеска, превращая фантазию в реальность и, что еще важнее, возвращая эту реальность миру уже как некую силу, способную породить реальные перемены:

> Провинциальная почва питательна для утопии — уж это Милашевич знал. Это от нас приходят мечтатели с растравленными до красноты глазами, со зрачками, устремленными вдаль, это наши ви́денья носятся над страной и миром, как смутные сны. Другим не до того, они все заняты подручными делами… Но главное, мы, не в пример другим, не задерживаемся на бессильных ви́дениях, а рвемся без промедления их воплотить. И если, говорят нам, для этого не обойтись без переделки самой человеческой природы — что ж, кто-то у нас и над этим готов подумать. У нас и новые люди раньше появятся — надо внимательней посмотреть вокруг… У нас, у нас проклевываются ростки всей грядущей цивилизации [Харитонов 1992].

Нельзя не заметить в размышлениях Милашевича отзвук дискурса «Россия как спаситель». Лучше всего сформулированный в «Пушкинской речи» Достоевского, однако известный задолго до нее образ России как аутсайдера, которому суждено спасти мир, и сопутствующая ему трансформация — в соответствии с логикой ресентимента — отсталости в превосходство проявляется с особой настойчивостью в периоды революционных преобразований. Этот образ весьма актуален для современной патриотической риторики. В «Линиях судьбы», как и во многих современных произведениях, оппозиция «Россия — провинция» заменяет оппозицию «Россия — Запад», однако строится по той же логике: спаситель необходим не Европе, а России, и эта роль отводится провинции. В этом культурном контексте легко понять, чем роман, исследующий историю России через призму провинциального топоса, мог привлечь участников дискурса о национальной идентичности России и ее положении по отношению к Западу.

Роман «Линии судьбы» стал предшественником этого дискурса и независимым исследованием его ключевых вопросов. Читаемый на фоне современных трансформаций провинциального топоса, он демонстрирует подход, при котором они освещают друг друга с разных сторон: поднимает, исследует и, по сути, деконструирует одну за другой идеи, имеющие центральное значение для привилегированного положения провинций в современном российском культурном дискурсе. Харитонов позиционирует провинциальный топос как предмет серьезного размышления, хоть и не высказывается впрямую о тех идеологических вопросах, которые обеспечили провинции столь важную роль в постсоветском стремлении России к экономической независимости, а также к выраженной культурной идентичности и новому, мирному проявлению патриотизма. Роман не только тщательно развивает эти темы, но и обличает их в лучшем случае как идеологически ангажированные, а в худшем — как инструменты самообмана.

Для исторического прочтения антиисторической провинциальной философии Милашевича приходится привлечь голос из центра — голос московского литературоведа. «Но вот что учитывал Милашевич, — одобрительно замечает ученый, — что правоту высоких умов нельзя при этом применять к человечеству». Однако эта провинциальная философия, «кстати — мечта и замах любой революции» [Харитонов 1992], вполне способна удовлетворить подавляющее большинство. Постсоветское воспевание провинции, в которое влились, хоть и непреднамеренно, «Линии судьбы», вызвано стимулом, лежащим в основе любых идеологических построений: объяснить меняющиеся исторические реалии, представить их в форме, удовлетворяющей потребность большинства в комфорте и стабильности. Подобно попыткам (безуспешным) Милашевича создать реальность на основе своих идеализированных концепций, провинциальный дискурс служит инструментом создания постсоветской российской национальной идеи из тех элементов мифа, которые оказываются ближе всего широкой публике. Каким бы здоровым ни было желание возродить и заново открыть для себя национальную традицию, роман Харитонова раскрывает и другую функцию провинциального дискурса — тактику выживания, построенную на самообмане в национальном масштабе.

Устойчивые атрибуты провинции в российском культурном дискурсе — удаленность, неторопливость, отсталость, недостаток утонченности, экономических и культурных ресурсов, тенденция находить смысл вовне — в современном социологическом дискурсе русской национальной идентичности подвергаются переоценке. Научный дискурс 2000-х годов изобилует размышлениями на эту тему, которые можно охарактеризовать как апологию провинции и резюмировать следующим образом: «провинция не нуждается в апологии». Как и следовало ожидать, большинство материалов такого рода можно найти в сборниках статей и трудах конференций, издаваемых провинциальными университетами. Ученые из Нижнего Новгорода, Пензы, Ульяновска и Твери с очевидным единодушием осознают изменения в провинциальном (само)восприятии. Их риторика звучит неакадемически поэтично и в то же время безапелляционно:

> Словом, в любом случае провинция оказывается рассудительней, спокойней столицы, и эту черту часто и не совсем точно принимают за ее пассивность. Конечно, провинция —

> не «очаг» культуры, полный, как столица, огня и золы (праха), отчего то обжигающий, то удушающий продуктами горения. Провинция отличается чистотой и холодом зеркала, которое все же светит и даже чуточку греет. Но дело не только и не столько в интенсивности этого отраженного огня. Этот огонь — отражение двух светил, двух солнц — исконно архаичного (лесного) и унаследовавшего архаику, ставшего не архе-древним, а архе-главным столичного. Столица вбирает лес в себя, сжигая его в своей топке. Провинция греется то от одного, то от другого костра, то от обоих вместе, и потому в ней не жарко, но тепло, не ослепительно, но светло [Кислов, Шапко 2000: 120].

В самом романе Харитонова встречаются аналогичные высказывания, столь же субъективные и эмоциональные, хотя там это выглядит более уместно, как в следующем примере: «...В провинции быт становится бытием. Именно потому, что он не устроен и в сущности ужасен, из него, глядишь, рождается мечта о мгновенной ослепительной вспышке, которая все изменит и всем осветит путь» [Харитонов 1994: 153]. Пафос этих высказываний основан на идее о провинции как о родине будущего России, источнике ее жизнеобеспечения и месте, где отсталость становится залогом величия, которое «осветит путь». Харитонов делает этот пафос объектом рефлексии и анализа, элементом деструктурируемого культурного мифа о провинции. Современные ученые представляют реконфигурацию провинциального мифа как свершившийся факт в более широком дискурсе русского национализма.

Поскольку они делают упор на идее провинции как хранилища национальной традиции, их апология провинции входит в дискурс национальной идентичности.

Чаепитие в доме, построенном на песке

«Письмо из Солигалича в Оксфорд» Сергея Яковлева («Новый мир», 1995) вносит свой вклад в дискурс провинции как метода национальной самоидентификации в манере, как бы объединяющей в одном эмоциональном высказывании литературу и публицистику. Яковлев оперирует тернарной моделью «провинция — столица — Запад». Добавляя к традиционной бинарной оппозиции, противопоставляющей Россию Западу, третий элемент — российскую провинцию, — он обращается сразу к обеим парадигмам: российская провинция предстает у него в роли оплота национального характера, а Россия — в роли провинции по отношению к другим европейским культурам. Роман Яковлева недвусмысленно призывает отвернуться от Запада (используя при этом некоторые аспекты «европейского опыта») и искать решение проблем нации в ее уникальных национальных ресурсах. Его главный герой находит эти ресурсы вдали от столиц и еще дальше от европейских культурных центров — в древнем провинциальном городке Солигаличе: «Париж и Лондон, не говоря уже о каком-нибудь Копенгагене, — скучные провинциальные городишки. Истинная столица в Чухломе[4]. Или, может быть, в Солигаличе, куда я еду?..» [Яковлев 1995]. Эти строчки перекликаются с одним из «фантиков» Милашевича: «Париж — это от нас далеко? Пять тысяч верст? Боже мой, какая провинция!» [Харитонов 1992]. Более того, в обоих примерах инверсия иерархии, одновременно провокационная и комичная в своей оборонительной позиции, сигнализирует о намерении рассказчика подорвать традиционные представления о «центре» и «захолустье».

Проведя два месяца в Оксфорде в качестве приглашенного профессора, главный герой возвращается в Москву в разгар экономического и идеологического кризиса 1990-х годов. Он покидает на время столицу и поселяется в Солигаличе, где тетя оставила ему дом. Этот дом, который и есть Россия, он пытается перестроить — как в буквальном, так и в метафорическом смысле:

> Мне не нужна была в Солигаличе просто какая-никакая крыша над головой; крыша-то, по правде говоря, мне здесь была совсем не нужна (я не мог представить себе, чем буду в этом заштатном городке заниматься, не мыслил постоян-

---

[4] Чухлома — реальный город, ставший, однако, обобщенным уничижительным наименованием провинциального захолустья.

ной жизни и работы вне столиц). Мне требовалось создать нечто совершенное, своего рода храм, чтобы доказать себе и другим, что эта страна еще на что-то годится. Почему и не здесь, раз уж выпал такой билет? [Яковлев 1995].

Далекий от идеализации всего английского, герой тем не менее вдохновляется европейским традиционализмом, воспринимая его как форму здорового самоуважения и уважения к прошлому, и поначалу мечтает пересадить его на свою родную российскую землю: «Все это (не только из Англии, но вообще все лучшее, что к тому времени запечатлелось в моей памяти) мне хотелось вдохнуть в солигаличский мир, где из-за каждого угла глядела на меня российская покорность судьбе» [Яковлев 1995]. Со временем он понимает, что иностранное остается чуждым и ресурсы следует искать не в его европейском опыте, а здесь, в собственной истории России:

> Я понимал, что все, с чем я столкнулся в Солигаличе, — тоже культура: вековой мещанский уклад, содержащий в себе много просто необходимого для выживания в таком месте и по-своему привлекательного. Я начал догадываться, что иной солигаличский хлев или амбар, кое-как доживающий свой век, в дни своей молодости не уступал по практичности и красоте вашим каменным barns с дубовыми оковаными толстым железом дверями [Яковлев 1995].

Яковлев последовательно использует архитектурные метафоры, что позволяет ему сочетать буквальную перестройку и метафорическую реконструкцию, с одной стороны, и пространственно-временну́ю динамику провинциального дискурса — с другой. Ветхий дом в Солигаличе и отлично сохранившиеся дома в Оксфорде, свидетельствуя о различных экономических ситуациях в местах их расположения, в то же время служат наглядными и устойчивыми маркерами отношения обеих стран к прошлому. В моменты слабости, когда героя начинает преследовать сознание тщетности его усилий, его мысли принимают все тот же образно-архитектурный поворот:

Просто мы, русские, — народ, основавший свой дом на песке. А потому одновременно и отчаянный, и боязливый (одно другому не противоречит). Как можно на что-то всерьез рассчитывать, живя с такими, например, печами? С этим же связано, вероятно, и наше мистическое восприятие жизни, ощущение ее тленности. Зачем обдирать старые обои, красить двери и заборы, строить удобную прочную лестницу на чердак, если все равно разольются реки, подуют ветры, вспыхнет пожар? Зачем облегчать и украшать жизнь, которая в любой миг может обратиться вся в прах? В этом всегдашнем и вполне оправданном ожидании беды одно из решающих, может быть, наших отличий от Запада, основавшего свой дом на камне [Яковлев 1995].

Тем не менее главный герой не сдается. Реставрация дома становится символическим актом, попыткой доказать, что Россия обладает собственным богатым наследием. Один только этот символизм и придает смысл репликам об уникальном и центральном положении России в европейской иерархии, столь, казалось бы, неуместным в «письме», где подробно описываются суровые условия постсоветской реальности. Россия, настаивает герой, остается истинным центром, а Европа, по крайней мере для русских, — провинциальным захолустьем, унылым при всем своем комфорте: «Западная Европа вместе с Британией вдруг предстали передо мной не слишком большой провинцией, где люди просто помирают со скуки» [Яковлев 1995]. Единственная реальная связь и сходство между Англией и Россией состоит в любовном, едва ли не благоговейном пристрастии их жителей к чаю: «Чай... Мне бы хотелось посвятить ему отдельные страницы. Может быть, все, что я вам пишу, окажется, в конце концов, длинной похвалой чаю. Было же кем-то из иностранцев сказано, что именно он спасает желудки и мозги русских» [Яковлев 1995]. Среди вещей, которые главный герой привозит с собой из Оксфорда, — чай «Twinings», деньги на который он скопил благодаря жесткой экономии. Едва ли не первое, за что он принимается в солигаличском доме, — заваривает чай по всем правилам, засыпая листья в теплый сухой чайничек. Правда, в этом простом начинании он умудряется потерпеть неудачу, однако не теряет уверенности «в будущем успехе» [Яковлев 1995]. В романе чай создает атмосферу комфорта и уюта и определяет дом как личное пространство.

У Харитонова чай с малиновым вареньем выполняет ту же функцию. И, как и герой Харитонова, герой Яковлева терпит крах в попытках создать свою провинциальную идиллию: едва ему удается сделать дом уютным и, главное, европейским внутри, как из-за прогнившей крыши, в которой он не удосужился заделать щели, дом этот становится почти непригодным для жизни. После безрезультатной поездки в Москву, где он не находит жизнеспособного будущего, уже тяжело больной, главный герой возвращается в Солигалич, где его, судя по всему, ожидает смерть. Риторика «Россия — центр вселенной», уже в начале истории несколько натянутая, уступает место горьким раздумьям о России как о «доме, построенном на песке».

Ни Харитонов, ни Яковлев не оставляют много места для интерпретаций, хотя и по разным причинам. Если «Линия судьбы» — настоящее литературное произведение, то о яковлевском «Письме из Солигалича» этого сказать нельзя. Несмотря на общее определение — «роман», — это скорее публицистический материал, эссе, затрагивающее самые насущные вопросы современности, которые в данном случае (как и всегда) включают в себя вопросы российской национальной идентичности и противостояния России и Запада. Таким образом, Яковлев вносит непосредственный вклад в современную дискуссию по этим вопросам и, как и другие, оперирует тернарной структурой: «провинция — столица — Запад». Тот факт, что его главный герой «пишет» из Солигалича, может означать, что он ставит Оксфорд и Солигалич в оппозицию, исключающую Москву. Однако дихотомия «Россия — Запад» имеет свой устойчивый дискурс, в который прочно встроена российская столица. Добавление российской провинции в качестве третьего элемента позволяет Яковлеву направить фокус внимания в точку взаимодействия этих основных бинарных элементов российской идентичности: озабоченность России своим провинциальным, периферийным статусом в мире.

Третий лишний

К 2000-м годам описанная тернарная структура прочно вошла в российский культурный дискурс. Популярный писатель Алексей Иванов хорошо знаком с этой конфигурацией: в интервью 2006 года он предлагает именно такой сдвиг ракурса — с «Россия — Запад» к «провинция — Москва — Запад»:

> — Что бы ты в провинции ни делал, ты все равно человек второго сорта. По географическому признаку.
> — Может, в России сегодня всё второго сорта?
> — Это от чего отсчитывать. Если первый сорт — Париж, то Москва — второй, а провинция — третий. А если Москва — первый, то провинция — уже второй [Иванов 2006а].

Отход от Запада дает провинции возможность приобрести престиж, обычно приписываемый столице, и делает Москву абсолютным и идеальным центром. Таким образом, в отличие от жесткой оппозиции «Россия — Запад», отношения между столицей и провинцией выглядят взаимовыгодными и допускают сдвиги в иерархии.

Алексей Иванов — писатель, популярность которого во многом связана с читательской осведомленностью о том, что он, как и герои, прославившие его романы, живет в Перми. Действие его первых успешных романов, исторических эпопей «Сердце пармы» и «Золото бунта», разворачивается на Урале, история которого, хоть и является частью истории Российской империи, также подчеркнуто локализована. Обстановка, персонажи, события и даже язык романа — именно уральские и не могли бы быть никакими иными. Таким образом, Иванов примыкает к зарождающейся тенденции регионализма, с его взглядом на историю как на нечто глобальное и локальное одновременно, хотя и с упором на последнее. Илья Кукулин определяет временной источник подхода Иванова к историческим событиям концом 1990-х годов, когда история России как всеобъемлющий дискурс разделилась на несколько локальных историй:

> Два процесса — массовое признание истории как катастрофы и специфическое для нестоличной интеллигенции открытие истории как региональной цепи событий, отражающих глобальные закономерности (историческая «глокализация») — позволили сформировать новый взгляд на историю в романах Иванова [Kukulin 2009: 61].

Иванов страстно увлечен своим культурным проектом и его фокусом на уральской региональной идентичности. Он считает, что региональные идентичности можно и нужно признавать, развивать и даже поощрять, благодаря чему они ассимилируются в глобальной культуре. В интервью «Россия: способ существования. Где искать национальную идентичность и как с ней жить?» Иванов уверенно позиционирует историю Перми и ее современную культуру как ценные составляющие русской и мировой культуры:

> С интернетом и открытыми границами мир давно стал глобальным. А в глобальном мире ценно уникальное... В Перми есть набор брендов, имеющих мировое значение. Пермский период, пермский звериный стиль, пермская деревянная скульптура. Вот их и надо актуализировать [Иванов 2010].

По его мнению, различные региональные идентичности в России в равной мере значимы и, следовательно, не представляют угрозы для российской идентичности в целом: они «как грани алмаза. Грани могут быть разные, но алмаз один». О своих собственных исторических романах, действие которых происходит на Урале, он говорит:

> Я не решал современные задачи в актуальном смысле. Я пытался написать такую вещь, которая говорила бы о региональной идентичности. Что такое Урал в частности и провинция в целом, какие особенности жизни есть на Урале, как взаимосвязан характер местности, то есть ландшафт, с региональным менталитетом. Вот о чем я писал. Может быть, потому роман и оказался современным, что

эти вещи были охарактеризованы точно. Я никаких параллелей между прошлым и настоящим не провожу, они напрашиваются сами [Иванов 2006б].

Критика признала и приняла Иванова как пермского писателя — в том смысле, что он активно участвует в создании и продвижении пермской региональной идентичности:

> Разумеется, и до Иванова, и помимо Иванова литература о Перми и в Перми существовала и продолжает существовать, но именно под его пером Пермь собирается в единый образ, обретает мистическое (виртуальное) тело и душу, обрастает художественной историей, мифологией и легендами и становится явлением национального масштаба [Ребель 2006: 174].

Иванов — гордый носитель своей региональной идентичности. Однако, как немосковский писатель, он также несет в себе идентичность провинциала. Говоря о ярлыке «провинции», он, как и все провинциальные авторы, упоминает связанную с ним стигму:

> — Провинция крепко прессует, но не из-за того, что сама она такая убогая и неинтересная, а потому, что пытается все делать, как в столице. А не надо делать, как в столице! Лучше уж тогда поезжай в столицу. Если хочешь быть самим собой, то живи по тем методикам, которые для тебя органичны.
> — Что значит «прессует»?
> — Внушает чувство собственной неполноценности. Что бы ты в провинции ни делал, ты все равно человек второго сорта. По географическому признаку [Иванов 2006а].

Иванов предлагает гордиться своей региональной идентичностью, чтобы избавиться от этого «комплекса неполноценности» и изжить невразумительный и нелестный термин «провинциал». Подчеркивая необходимость переосмысления динамики центра и провинции, он говорит:

Такое переосмысление должно идти с двух сторон. Столица должна признать, что провинциальная Россия — это не Москва в сильно или очень сильно ухудшенном варианте, а другие миры, хотя в них тоже говорят по-русски. А провинция должна определиться, кто она: какая она «страна», в чем ее эксклюзив. То есть, определиться с идентичностью. В глобальном мире ценно только уникальное. Когда это уникальное будет признано таковым и обществом, и государством, тогда ситуация и переменится [Иванов 2011].

Одна из проблем Иванова и других авторов, заинтересованных в сохранении своей региональной специфики, — та же, с которой сталкиваются разработчики региональных и городских брендов: и тем и другим нужно разработать уникальную историю, чтобы привлечь внимание к городу, который в глазах большинства читателей далеко не уникален и практически ничем не отличается от других провинциальных городов. Открыто высказываемые взгляды Иванова на оппозицию «провинция — Москва» лишь подчеркивают то, насколько расхожей стала тема провинции и до какой степени взаимозаменяемыми кажутся все провинциальные регионы. Сама повторяемость реплик Иванова демонстрирует фиксированный набор элементов и ценностных иерархий, составляющих знакомый дискурс «центр — провинция», в котором участвуют журналисты и автор. Отстаивание ценности локального как составного элемента глобального — общепринятый способ реабилитации провинции и переосмысления провинциальных регионов как отдельных значимых и жизнеспособных территорий.

В романах Иванова также прослеживается все крепнущая связь с культурным мифом о провинции. В романе «Географ глобус пропил» (1995), например, слово «провинция» и его производные встречаются очень редко. Этот роман начала 1990-х годов изображает провинциальную жизнь, не упоминая в явном виде о динамике «провинция — центр» (поскольку тогда этот дискурс еще не до конца сформировался). Написанный в разгар кризиса, затрагивающего все сферы российской жизни — идеологическую, экономическую и культурную, — роман описывает жизнь главного героя на пике его многочисленных личных кризисов, и в итоге он получает возможность их разрешить, пусть и не слишком убедительно. Это и школьная история, и роман воспитания, и гимн чудесам природы Пермского края. В этом «педагогико-авантюрно-эротическом романе о географе» [Данилкин 2003] рассказывается о молодом учителе — пьющем, распутничающем, инфантильном, не способном преподавать никакой предмет и еще менее подходящем на роль воспитателя нравственности у своих старшеклассников. Тем не менее Виктору Служкину приходится отправиться на поиски пути к своей цели: остаться хорошим человеком (потому что в душе он все же именно таков) и научить тому, что значит быть «хорошим человеком», своих учеников. Его символические поиски включают в себя настоящее путешествие: он берет свой выпускной класс в сплав по бурной реке Урал. Река поднимает их индивидуальное моральное сознание до уровня, который позволяет квалифицировать итог поисков как успешный:

> И я вспоминаю весь наш поход — от самой Перми-второй до деревни Межень... Мы проплыли по этим рекам — от Семичеловечьей до Рассохи — как сквозь судьбу этой земли — от древних капищ до концлагерей... И я чувствую, что я не просто плоть от плоти этой земли. Я — малое, но точное ее подобие. Я повторяю ее смысл всеми извилинами своей судьбы, своей любви, своей души. Я думал, что я устроил этот поход из своей любви к Маше. А оказалось, что я устроил его просто из любви. И может, именно любви я и хотел научить отцов — хотя я ничему не хотел учить. Любви к земле, потому что легко любить курорт, а дикое половодье, майские снегопады и речные буреломы любить трудно. Любви к людям, потому что легко любить литературу, а тех, кого ты встречаешь на обоих берегах реки, любить трудно... Я не знаю, что у меня получилось. Во всяком случае, я как мог старался, чтобы отцы стали сильнее и добрее не унижаясь и не унижая [Иванов 2007а].

В «Географе» Иванов не противопоставляет Пермь Москве, не высказывает никаких суждений о природе провинциального бытия или региональной идентичности (как и любой другой идентичности)⁵. Он просто прослеживает путь героя, переживающего трудные времена, и его опыт путешествия по уральской земле, в котором он намеревается раскрыть свою внутреннюю силу и свое неповторимое «я» при помощи универсальных ценностей. Эти ценности — любовь к своей земле, духовная сила и самоуважение — в романе не ассоциируются непосредственно ни с Пермью, ни с Москвой, ни с провинцией, ни со столицей.

В романе «Блуда и МУДО» (2007) Иванов, напротив, уже открыто высказывается о природе провинциальной жизни. Главный герой, провинциальный художник Борис Моржов, от скуки тратящий свою творческую энергию на соблазнение женщин, спасает от закрытия городской Центр дополнительного образования. Между делом он философствует о кризисе традиционного образа жизни, в том числе таких, казалось бы, фундаментальных понятий, как любовь и семейные узы. Как резюмирует один из критиков, Иванов

> подробно рассказывает о трагедии, которая с нами произошла за последние 20 лет. Одержимые духом индивидуализма и успеха, герои Иванова отвергают не только национальный миф, но общность вообще: семейную, дружескую, — любую. Они пытаются существовать в этом мире поодиночке [Шенкман 2007].

Роман также напрямую обращается к темам дихотомии «провинция — Москва», природы патриотизма и роли провинции в определении идентичности и будущего России; слово «провинция» и его производные употребляются постоянно. Критик Лев Данилкин, следивший за творчеством Иванова с его первых публикаций, подчеркивает также место действия романа: «Провинциальный Ковязин напоминает все провинциальные городки разом, он разнообразно районирован и плотно укомплектован

---

⁵ Реплика о том, как трудно, но необходимо любить русскую природу, согласуется с традицией видеть в любви к русскому пейзажу, неприветливому и неживописному, непременную составляющую патриотического чувства. См. [Ely 2002].

типичными обитателями — чиновниками, бандитами, гаишниками, учителями, проститутками, гастарбайтерами и алкоголиками» [Данилкин 2007]. Главный герой размышляет о своей жизни провинциального художника и стремится избавиться от чувства ресентимента, отрицая превосходство центра и принимая другой набор ценностей: он отказывается оценивать свой город в сравнении с Москвой и ищет источники гордости и статуса не в прошлом, а в будущем:

> В Москве к Моржову относились с уважением, но с оттенком сочувствия и удивления. Мол, боже мой, в такой заднице человек живет!.. А Моржов не считал город Ковязин задницей. Он даже гордился городом Ковязиным... но гордился не прошлым городом Ковязиным, а будущим. Нет, городской муниципалитет не собирался строить на Талке новый космодром, президент не планировал превратить Ковязин в офшор, месторождений алмазов под городской пожаркой здесь тоже пока не нашли, и археологи сомневались, что Ковязин является родиной человечества, в связи с чем здесь можно было бы организовать крупнейший в Евразии Диснейленд. Но Моржов печенками чуял, что город Ковязин — это олицетворенное будущее. Придет время, и все города станут как Ковязин, поэтому сейчас Ковязин — впереди планеты всей. Замечательный повод для гордости [Иванов 2007б: 71–72].

Таким образом, Моржов видит истоки будущего величия России в своем ничем не примечательном провинциальном городке. Однако ироничный, ернический тон этого отрывка предполагает, что отведенное провинциальному Ковязину место «впереди планеты всей» — дань модной теме, упомянутой, скорее, по необходимости: словно такое место действия волей-неволей обязывает автора к размышлениям о дихотомии «провинция — столица». В сущности, эти размышления несущественны для сюжета и еще менее важны для развития основных тем — индивидуализма и распада человеческих связей.

Тем интереснее недавняя дилогия Иванова: «Псоглавцы» (2011) и «Комьюнити» (2012), где фокус на дихотомии «провинция —

Москва» уже явно выражен. Первый роман дилогии изображает ужасы жизни в российской глубинке глазами москвичей, тогда как второй осуждает нездоровую и двуличную Москву с точки зрения провинциала, выступающего в качестве рупора автора. Оставив на этот раз родные уральские края и свою идентичность краеведа, Иванов обращается к новому жанру, принимает новую манеру повествования, а в случае «Псоглавцев» даже выступает под псевдонимом. Эти романы стереотипны во всех отношениях, начиная со смеси мистицизма с социологией и заканчивая банальной идеей разделения России на зоны с жестко очерченными границами, самая неприступная из которых — граница между Москвой и российской глубинкой.

В «Псоглавцах» трое молодых москвичей приезжают в деревню в средней полосе России, чтобы снять со стены полуразрушенной церкви ценную фреску святого Христофора — человека с песьей головой. Сюжет романа включает в себя легенды и о святом, и о стаях мистических существ с собачьими головами, которые убивают любого, кто пытается покинуть пределы деревни. Поверх этого мистического плана выписан портрет деградировавшей русской деревни в восприятии тех, кто никогда по-настоящему не сталкивался с миром за пределами Москвы:

> Российскую деревню вблизи Кирилл впервые увидел в школе, в седьмом классе. Он был под Малоярославцем с приятелем в гостях у его бабушки. И Кириллу в деревне даже понравилось. Все друг друга знают, маленькие чистые дома в кружевах резьбы, акации огорожены заборчиками, чтобы козы не объели. Там мужики катали пацанов в открытом кузове грузовика. Женщины, даже немолодые, ездили в магазин на велосипедах «без рамы». Утром пели петухи. На грядках росла клубника. Еще играли в «картошку» и в «московский зонтик» — задирали девчонкам подолы. Купались в речке под названием Лужа.
> Калитино было похожим, но совсем не таким. Его словно бы кто-то проклял. Кирилл шагал по мягкой улице к перекрестку с колодцем. Над заборами свешивались ветви деревьев с вялой листвой. Тускло светлели шиферные крыши с темными заплатами. В окнах метались голубые отсветы

телевизоров. Высокие деревянные столбы торчали, словно воткнутые с размаха, как копья в жертву, без всякой телеграфной романтики. Обочины давно заросли косматой травой, и Кирилл шел по дороге. Вокруг было темно, дымно и жарко. Кирилл любил летние ночи, но, оказывается, он любил южную тьму — яркую и глубокую. А здешняя темнота была душная, глухая, опасная. Она не просматривалась насквозь, и потому вся деревня казалась декорацией [Иванов 2013: 47].

Деревня Калитино — и в самом деле декорация, фон, на котором безудержно разыгрываются чужие фантазии и фобии. Кирилл держится настороженно и бесконечно анализирует источник своих страхов: «Значит, дело не в объективной гибели деревни Калитино. Дело в деградации. Что такое деградация? Катастрофическое упрощение» [Иванов 2013: 61]. Простота, обычно ассоциируемая с позитивным понятием «простая жизнь», становится здесь синонимом деградации и инаковости. Как отмечает Наталья Иванова, «это отнюдь не та простота, которой умиленно восхищались русские интеллигенты от славянофилов до писателей-деревенщиков XX века» [Иванова 2013: 93]. Культурная парадигма, формирующая представление Кирилла о селе и его жителях, сильно отличается от всего того, что побуждало многочисленных столичных интеллектуалов искать в русской деревне мистические истоки русского национального духа. Тем не менее она основана на той же предпосылке инаковости, фундаментальных различий между образованной элитой и «народом»; она просто меняет положительные значения на отрицательные, и благоговение превращается в страх. «Кирилл понял, что он боится этой деревни, как умный дрессированный сеттер, живущий в особняке лорда, боится гадюки из придорожной лужи. А все привидения — лишь овеществление его страха» [Иванов 2013: 61].

Участники интернет-форума, который для Кирилла является гораздо более привычной формой социальной организации, чем Калитино, предлагают новые разъяснения и советы о том, как поддерживать дистанцию между Москвой и жителями деревни:

> Missia: Гибель русской деревни — это Белов, Распутин, Астафьев.
> Diskobol: Согласен абсолютно.
> Valery1985: Я о том же, господа. Русской деревни как мира больше нет. То, что существует, деградировало. И мой опыт говорит, что культура этих остаточных сообществ — не культура сельских общин, а культура племен. Их надо изучать не по Проппу, а по Леви-Строссу [Иванов 2013: 235].

Таким образом, «деревню» следует рассматривать как нечто чуждое остальной части страны — как экзотическое племенное сообщество, почти не тронутое цивилизацией и управляемое своими собственными дикими законами. Тут же рассматривается антропологический (леви-строссовский) подход к мифологии:

> Давно же известно, что лучшие романы ужасов сделаны из массовых фобий. Европа боялась наследия своего Средневековья, и родился готический роман с Дракулой. Америка мегаполисов боится маленьких городков, где черт знает что происходит, и Стивен Кинг становится королем. Русская провинция боится осатаневшей Москвы, и в бреду провинциалов рождается вампирская Москва «Дозоров»[6] [Иванов 2013: 61].

Эта ремарка о культурной мифологии, порождающей страх и воображаемых монстров, в равной степени относится к обоим романам Иванова. Гигантский разрыв между Москвой и остальной страной, бесконечно анализируемый и мифологизируемый постсоветскими политиками и интеллектуалами, — причина смертельного страха москвича Кирилла перед «неизведанным» за пределами столицы. «Комьюнити» же изображает «безумную Москву», то есть оборотную сторону этого мифа. По словам одного из рецензентов, «если "Псоглавцы" эксплуатировали глубинные страхи столичных штучек перед провинцией, то ныне-

---

[6] Отсылка к мегапопулярным романам Сергея Лукьяненко «Ночной дозор», «Дневной дозор» и др., населенным ведьмами, вампирами и прочими темными созданиями.

шняя, вторая книга дилогии целиком и подчеркнуто "московская". Хтоническое зло здесь вылезает из самого центра "сердца Родины моей"» [Нестеров 2012].

Главный герой Глеб Тяженко, провинциал, попавший в Москву, настроен против столицы точно так же, как Кирилл — против деревни. Москва Глеба, город иностранных брендов, натужного веселья и безудержного потребительства, — такой же культурный конструкт, как и деревня Калитино. Вместо монстров с песьими головами в Москве свирепствует эпидемия, зародившаяся в виртуальном мире интернет-сообщества и вырвавшаяся в физический мир. Эта прозрачная метафора выставляет Москву «пиром во время чумы» и подчеркивает тему размытых границ — между реальным и виртуальным, подлинным и искусственно смоделированным.

Глеб перебирается в Москву из небольшого северного городка Апатиты не просто в поисках лучшей работы и заработка — он делает философский и экзистенциальный выбор. Он сознательно интегрируется в потребительское общество и наслаждается его искусственностью:

> В России — две лужицы на месте Москвы и Питера, несколько звездочек областных городов, каемка черноморского берега и поясок Транссиба. Все. А вокруг — огромные пространства без огней, как без людей.
> Эти освещенные зоны — единственно пригодные для жизни. Здесь тебя не будут обливать мрачными истинами, которые и так давным-давно известны. Здесь тебе не испортят настроение. Здесь общество потребления. Из этих зон изгоняется реальный мир. От него и так всюду невпротык, нужно же хоть где-то перевести дыхание [Иванов 2012: 59].

Поверхностный глянец московской жизни нравится Глебу тем, что дает передышку от проблем реального мира, каким он считает провинцию. Поэтому довольно странно, что та самая искусственность, которая в первую очередь и привлекла Глеба, по мере развития романа становится источником его раздражения на Москву:

> ...Я через жопу вывернулся, в лепешку разбился — все ради того, чтобы жить здесь. Я, бля, победил! Я здесь! — Глеб приспустил стекло окошка и выбросил окурок. — Здесь — всё лучшее: я согласен с этим, иначе и не рвался бы сюда! Я потребляю это самое лучшее! Но бля-а-а... Я не хочу, чтобы лучшее было таким! [Иванов 2012: 79].

Сюжет романа вращается не вокруг борьбы с чумой, а вокруг борьбы Глеба с собственной болезнью, с его одержимостью городом, от которого он ожидал слишком многого:

> Москва вообще экзистенциальный город, — думал Глеб, сворачивая с Мичуринского проспекта на улицу Лобачевского. — Она сама по себе невозможность: велика Россия, а отступать, как известно, некуда. Если ты живешь в Дальнежопинске и тебя апатия замучила, у тебя еще есть надежда вырваться в Москву, где всё получится. Но если у тебя и в Москве не получилось, значит, надеяться не на что, и жизнь кончена [Иванов 2012: 139].

Как только Глеб понимает свою фундаментальную ошибку, не оставляющую ему иного выхода, он покорно принимает смерть.

Образ России, разделенной на неравноправные зоны, где все они, кроме центра, невидимы и, следовательно, непостижимы, представлен в публичной сфере наряду с противоположным взглядом на провинцию — как на сакральное место, точку схождения различных уровней бытия. Там, где Глеб из «Комьюнити» видит черную пустоту, а Кирилл из «Псоглавцев» — обиталище враждебных сил, другие видят мистическое место, требующее менее однозначного определения. Так, философ Станислав Гурин предполагает, что провинция связана с сакральными мирами древнего мистического знания, недоступного столице:

> Провинция выражает имманентное присутствие сакрального в мире, боговоплощение... Провинция таит в себе сокровища (материальные и духовные), хранит вечные ценности, передает безусловные смыслы... Провинция хранит глубинную память, память о началах, о ценностях, о смыслах [Гурин 2009].

Пермский автор Наталья Земскова обобщает и цитирует идеи Гурина и ряд других недавних работ о дихотомии «провинция — столица» в своей книге «Город на Стиксе» (2013). Роман Земсковой обращается ко всем уже знакомым нам вопросам: тенденции регионализма, теме «провинции как спасительницы» и слиянию ранее независимых дихотомий в тернарную структуру «Москва — провинция — Запад». Произведение имеет подзаголовок «арт-детектив о провинциальной интеллигенции» и в полном соответствии с такой заявкой на эклектичность представляет собой смесь жанров, сочетающую элементы женского романа, городского фольклора и детектива. Тема «провинция — душа России» постулируется в нем не единожды. Для того чтобы встроить эти высказывания в сюжет, предназначенный для массового читателя, рассказчица, она же главная героиня, приправляет эту смесь слоем мистики, вплетая идею мощи и потенциала провинции в рассказ о таинственных убийствах крупнейших в городе деятелей искусства.

Героиня приезжает из Санкт-Петербурга в Город (под которым подразумевается Пермь). Не в силах устоять перед таинственной властью, которую этот город имеет над ней, она остается там дольше, чем планировала. В конце концов она уезжает из Города, но не возвращается в столицу, а выходит замуж за российского бизнесмена, проживающего в Германии. Группа творцов, называющих себя «Белыми рыцарями», — пять гениев, родившихся в Городе и решивших, несмотря на всю заманчивость мировых столиц, остаться на родине и проявить себя там, — танцор, театральный режиссер, музыкант, художник, иллюзионист, умирают один за другим при, казалось бы, совершенно обыденных обстоятельствах, как только решают все же покинуть Город и перебраться в крупные культурные центры (в том числе заграничные). Рассказчица приходит к заключению, что Белые рыцари — жертвы могущественной и мстительной матрицы Города. Подземная река Стикс возникает там, где «проходит невидимая граница между жизнью и смертью, между нашим и потусторонним миром, и... такое соприкосновение миров может быть только в знаковом месте. Но только не в столице, а в провинции»

[Земскова 2013: 328]. Гениальные творцы, получившие доступ к могущественному и таинственному источнику как жители Города, в итоге становятся жертвами его гнева, поскольку «рыцари более выгодны Городу в качестве мифов, нежели живых людей» [Земскова 2013: 339].

В «Городе на Стиксе» философия провинции как сакрального места служит скромной цели — добавить интриги и налета интеллектуальности довольно незатейливому сюжету. Размышления героини на эти темы — «провинция, центр, гений места и жертва злодейства, отмена "правила Москвы"...» [Земскова 2013: 204–205] — заимствованы из научных и журналистских статей и тем самым демонстрируют, что провинциальный топос — тема распространенная, достойная как популярной, так и «серьезной» литературы. Неудивительно, что роман получил первую премию в областном конкурсе «Город — это мы», спонсируемом городской администрацией Перми. Кроме того, его издание поддержано грантом Министерства культуры, молодежной политики и массовых коммуникаций Пермского края. Таким образом администрация Перми поддержала роман, вносящий вклад в бренд Перми как «территории культуры». Как и в работах других пермских авторов, в первую очередь Алексея Иванова, в романе Земсковой Пермь представлена как текст — город локальный в деталях и глобальный по духу.

Романы Харитонова и Яковлева — сложные, глубокие размышления о русской истории, заставляющие о многом задуматься. Упомянутые ранее романы последних лет, напротив, предназначены для массового читателя. Упоминание в них провинциального мифа и водораздела между центром и провинцией говорит о том, что эти темы давно вошли в мейнстрим. Авторы цитируют научные работы о провинции, антропологические теории Леви-Стросса и деревенских прозаиков с той же непринужденностью, с какой ссылаются на популярных писателей — Сергея Лукьяненко и Стивена Кинга. Культурный миф о провинции, уже многократно разобранный по косточкам в различных дискурсах, утратил свою сложность и получил взамен статус гиперссылки на темы национальной идеи и символической географии России.

Захар Прилепин развивает этот дуэт провинциального топоса и национальной идеи как в своих произведениях, так и как публичный персонаж. Он тоже известен как провинциальный писатель, который, как и Иванов, ничего не имеет против ярлыка «провинциала» и предпочитает жить в своем родном Нижнем Новгороде, лишь время от времени приезжая в Москву, которая служит ему «чем-то вроде офиса». После того как Прилепин был номинирован и награжден множеством литературных премий, многие (в том числе он сам) стали называть его самым многообещающим молодым писателем России. Он весьма откровенно заявляет в прессе и социальных сетях о своих консервативных, националистических политических взглядах, однако при этом считает себя более истинным европейцем, чем любой из его либеральных критиков:

> Я законченный провинциал, в общем. Вместе с этим я считаю, что я больший европеец, демократ и либерал, чем все те люди, что выдают себя за таковых... В сущности, Россия — провинция. Просто одна часть провинции себя нормально воспринимает в этом качестве, а другая кривляется и делает вид, что она — Европа [Прилепин 2016а].

Прилепин весьма недвусмысленно относит себя к тем, кто сознает свою провинциальность и дорожит ею. В своем «Письме из провинции лучшим людям», адресованном либеральным интеллектуальным кругам Москвы, он утверждает, что провинциальный статус имеет важное значение для его идентичности истинного русского и, как это ни парадоксально, истинного европейца. Не проясняя этот пункт в подробностях, Прилепин лишь подчеркивает разнообразие маршрутов своих зарубежных путешествий и популярность, преодолевающую границы и различие политических взглядов. «Наконец, — заключает он, — я русский человек, чего с вами никогда не случится» [Прилепин 2016б]. Из журналистских работ Прилепина можно сделать вывод, что быть провинциалом — необходимое условие для того, чтобы быть настоящим русским и патриотом.

Можно было бы ожидать, что и в литературных произведениях Прилепина будет проявляться все та же непримиримая правонационалистическая риторика и антимосковская (в пользу провинции) позиция. Однако в этих романах, хотя действие их обычно происходит в провинции и в деревне, не прослеживается особенного желания проводить какие-то четкие границы между «зонами» страны. Скорее, у Прилепина больны все — и деревня, и провинция, и Москва, каждая по-своему. Видимо, это следует считать свидетельством его таланта и литературной интуиции: оперировать провинциальным мифом легко в интервью и провокационных эссе, но реалистическому изображению он не всегда поддается.

Прилепин называет своими литературными предшественниками деревенских прозаиков 1970–1980-х годов, которые мифологизировали русскую деревню как русский золотой век. В программном эссе «Я пришел из России» (2003) он пишет:

> Каждый русский писатель хоть немного деревенщик, если он русский. Вся Россия — деревня, и чуть-чуть рассыпано провинциальных городов, и одинокий Санкт-Петербург. И заселенная нерусскими Москва. И опять — деревни. Как тут не стать деревенщиком, если в избах над вечным покоем в России живет больше людей, чем в трех европейских странах [Прилепин 2008в: 245–246].

И все же поэтизация деревни, пусть даже с меланхолическими нотками, в литературных произведениях Прилепина нигде не встречается. Санька, герой одноименного романа 2006 года, возможно, лучшего у Прилепина, нигде не чувствует себя как дома: в умирающей деревне он тоскует, в провинциальном городе возмущается соседством разрухи и роскоши, «Макдоналдсами» и иномарками городских властей, и Москва, одинаково чуждая и деревне, и провинции, на него тоже не производит впечатления. Молодому человеку, как и многим другим вокруг него, нужна «идея», ради которой стоит жить, и поиски этой идеи приводят его в партию, объединяющую молодежь для протестов и насилия без какой бы то ни было позитивной программы.

Санька постоянно курсирует между деревней, где живут его дедушка и бабушка, провинциальным городом, где он сам живет с матерью, и штаб-квартирой партии в Москве, где обитает его новая семья собратьев по оружию. Деревня — это место смерти, где Санькины бабушка и дедушка потеряли трех сыновей, включая отца Саньки, умерших от пьянства. Дедушка лежит на смертном одре, а бабушка не может найти утешения в своем внуке или увидеть в нем продолжение отца. Санька не винит ее за отчужденность; он и сам не чувствует настоящей связи со своими бабушкой и дедушкой или домом своего детства: «Саша почти не чувствовал оживления от того, что он вернулся в места, где вырос. Ему давно уже казалось, что, возвращаясь в деревню, сложно проникнуться какой-либо радостью, — настолько уныло и тошно было представавшее взгляду» [Прилепин 2008а]. Уроженец деревни, он видит ее деградацию так же, как и Кирилл у Иванова: «Деревня исчезала и отмирала — это чувствовалось во всем. Она отчалила изрытой, черствой, темной льдиной и тихо плыла» [Прилепин 2008а]. Санькина ненависть к провинциальному городу настолько глубока, что он отказывается даже хоронить там своего отца: «Все равно в этом мерзком городе, который всегда был противен Саше, отца хоронить было нельзя» [Прилепин 2008а]. Наконец, Москва пуста, искусственна, ее легко запугать: «Город оказался слабым, игрушечным — и ломать его было так же бессмысленно, как ломать игрушку: внутри ничего не было — только пластмассовая пустота» [Прилепин 2008а].

Штаб партии, бункер, не принадлежит ни к одному из этих мест, и только там Саньке бывает хорошо: «В бункере всегда было шумно и весело. Он был схож с интернатом для общественно опасных детей, мастерской безумного художника и военным штабом варваров, решившихся пойти войной неведомо куда» [Прилепин 2008а]. Однако для всех его товарищей бункер — не дом, а временное убежище, место, откуда предстоит проложить путь к истинной цели Саньки — России, которую он не в силах описать, расположенной «бог знает где». Санька чувствует, что его страну у него отняли, и «пытается ее себе вернуть» [Прилепин 2008а]. Ни он, ни читатель понятия не имеют, где эта Россия находится и что собой представляет. Санька воспринимает эту утраченную Россию скорее как некое идеальное место, находящееся либо в прошлом, либо в будущем, но недоступное для бесправной постсоветской молодежи. М. В. Селеменева резюмирует чувство бездомности Саньки, да и всего его поколения:

> Не нашедший себе места ни в деревне, ни в родном провинциальном городе, ни в столице, Саша Тишин находит себя в таком глобальном пространстве, как Россия… У Прилепина будущего нет ни у вымирающей деревни, ни у сонной провинции, ни у «пластмассовой» Москвы, будущее есть только у России, которую «союзник» Тишин стремится вернуть себе ценой жизни. Идеализм, который стоит за данным пространственным приоритетом, свидетельствует о том, что «герой нашего времени» в литературе XXI века находится в поиске новых геокультурных координат [Селеменева 2014: 70–71].

Эти новые геокультурные координаты, однако, можно найти лишь на старой карте, то есть в пределах российской географии, включающей столицу, провинцию (деревню) и Запад. Никаких новых координат для определения своей символической географии русская культура не ввела. Рассерженные молодые люди Прилепина этого не осознают, но сам автор как эссеист это понимает; в мечтах он позволяет себе перекроить эту карту в соответствии со своим идеалом России: без разделения на центр и периферию и с подвижной столицей: «Сегодня она на Волге, завтра на Енисее, послезавтра на Дону, на Оби, на Днепре» [Прилепин 2008б: 167]. В крайнем случае он готов согласиться на паритет в масштабах страны:

> Мне хотелось бы, чтоб в России было сорок тысяч центров развития, и каждый имел право голоса и право на жизнь. Мне мечтается о времени, когда художник рисует на Сахалине и при этом известен всей стране, музыканты не едут целым табором за успехом в столицу из Екатеринбурга, а денег у жителей Перми и Салехарда столько же, сколько у москвичей [Прилепин 2008б: 166].

Эту мечту об устранении границ и бинарных оппозиций Прилепин приберег для одного из своих коротких остроумных эссе. Чтобы воплотить эти сценарии в литературные сюжеты, реалисту Прилепину пришлось бы стать писателем совсем другого рода.

Логический вывод: монстры из «Можарово»

Вот Дмитрий Быков как раз и есть писатель другого рода, не чурающийся фантастических поворотов сюжета. Быков — полная противоположность Прилепину, начиная с места рождения (Москва) и либеральных политических убеждений и заканчивая взглядами на провинцию. Журналист, писатель, литературовед и школьный учитель, он был удостоен премий «Большая книга» и «Национальный бестселлер» за биографию Бориса Пастернака, а также многочисленных литературных премий за свои романы. Как и Прилепин, Быков открыто заявляет о своей политической и идеологической позиции по всем насущным актуальным вопросам, в том числе и по вопросу о провинции. Скептицизм Быкова в отношении провинциального мифа и манипуляций этим мифом подтверждает его осведомленность о том, что провинция стала характерным элементом националистического дискурса. «Я, честно говоря, не сторонник вот этой апологии провинции», — заявляет он и стирает все штампы, присущие обычно такой апологии:

> В провинции меньше любят родину, меньше патриотизма, меньше родниковой чистоты в провинции гораздо. Больше зверства, меньше просвещенности. Я к провинции русской отношусь без восторга именно потому, что… У нас был долгое время культ провинциальности, говорили: «Вот, только там настоящая родниковая чистота, корни, тургеневские женщины». Конечно, современная столица гораздо духовнее, гораздо меньше озабочена прозаическими проблемами выживания. Так получилось. Я не говорю, что это хорошо. Но провинция страшно озлоблена. Множество затаенных комплексов: «Мы — самые бедные, поэтому мы — самые лучшие» [Быков 2012].

Рассказ Быкова «Можарово» (2007) можно считать литературным выражением этого публично высказанного мнения. Он входит в цикл рассказов, написанных для железнодорожного журнала «Саквояж-СВ», действие которых происходит в поездах. В «Можарово» рассказывается о командировочном журналисте Васильеве, который едет в поезде с гуманитарной помощью через опасные зоны между Москвой и Уралом, после того как некий национальный проект довел разрыв между столицей и провинцией до крайнего предела. Теперь вся страна состоит из семи огромных городов, а обширные русские территории за их пределами стали поистине неизведанными землями. Проект предполагал «приоритетное развитие семи мегаполисов, а между ними более или менее дикое поле, не надо нам столько земли... Кто мог — перебрался в города, а что делалось с остальными на огромном российском пространстве — Васильев представлял смутно» [Быков 2007]. Теперь, когда от провинции остались лишь «пустые серые деревни» и полуразрушенные остатки заводов, запущен новый «национальный проект поддержки русской провинции» [Быков 2007].

Посыл рассказа ясен: это и пародия, и поучительная история. Объект пародии — взгляд на российскую провинцию как на нечто разительно отличающееся от столицы, землю предков, где сохранилась «настоящая родниковая чистота, корни, тургеневские женщины», как иронизирует Быков в интервью. Его главный герой смотрит на провинцию с той же точки зрения: «заповедник, природа...», населенная старухами с «добрыми изможденными лицами» [Быков 2007]. Быков рисует также пародию на типичного москвича, «дистанцирующегося» от провинциалов, главным образом из недоверчивости и высокомерия, а иногда и из откровенного страха и враждебности. Настораживающий элемент рассказа состоит в том, что этот страх оправдан: жители Можарово в результате полной изоляции в «заповеднике» превратились в кровожадных монстров. Эти монстры принимают человеческий облик, чтобы обмануть пассажиров проезжающих поездов, хотя всем им они показываются в разном обличье и приманивают каждого по-своему. Васильеву они напоминают образы из детских песен и рождественских открыток, безошибочно вызывающие сострадание и побуждающие его открыть окно купе. Сопровождающим Васильева хорошо обученным агентам Минсельхоза удается удержать его от этого, но в другом вагоне не устояли, услышали зов сирены — и вот результат:

> Половина окон была выбита, дверцы купе проломаны, перегородки смяты, словно в вагоне резвился, насытившись, неумолимый и страшно сильный великан. Крыша вагона слегка выгнулась вверх, словно его надували изнутри. Уцелевшие стекла были залиты кровью, клочья одежды валялись по всему коридору, обглоданная берцовая кость виднелась в ближайшем купе. Странный запах стоял в вагоне, примешиваясь к отвратительному запаху крови, — гнилостный, застарелый: так пахнет в пустой избе, где давным-давно гниют сальные тряпки да хозяйничают мыши [Быков 2007].

Подобно псоглавым чудовищам Иванова, эти провинциалы отличаются не только от обычных людей. Они отличаются и от тех, кого ожидает увидеть столичный гость, проезжающий в поезде или остановившийся на несколько дней: «простых людей» из провинциального культурного мифа, приверженных традиционному образу жизни и сохранивших русский народный дух. Стоит назначить провинциала Другим и начать рисовать его в своем воображении исключительно по контрасту с жителями столицы, как процесс «экзотизации» выходит из-под контроля, и в конце концов Другой становится предельно чуждым и пугающим, как пришельцы в самых жутких фантастических фильмах ужасов.

Как и Иванов в «Псоглавцах» и «Комьюнити», Быков не пытается демонизировать ни провинциалов, ни жителей столицы; оба автора рассматривают сам механизм «экзотизации», доводя провинциальный миф до крайнего, но логичного завершения. Опираясь на образы Других, националистическая риторика продвигает эссенциалистский подход к различиям, усугубляет культурный разрыв и порождает многочисленных «монстров».

Разделение «мы — они» действует всегда одинаково, постулируя различия как фундаментальные и опасные. Той же логикой пользуется цитируемый ранее журналист Максим Шевченко, когда утверждает, что европейцы и русские принадлежат «к разным гуманоидным видам, внешне похожим, но внутри уже принципиально иным» [Шевченко 2013].

Тексты, приведенные мной, рассматривают провинциальный миф как ключевой элемент в размышлениях о русской идентичности, однако при этом не склоняются ни к демонизации, ни к идеализации провинции. Обе эти крайности они воспринимают как объекты анализа и изучения. Они не изображают российские провинции такими, какими читатель мог бы увидеть их в повседневной жизни; Нечайск Харитонова, Солигалич Яковлева, Калитино Иванова, безымянная деревня Прилепина, Можарово Быкова и Москва их всех — лишь координаты на символической карте, нарисованной в надежде разместить на ней всю Россию. Однако российская идентичность остается неопределенной, потому что ее части не сливаются в единое осмысленное целое. Этот взгляд значительно менее оптимистичен, чем тот, что предлагают провинциальные журналисты, политики и бизнесмены, провозглашающие провинцию кладезем национальных традиций и силы. Эти писатели разных поколений и политических взглядов скептически относятся к способности герметичной национальной модели выработать позитивное определение российской идентичности. Они представляют столицу страны и ее глубинку как обособленные зоны с непреодолимыми границами; более того, и столица, и провинции могут быть определены только апофатически, по отношению и по контрасту друг к другу. Подобно идеальной России героя Прилепина, русская национальная идея теряется среди множества представлений о том, чем она не может быть.

3
Кино и телевидение
«Страна моя, Москва моя!»

> Страна моя, Москва моя —
> Ты самая любимая!
> *В. Лебедев-Кумач, 1937*

Поскольку телевидение и кино в равной мере зависят от финансовой поддержки государства и от одобрения публики, они представляют собой важную площадку для конструирования и осмысления национальных культурных дискурсов. Фильмы, действие которых происходит в провинции, и еще более многочисленные фильмы и сериалы с участием персонажей-провинциалов, пытающихся «пробиться» в Москве, демонстрируют современный иерархический сдвиг в восприятии нестоличного пространства. Артхаусное кино отражает нравственный кризис российской жизни — разрыв семейных уз, одиночество людей и их неумение приспособиться к новой постсоветской реальности. Между тем мейнстримное кино и телевидение апеллируют к мифу о провинции как среде аутентичности, моральных ценностей и традиций. В обоих случаях роль Москвы ограничивается ролью антипода провинции в традиционной бинарной оппозиции.

Специалисты, изучающие кино и СМИ, создали солидный ряд исследований современного российского кино с самых разных точек зрения. Нэнси Конди в своем анализе работ ведущих современных российских кинематографистов исследует проблемы империи и государственности [Condee 2009]. Дэвид Макфадьен, Стивен Хатчингс, Яна Хашамова, Наталья Рулёва и Биргит Боймерс раскрывают роль официальной идеологии и власти в переписывании и реконструкции российской истории и российской идентичности — как в постсоветском кино, так и на телевидении [MacFadyen 2008; Hutchings, Rulyova 2009]. Биргит Боймерс исследует также роль телесериалов в примирении аудитории с реалиями постсоветской ситуации, когда именно сериалы создавали картину стабильности и давали понять, что жизнь продолжается [Gillespie 2003; Beumers 2009б; Beumers 1999а; Norris, Torlone 2008; Beumers et al. 2009; Salys 2013; Hashamova 2007; Beumers 2013; Goscilo, Lanoux 2006; Rosenblum et al. 2010]. Кроме того, в ряде недавних работ прослеживается негладкая история этой отрасли, ее финансовые и идеологические проблемы, художественные взлеты и падения [Попов 2008; Плахов 2008; Lipovetsky 2008; Wilmes 2014; Зинцов 2008]. В фокусе многих этих исследований — господствующие мифы русской культуры (и националистического дискурса в особенности).

Российская киноиндустрия сосредоточена в столице, а следовательно, представляет центр — как в географическом, так и в идеологическом смысле. Иными словами, культурное производство в этой сфере находится в руках культурных элит, которые в процессе пересмотра основных бинарных элементов русской культуры используют провинциальный миф в своих целях. Это культурное производство формируется под влиянием двух факторов: недавнего всплеска ресентимента по отношению к Западу и запроса на позитивный имидж России. Мрачный реализм артхаусных фильмов изображает провинцию как «настоящую» Россию, тем самым представляя идеологический контрапункт ее официально санкционированному положительному имиджу в коммерческом кино. Радикально различающиеся образы провинции в этих кинематографических текстах позволяют предположить, что провинция становится символической площадкой для реализации альтернативных политических и художественных дискурсов о современной России и ее идентичности. Перечисленные далее фильмы, при том что относятся к разным культурным дискурсам, действуют в одном и том же образном пространстве культурного мифа русской провинции.

В этом пространстве две различные, но тесно связанные между собой традиции изображения провинции — гоголевский кривозеркальный заповедник кошмаров и идеализированная хранительница русского национального кода — часто образуют любопытные, пусть и не всегда эстетически плодотворные гибриды.

«Юрьев день» и логика ресентимента

В «Юрьевом дне» Кирилла Серебренникова (2008, сценарий Юрия Арабова) оба взгляда на провинцию представлены в чистом виде и на равноправной основе. Оперная певица Любовь (Ксения Раппопорт) с сыном Андреем приезжает в свой родной город Юрьев-Польский перед отъездом в Вену. Она запланировала поездку на один день, чтобы показать сыну Юрьев, где сама не бывала уже много лет, перед тем как уехать из страны — возможно, навсегда. Но во время осмотра полузаброшенного музея в старом монастыре Андрей исчезает, и на протяжении всего фильма Любовь, забыв о Венской опере, ищет его, постепенно теряя надежду, но отказываясь возвращаться в Москву. Мало-помалу она теряет все признаки столичной жительницы: ее иномарка остается погребенной в сугробе, дорогие туфли и одежду сменяют ватник и валенки. Любовь готова принять за Андрея кого угодно: то послушника в монастыре, то найденного мертвым хулигана. Наконец, она теряет голос и даже имя (теперь ее начинают называть Люсей), и кажется, доходит до предела отчаяния, но после этого становится чем-то вроде приемной матери для молодых осужденных-чахоточников в тюремной больнице, куда устраивается на работу уборщицей.

Фильм дает достаточно материала для самых разных интерпретаций: и как «русского воплощения сюрреализма», и как «патриотической трагикомедии», и как критики в адрес интеллигенции, забывшей свои корни, и как гимна русской духовности. Однако критики сходятся в одном: все эти толкования фильм выдвигает и тут же подрывает одно за другим, подавая их либо с самого начала иронически, либо «с заведомым перехлестом»

[Попов 2008; Плахов 2008; Lipovetsky 2008; Wilmes 2014; Зинцов 2008]. Не исключено, что создатели фильма добивались именно этого эффекта: их позиция последовательно неоднозначна, что делает возможными любые интерпретации. Проблема, а возможно, напротив, главная ценность «Юрьева дня» заключается в том, что он на равных развивает несовместимые между собой идеи: фильм балансирует на стыке полярных взглядов на духовность, роль интеллигенции и ее ответственность за судьбу России[1].

Однако в фильме показано и превращение — через страдания и боль — оперной дивы, недостаточно заботливой матери и сознательного чужака (Другого) в «матушку-заступницу», добровольно принимающую на себя ответственность за страдания всех сыновей России. В этом случае «Юрьев день» построен по логике ресентимента: пусть в нищете, грязи и боли, но его героине дается возможность подняться на небывалую духовную высоту. Если же понимать его как ироничную и отстраненную деконструкцию провинциального мифа, то «Юрьев день» становится историей-предостережением для авторов этого мифа, а именно для интеллигенции, которая тянется к провинции в поисках личного и национального самоутверждения.

Приезд Любови в Юрьев — очень литературный жест, а ее восторг от «свидания» с родиной (неубедительный для зрителя и даже ее сына) — квинтэссенция провинциального мифа. Между Любовью и реалистичным восприятием настоящего русского провинциального города лежат несколько слоев литературных клише; не только стихотворение Блока, которое она вспоминает, но и каждая ее фраза звучит как цитата из русской литературы. Андрей не опознаёт этих цитат, но понимает сам механизм игры культурными штампами: «...Для русского look'а надо сапоги», — говорит он, а сама Любовь добавляет: «И солженицынский ват-

---

[1] Эта двойственность позиции отражается даже в таких базовых моментах, как идентичность главных героев: следователь принимает Любовь за известную преступницу Людмилу (Люсю), и вскоре она уже сама начинает называть себя этим именем; следователь оказывается бывшим преступником; наконец, в попытках найти сына героини ее раз за разом просят опознавать разных людей — то есть можно сказать, что ее сын тоже имеет множество инкарнаций.

ник». Этот взгляд из столицы на «очарование запустения», не желающий видеть запустение реальное, и восторженное любование городом, который находится «за двести километров от Москвы» (что заставляет героиню «вернуться на двадцать лет назад»), иллюстрирует узнаваемые клише имперского взгляда из центра на периферию[2].

Настоящий город Юрьев не очарователен — он ужасен. Решив остаться там, чтобы найти пропавшего сына, Любовь проходит все круги провинциального ада: разруху, запустение и пьянство, из которых состоит *быт*, и торжество насилия, безнадежность *бытия*. Таким образом авторы фильма как бы разоблачают иллюзорность и сконструированность провинциального мифа. И тем не менее именно в этом мире Любовь обретает свою новую суть, поднимается на такую духовную высоту, к которой обычные критерии счастья, нравственности и свободы уже неприменимы. По этим критериям Любовь потеряла все, зато по критериям, предложенным в фильме, согласно которым духовное ценится выше всех приземленных забот, она приобретает нечто несравненно более ценное. Если ни зрители, ни критики не могут принять какую-то из этих интерпретаций как единственно возможную, то лишь потому, что сам фильм не придерживается однозначно ни одной из них.

До конца XVI века в Юрьев день русским крепостным позволялось уйти от своих хозяев к другим. По аналогии с этим промежуточным статусом крепостного, переходящего от старого к новому, фильм существует в подвижном концептуальном пространстве, где традиционные бинарные оппозиции сходятся, образуя тернарную структуру «Запад — российская столица — провинция». Место действия «Юрьева дня», изображенное «с заведомым перехлестом», резко контрастирует с образом За-

---

[2] Такое изображение провинции указывает как на цели использования провинциального мифа, так и на его имперскую сущность: «Провинция — это слово столицы об окраинных землях, взгляд (и указывающий жест) из центра и сверху вниз. Он может быть и презрительным, и снисходительным, и даже до слезы умиленным, диспозиция отношений от этого не меняется... Ведь провинция — не субстанция, а всего лишь атрибут имперской структуры пространства» [Абашев и др. 2000].

пада, имплицитно представленным в начале повествования — героиней, которая возвращается в Юрьев только потому, что собирается уезжать из России на Запад. Ее достаток, европейский автомобиль и стиль одежды, взгляд издали и свысока, заранее предвкушаемая ностальгия и даже итальянские арии, которые она исполняет, — все это указывает на статус очевиднейшего Другого, далекого не только от Юрьева, но и от Москвы. После, оставшись в Юрьеве и облачившись в самый настоящий (а не упомянутый в шутку «солженицынский») ватник, Любовь делает свой выбор — не между провинцией и столицей, а между Россией и Западом. В момент, когда она уже должна вот-вот пересечь границу, одновременно реальную и символическую, Любовь останавливается перед самым отъездом из страны — шагом, который означал бы для нее потерю истинной русскости.

Ассоциация с «днем освобождения» в названии так же неоднозначна, как и сам фильм: ведь на самом деле крестьяне просто переходили из одной несвободы в другую. У зрителя, который помнит об этом, появляется лишний повод усомниться в ценности того, что приобретает Любовь в своей новой жизни в Юрьеве. Марк Липовецкий утверждает, что такое название «предполагает "духовную" интерпретацию фильма — как истории освобождения духа Любы от гордыни и индивидуализма, истории обретения мира через трагедию и через вновь обретенное чувство принадлежности к коллективному телу "народа"» [Lipovetsky 2008], и это, безусловно, одна из возможных интерпретаций, которые находят подтверждение в фильме. В битве за Любовь Россия оказывается сильнее Запада. Вопрос в том, как она удерживает героиню — принижая ее душу или возвышая ее? Однозначного ответа авторы фильма не дают. В финальной сцене Любовь поет в церковном хоре (еще одна цитата из Блока, на этот раз не на вербальном, а на сюжетном уровне), но теперь она уже не солистка, а рядовая певчая, и волосы ее выкрашены тем же «интимным суриком», что и у всех остальных. Этой дешевой, единственно доступной краской пользуются все женщины в городе: рыжие волосы становятся чем-то вроде всеобщего клейма бедности. Но, с другой стороны, этот цвет можно трактовать гораздо более позитивно: в цирковой традиции именно рыжий клоун, который поднимает на смех своего тихого, интеллектуального седовласого собрата и отвешивает ему оплеухи, является символом оптимизма. Как и Россия, он может быть смешон в глазах недругов, но в итоге остается победителем. Таким образом, семантика деталей фильма остается двойственной: в них можно увидеть и суровое обличение русской жизни, и прославление ее духовной мощи. Историю Любови можно рассматривать и как историю обретения корней и силы на родной земле, и как череду ужасных потерь. Создатели фильма предоставляют возможность зрителю, смотрящему на экран то с оптимизмом, то с ужасом, выбрать интерпретацию по своему вкусу.

Парадокс тернарной модели «Запад — Москва — провинция» заключается в том, что Москва с любой точки зрения неспособна метонимически представлять Россию — по причине своего статуса Другого по отношению как к Западу, так и к «нестоличному пространству». В сегодняшнем процессе создания новой национальной идентичности роль Москвы невелика, зато роль провинции оказывается непропорционально большой. Неудивительно, что явный контраст между практическим знанием провинциальной жизни и ее идеализацией в силу пассеистского мышления стал характерным для постсоветского периода в целом. Этот коллективный пассеизм возлагает на провинцию роль хранилища народного характера. Именно в этой роли провинция противостоит Москве, тем самым создавая новые рамки для национального дискурса. В не меньшей степени, чем в отношениях между Россией и Западом, в отношениях между периферией и центром разыгрывается драма ресентимента, устанавливаются ценностные приоритеты и разрабатывается концепция русскости.

Москва как западный город

В топографии «Юрьева дня» линия «провинция — столица — Запад» обрывается, когда героиня, ненадолго вернувшаяся в провинцию, оказывается в ловушке замкнутого круга, в котором разыгрывается типично русская трагедия реальных потерь и символических приобретений. Топография фильма Андрея Кончаловского «Глянец» (2007) не менее символична, хотя и более типична для современного кино. Фильм начинается со схематичного изображения провинции, а затем действие вместе с главной героиней Галей перемещается в не менее схематичную Москву, где швея из Ростова-на-Дону надеется пробиться в модели, в мир гламурных журналов и красочных рекламных роликов.

И провинция, и столица изображены в «Глянце» одинаково пародийно. Точно так же, как «приметы чернухи и духовности» [Зинцов 2008] в «Юрьевом дне», смесь «глянца и чернухи» [Razor 2008], преобладающая в «Глянце», не преследует цели создать реалистичную картину[3], а скорее указывает на сложившиеся представления или культурные мифы, которыми фильм оперирует. И рыжеволосые женщины в Юрьеве, и символическое превращение брюнетки из Ростова-на-Дону в голливудскую блондинку в «Глянце» [Razor 2008] — семиотические маркеры территории, где провинция, столица и Запад образуют символический ряд взаимного ресентимента — цепь апофатических, негативных самоопределений, неспособных предложить стабильный позитивный образ российской действительности[4].

В процессе поиска (или воображения) истинной русскости за пределами Москвы столица приобретает важную отрицательную характеристику, традиционно приписываемую выступающему в роли Другого Западу: процветание за счет западных рыночных

---

[3] Разумеется, зрители замечали эту «мифическую и гротескную провинцию», фигурирующую в различных фильмах, и высказывались об этом на различных интернет-форумах. См., в частности: URL: https://www.kinopoisk.ru/film/271819/ord/rating/status/neutral/perpage/10/page/1/#list (дата обращения: 13.09.2021).

[4] Непродуктивность и даже опасность «негативной идентичности», то есть «самоконструкции от противного», Лев Гудков анализирует следующим образом: «Негативная идентичность формируется только в противопоставлении разнообразным "другим" и в негативном отношении к своей действительности (своему социальному и экономическому положению, властям). Такой тип социального самоопределения характерен для тоталитарных обществ» [Гудков 2004г].

методов и паразитических отношений с периферией. Таким образом, Москва становится объектом ресентимента и приобретает черты западного города, выставляемые в негативном свете. Здесь я обращаюсь к концепции оксидентализма применительно к постколониальному дискурсу и употребляю этот термин в отношении дискурсивной черты ресентимента. Изображение столицы в «Глянце» Кончаловского средствами преднамеренного «грубого редукционизма» [Razor 2008] соответствует оксиденталистскому взгляду на Москву как на город, где «якобы можно стать богатым и знаменитым, хотя и заплатив за это высокую моральную цену; модельный бизнес сродни проституции; все можно купить или продать, а все богатые несчастны» [там же]. В случае постсоветской постимперской России, в рамках герметичной национальной модели «провинция — столица», идеи оксидентализма подчеркивают стойкость дискурса инаковости, ресентимента и потребности в Другом как в условии саморепрезентации.

По определению Яна Бурумы и Авишая Маргалита, оксидентализм — это «дегуманизирующая картина Запада, нарисованная его врагами» [Buruma, Margalit 2004: 5]. В этом смысле он представляет собой столь же упрощенный подход, сколь и ориентализм, в котором неевропейские культуры, рассматриваемые через призму европейских культурных, религиозных и социальных ценностей, сводятся к объектам восхищения или враждебности. Оксидентализм просто «переворачивает воззрения ориенталистов с ног на голову» [Buruma, Margalit 2004: 10]. То есть оксидентализм меняет лишь «направление взгляда», глядя на Запад извне и создавая в отношении него негативные стереотипы.

Коуз Венн определяет оксидентализм как дискурс, возникающий в этом процессе, и как реакцию на европейский модернизм. Взгляд извне «обращает внимание на становление современного мира и на становление Европы как Запада, так что западный модернизм постепенно становится привилегированной, если не доминирующей, формой общественного устройства, связанной со стремлением к унификации и тоталитаризации» [Venn 2000: 19]. Сегодня оксидентализм делит дискурсивное пространство с другими незападными нарративами современности, в том числе с постколониальной критикой; это помогает проиллюстрировать «взаимообразующую природу западной и незападной идентичностей» [Bonnett 2004: 7].

Такой подход, охватывающий весь спектр способов, посредством которых европейцы «могут определять свое место» [Bonnett 2004: 3] по отношению к Другому из третьего мира, может показаться слишком широким, а сведение всех взглядов на Запад извне к негативным — слишком узким. Но, несмотря на это, для анализа культурных дискурсов русского национализма окцидентализм остается полезной критической категорией именно потому, что способен помочь в поиске ответа на не закрытый до сих пор вопрос: принадлежит ли Россия Западу, то есть является ли она субъектом или объектом объективирующего окцидентализма взгляда? Другими словами, является ли Россия западной и современной или же она презирает эти концепции и рассматривает Запад как чужака сквозь призму негативных стереотипов?

Окцидентлистская точка зрения не ограничивается незападными обществами. Все, кто чувствует себя маргинализованным современностью или чужим в том обществе, к которому принадлежит, могут концептуализировать центр как коррумпированный и бездушный. По тем же причинам городская интеллигенция, не находящая для себя места в мире рациональности и коммерции, может обратиться к идеализированному духовному прошлому своего народа. Русские городские интеллектуалы часто рисуют в своем воображении национальный дух, обитающий где-то в глубинке, и, принимая его сконструированную точку зрения как свою, критикуют коррумпированный современный центр как западный город. Как заметили Бурума и Маргалит, западный город олицетворяет «высокомерие, имперскость, секуляризм, индивидуализм, а также власть и притягательность денег» [Buruma, Margalit 2004: 16]. Это место торговли и коммерции; вот почему рынок — одно из его символических мест, а проститутка — одна из наиболее типичных его представительниц — становится объектом купли-продажи и похоти. В фильмах конца 1990-х годов, в первую очередь «Брат» (1997) и «Брат 2» (2000)

Алексея Балабанова[5], городская обстановка, особенно обстановка американского города, недвусмысленно изображается царством коррупции, жадности и разврата[6]. Более современные фильмы и сериалы воздерживаются от безудержного изображения преступности и проституции, однако огромное количество фильмов, изображающих женщин из провинции, приехавших в Москву в поисках богатого «красавчика», очевидно свидетельствует о том, что принцип остался прежним.

С начала 2000-х годов на Москву чаще всего смотрят с точки зрения «межрегионального неравенства» — как на город, наживающийся на ресурсах остальной страны и в то же время все более отчуждающийся от нее [Bradshaw 2008: 104]. Владимир Каганский в своей книге «Культурный ландшафт и советское обитаемое пространство» определяет эту трансформацию как разрыв связей между страной и ее центром — «симптом радикальной трансформации, неустойчивости и потери определенности» [Каганский 2001: 386]. Страна и столица, пишет он, «все более живут в разных эпохах и режимах, переживают и видят действительность по-разному. Москва игнорирует бо́льшую часть России, для которой она стала внешней далекой стихией» [Каганский 2001: 389]. Бурума и Маргалит подчеркивают, что оксидентализм — не «догма, которой привержены забитые крестьяне». Скорее, он отражает «страхи и предубеждения городской интеллигенции» [Buruma, Margalit 2004: 30]. Опросы общественного мнения показывают, что молодые и образованные жители российских городов, способные осмыслить экономический и культурный разрыв между центром и периферией, — и есть те, кто видит в Москве чудовищный бездушный мегаполис, живущий за счет ресурсов остальной части страны [Бавин 2003]. Подобный

---

[5] См. [Beumers 1999б].

[6] Балабановский город — это никогда не Москва. От Ленинска до Санкт-Петербурга и Чикаго он описывается строго в соответствии с западной логикой — как бездушный, технологичный и рыночный. При этом Москва, куда герой-убийца якобы отправляется в финале «Брата», отсутствует вовсе: вероятно, она слишком сложна для схематического изображения.

взгляд на Москву как на город-колонизатор аналогичен восприятию Запада (в основном Америки) как культурного и экономического колонизатора России.

Однако главное отличие здесь в том, что Москва стала Другим для остальной страны *недавно*, в то время как Запад был им *всегда*. Таким образом, современное недовольство Москвой развивается не только по линии оксиденталистского неприятия этого города как жадного, высокомерного и в конечном счете нерусского (поскольку им правят западные ценности индивидуализма и потребительства). Оно, помимо всего прочего, накладывает этот негативный имидж на ностальгический образ настоящей Москвы, способной символически представлять всё лучшее, что есть в России. Такая двойственность исключает полную и окончательную демонизацию Москвы и сдерживает оксиденталистский импульс. Москва — одновременно и западный город, и центр воображаемого символического прошлого народа — город, который необходимо возродить и использовать для создания иного, незападного дискурса современности. В то время как сегодняшняя Москва наделяется поистине оксиденталистскими чертами (ее роль в стране — средоточие коммерции, похоти, индивидуализма, светскости и материализма), Москва прошлого, в том числе совсем недавнего, легко становится предметом ностальгии[7]. Во многих отношениях до самой перестройки Москва оставалась городом мечты и сердцем родины, после чего миф о ней наконец подвергся реконструкции, наряду с другими грандиозными метанарративами советской идеологии.

Таким образом, Москва оксиденталистского дискурса недостаточно — как в географическом, так и во временно́м смысле — удалена от Москвы ностальгической, чтобы сделаться объектом безоговорочной враждебности. Двойственная природа Мо-

---

[7] В недавнем романе Владимира Орлова «Камергерский переулок» (2008) любимое кафе рассказчика, символизирующее «настоящую» Москву, заменяют безликой версией западной сети ресторанов, однако несколько завсегдатаев все же могут его отыскать на другом уровне существования и по-прежнему захаживают туда, — то есть настоящая Москва лишь перекрыта и спрятана от глаз, но не разрушена.

сквы — одновременно сердца России и ее врага — отражает сложное отношение к Западу, сочетающее в себе восхищение и негодование. По этой причине парадигма Москвы и провинции доминирует в современном культурном производстве: она перенаправляет националистический дискурс с Запада и вписывает самые насущные проблемы процесса национального строительства в новые государственные границы. Взаимодействие провинциалов с жителями столицы задает смысловую структуру для обсуждения вопросов, что значит быть русским и совместимо ли это с западными ценностями. В то время как противоречия между Россией и Западом остаются неразрешимыми, Россия и Москва вполне могут примириться. Способы, которыми массовое кино актуализирует примиряющий потенциал этого сдвига фокуса и отношения, рассматриваются далее.

«Линии судьбы» (2003), первый успешный отечественный недетективный сериал [Beumers 2009], вращается вокруг судьбы нескольких провинциалов, пытающихся покорить Москву. Почти все они снимают комнаты в одной большой квартире и/или встречаются на рабочем месте — на рынке. Это два основных места действия сериала. Квартира представляет собой постсоветский вариант микрокосма коммуналки — территории вынужденного совместного проживания и декорации многих сюжетов советской литературы. Юрий Слезкин использует коммунальную квартиру как метафору отношений между различными нациями и этносами при советской власти [Слезкин 2001]. Так и в «Линиях судьбы» квартира становится метафорой отношений между жителями центра и провинциалами. Все эти люди из разных слоев общества — прежде всего провинциалы, которых Москва привлекает своими бесчисленными заманчивыми возможностями и рисками. Почти все они приехали в Москву в поисках утопической столицы — сказочного места, где сбываются мечты и где, что немаловажно, «провинциальная Золушка» находит своего прекрасного принца.

Главные герои — начинающий певец и его девушка, профессиональный бухгалтер; балерина, мечтающая выступать в Большом театре; режиссер с идеей сокрушительно-разоблачительного фильма; врач без диплома, которая теперь зарабатывает на жизнь гаданием; бизнесмен с Кавказа, владеющий обувной лавкой на ближнем рынке; инвалид чеченской войны и его семья. Между ними сплетается запутанная паутина личных и деловых отношений. Каждый из этих героев, за исключением балерины и гадалки, напрямую связан с рынком: там работают бухгалтер, певец и ветеран войны, там режиссер проводит свои исследования.

То обстоятельство, что бóльшая часть персонажей снимают комнаты в коммунальной квартире, выдвигает на первый план мотив бездомности: герои то и дело оказываются на грани ее и остро осознают себя чужаками. Рынок, который они неохотно используют как временную площадку на пути к успеху, — еще один микрокосм современного общества. Он сразу же приобретает символическое измерение, ярче всего выраженное разочарованным певцом (в исполнении Константина Хабенского): «Ну почему нас Москва дальше рынка не пускает?» К концу сериала большинство провинциалов достигают своих целей. Однако их достижения омрачены тенью компромисса: слава певца грубо сфабрикована, разоблачение режиссера быстро забывается, а принц, доставшийся провинциальной Золушке, — старый и слепой. Более того, вкус победы в лучшем случае подпорчен непомерно высокой ценой успеха: разрывом отношений, абортом, проституцией и даже смертью. В итоге Москва все же пускает персонажей дальше рынка, однако обретенные в ней богатства — не то, о чем они мечтали.

При этом создатели сериала — продюсер Валерий Тодоровский и режиссер Дмитрий Месхиев, автор картин, отмеченных многочисленными наградами, — не демонизируют Москву. Скорее, они деконструируют утопические и сказочные аспекты московского мифа в советском кинематографе: заключительные сцены происходят в канун Нового года, в тот самый момент, когда в других сериалах обычно случаются чудеса, однако истории успеха провинциалов выглядят подчеркнуто несказочно. Образ Москвы остается двойственным: это и дом, и рынок, то желанный, то жестокий, обольстительный и бездушно-меркантильный. Как и большинство сериалов 2000-х годов о московских провинциалах, «Линии судьбы» в итоге выносят столице одобрительную оценку: найдя свое место в центре, провинциал или провинциалка делится со столицей своей силой и аутентичностью, тем самым снимая связанные с ней стигмы и сглаживая ее противоречия.

Биргит Боймерс анализирует «Линии судьбы» как пример перехода от криминальных сериалов 1990-х к сериалам, изображающим современную жизнь 2000-х — перехода, указывающего на растущую готовность аудитории примириться «со статус-кво в иллюзии социального развития на голубом экране, в конечном итоге становящимся заменой жизни» [Beumers 2009: 176]. Сериал как жанр утверждает и поддерживает статус-кво и чувство нормальности происходящего. Мрачный реализм литературы и кино постперестроечного периода при Путине уступает место культурной продукции, отвечающей как официальному, так и массовому спросу на национально самобытные произведения, способные создать позитивный образ России. В рамках парадигмы «Россия — Запад» эта задача невыполнима, что ясно продемонстрировал недавний всплеск ресентимента и антиамериканской риторики. Однако этой цели можно достичь, так сказать, на внутреннем уровне: в рамках парадигмы «российская столица — российская провинция», использующей все тот же знакомый механизм ресентимента, однако оставляющей возможность примирения и взаимного совершенствования. Используя провинциальный топос, авторы, по сути, предлагают российским зрителям представить свою страну самодостаточным субъектом. По мнению одних авторов, эта страна здорова и способна разрешить свои притиворечия; по мнению других, она находится в кризисе и ее разрывают непреодолимые разногласия. Эти авторы не затрагивают другие конфликты, в частности, этнические, усугубляемые растущей враждебностью по отношению к трудовым мигрантам в российских городах, — тема, которой посвящены многие фильмы последнего десятилетия. Провинциальный топос ограничивает участников дискурса национальной идеи внутренним Другим и конфликтом «мы против нас».

Провинциальная Золушка как недостающее звено

Начиная с «Линий судьбы», во многих фильмах стали появляться сюжеты о провинциалах (чаще всего молодых провинциалках), стремящихся покорить Москву. Приезд персонажа в этот город в погоне за успехом — классический сюжет «романа воспитания»: он не всегда приводит к богатству, но всегда прокладывает путь к нравственному и психологическому росту. Подобные путешествия по маршруту «провинция — столица» давно знакомы российскому зрителю: перемещение с периферии в центр всегда, от сталинских мюзиклов до поздне- и постсоветских фильмов о провинциалах в Москве, служило синонимом идеологического роста персонажей и их восхождения по социальной лестнице [Taylor 2003]. Таким образом, оба типа фильмов работают на идеологическую схему сохранения статус-кво, и в обоих случаях поездку в Москву предпринимает чаще женщина [Beumers 2009: 167], выступающая обычно в роли Золушки. Сюжет о Золушке был одной из стержневых тем советского кино.

Разумеется, культурные конструкции, лежащие в основе старых и новых текстов, различаются. Сталинский мюзикл создавался в жестких идеологических рамках сталинской утопии, в топографии которой Москва была центром, и приезд туда провинциалов уже сам по себе означал успех. Ричард Тейлор рассматривает сказку как составной элемент утопии, отраженной в сталинском мюзикле, в котором условная Золушка — домработница, почтальонка или свинарка — получает возможность достичь профессионального и личного успеха в Москве — «сказочной стране в сердце сталинской утопии», где сказка окончательно становится былью [Taylor 2012]. Таким образом, сталинская Москва — конечная точка на пути героини к самореализации.

Приезд постсоветской провинциальной Золушки в отнюдь не идиллическую Москву, напротив, знаменует лишь начало ее пути в соответствии с развивающимся, еще не устоявшимся культурно-идеологическим дискурсом национализма, в рамках которого зарождались современные сериалы. Однако фундаментальное различие между двумя моделями культурных текстов заключается в другом. Ни сталинские мюзиклы, ни предыдущие их наследники, такие как «Москва слезам не верит» Владимира Меньшова (1980), не отказывали своим действующим лицам в разнообразии путей самореализации; подчеркивая приоритет карьеры для героини, они все же иллюстрировали и важность личного счастья. В своем обзоре литературных и кинематографических образов Москвы — начиная от Второй мировой войны и на протяжении последующих десятилетий — Ольга Бугославская отмечает, например:

> Москва — город, где сбываются мечты. Героев, которые едут сюда с целью благородной, Москва обычно проводит через ряд испытаний («Девушка без адреса», «Человек родился», «Москва слезам не верит»), иногда берет какую-нибудь жертву («Приходите завтра»), и в конце обязательно награждает счастьем, успехом в высоком понимании или их недвусмысленной перспективой [Бугославская 2009].

К разочарованию критиков и досаде многих зрительниц, провинциальная Золушка современного массового кино гораздо более ограничена в выборе пути к успеху: она приезжает в Москву в поисках либо принца, либо профессиональной реализации. В любом случае сюжет неизменно обязывает провинциальную девушку вначале согласиться на черную работу, на которую ее нанимает богатый мужчина: обычно она становится домработницей у московского олигарха, реже продавщицей, поваром, швеей, парикмахером (или — как минимум в одном случае — суррогатной матерью). Поскольку, как замечает Светлана Степанова, «в новом русском кино нет, кажется, ни одного фильма о женщине, сумевшей сделать карьеру» и «просто сравнив количество девушек из провинции и московских миллионеров, понимаешь, что прынцев на всех не хватит» [Степанова 2007], обстоятельства складываются не в ее пользу. Таким образом, однозначного обещания успеха здесь нет. С уверенностью можно сказать лишь то, что, какими бы ни были первоначальные мечты и стремления девушки, мерой ее успеха и ядром сюжета становится ее способность или неспособность завоевать сердце богатого мужчины. В отличие от своей предшественницы сталинских времен, постсоветская провинциальная Золушка приезжает в Москву не для того, чтобы покорить Москву, а для того, чтобы найти там своего покорителя.

Таким образом, очевидно, что постсоветская Золушка скована узкими рамками своего пути к успеху. В отличие от нее, главный герой мужского пола, встречающийся гораздо реже, на этом пути почти всегда оказывается втянутым в преступную авантюру. Жанровые определения фильмов, в которых действуют провинциальные мужчины и женщины, отражают эти различия. Рассмотрим в качестве примера два телесериала: «Провинциал» (2013) Арменака Назикяна, названный «криминальным триллером», и «Провинциалка» (2008–2009) Артема Насыбулина, обычно квалифицируемый как «криминальная мелодрама» или просто «мелодрама». Жанр мелодрамы, как и родственная ему, но более легкая и жизнерадостная романтическая комедия, предполагает наличие женщины-героини и вращается вокруг домашних и семейных проблем [Elsaesser 2003; Rowe 1995]. В обоих сериалах провинциалы переезжают в Санкт-Петербург или в Москву, чтобы расследовать убийство и найти преступника. Но если герой «Провинциала» стремится исключительно к мести, его коллега из «Провинциалки» хочет найти еще и любовь. Согласно одному из синопсисов к последнему сериалу, «как и положено истинной Золушке, в финале она получит главный приз: торжество справедливости и любовь "прекрасного принца", богатого наследника Марка»[8].

Эта гендерная детерминированность, сопровождающая приезд провинциалки в Москву, обусловлена тем, как предопределяет интерпретацию классической сказки провинциальный миф. Постсоветский контекст требует от Золушки преодолеть пропасть, зияющую в российской символической географии, — только после этого она сможет перешагнуть классовые и имущественные барьеры. «Нарушительница границ, — отмечает Кэтлин

---

[8] Официальный сайт актера Кирилла Жандарова. URL: https://zhandarov.ru/cinema/provincial/ (дата обращения: 13.09.2021).

Роу, — редко видит себя в какой-либо иной роли, кроме роли романтической героини» [Rowe 1995: 99]. Только в этой ипостаси женский персонаж может преуспеть в нарушении реальных и символических границ. Однако для «нарушительницы» такого масштаба провинциальная Золушка поразительно пассивна. Это, в сущности, tabula rasa: ее характеризует лишь то, чем она не является, то есть то, что она не москвичка. Зрителю, наблюдающему за тем, как Золушка проходит путь от наивности к познанию себя и того мира, частью которого она хочет стать, предъявляют образ не провинции, а Москвы.

Фильмы с участием провинциальных Золушек можно с некоторыми оговорками разделить на две категории: артхаусное кино и коммерческое. В первой путешествие девушки заканчивается травмой или даже смертью. Изображенные либо людьми искусства, как пережившая горькое разочарование героиня-композитор из фильма «Слушая тишину» (Александр Касаткин, 2007), либо существами отчасти не от мира сего, как в лентах «Русалка» (Анна Меликян, 2007) и «Блаженная» (Сергей Струсовский, 2008), эти девушки либо оказываются раздавленными бездушным мегаполисом, либо, разочаровавшись в Москве и ее жителях, вынуждены бежать из нее и от них, чтобы сохранить свою внутреннюю суть.

Ко второй категории относятся коммерческие фильмы: «Золушка.ru» (Александр Замятин, 2007) и «Любовь без правил» (Дмитрий Светозаров, 2010), а также бесчисленные сериалы о провинциалках в Москве, в том числе «Салон красоты» (2000), «Главные роли» (2002), «Татьянин день» (2007–2008), «Однажды будет любовь» (2009), «Столица греха» (2010), «Домработница» (2012), «Топ-модель» (2104), которые мало что добавляют к знакомому образу Золушки. Провинция в этих фильмах и сериалах не столько изображается, сколько подразумевается, и при этом, как ни удивительно, совмещает два, казалось бы, несовместимых на нее взгляда: она и хранилище наивности и неиспорченности, воплощенное в девушках, которые привозят эти добродетели (так сказать, «идеальную не-Москву» [MacFadyen 2008: 124]) с собой в столицу, и духовная и экономическая разруха, от которой они бегут. Однако, как показал «Юрьев день», совместить эти подходы возможно лишь в принципиально иной системе ценностей, в которой нищета волшебным образом превращается в духовное богатство. Такие сложные конструкции чужды сериалам о «провинциальных Золушках», которые вместо этого вновь и вновь демонстрируют прием остранения в действии: показывая Москву глазами Золушки, они деконструируют и в то же время стандартизируют ее образ.

К тому времени, как телеканал «Россия» сделал заказ на съемку сериала «Доярка из Хацапетовки» (Анна Гресь, 2006), образ «провинциальной Золушки» уже превратился в клише. Любой фильм на эту тему предполагает лирическую фабулу, характерных персонажей и предсказуемое (если не предельно шаблонное) развитие сюжета. Удовольствие для зрителя заключается в распознавании готовых формул стандартной мелодрамы, оценке качества их воплощения и иронической трактовки привычных элементов сюжета. Как и все жанровые фильмы (и тексты), мелодрама стремится не к оригинальности, а к безупречному воплощению всех полагающихся условностей жанра. К подобным фильмам можно применить характеристику, данную романтической элегической поэзии Лидией Гинзбург: их поэтика — это поэтика узнавания.

Приступая к съемкам «Доярки...», Гресь помнила, что снимает фильм о «Золушке из провинции» [Гресь 2007], и строго придерживалась привычной формулы: юная провинциалка Катя приезжает в Москву, чтобы реализоваться в профессии своей мечты — стать знаменитым шеф-поваром. Как и следовало ожидать, ее путь к осуществлению этой мечты включает в себя брак с богатым мужчиной. Когда у нее не хватает денег для поступления в кулинарный институт и она оказывается на улице без гроша в кармане, у нее нет другого выбора, кроме как принять предложение Димы — молодого человека, который непременно должен жениться в течение месяца, иначе он потеряет солидное наследство от деда. После регистрации брака и пышной свадьбы Катя наконец получает возможность учиться в кулинарном институте, а Дима возвращается к привычному для него образу жизни

Рис. 2. Заставка сериала «Доярка из Хацапетовки» (режиссер Анна Гресь, 2007)

плейбоя; их брак — чистая фикция. Однако через несколько месяцев Дима влюбляется в прекрасную Катю, которой удается перевоспитать бывшего плейбоя. В конце концов Дима вступает в семейный бизнес и начинает относиться к жене с уважением. Завершается фильм свадьбой — скромной, но на этот раз «настоящей».

Однако создатели фильма модифицируют готовую формулу путем предельной гиперболизации ее компонентов: провинциальная Золушка провинциальна настолько, что это выглядит совершенно нереалистично, а принц похож на принца гораздо меньше, чем большинство богатых москвичей, изображенных в подобных фильмах. Катя родом из Хацапетовки — крошечной деревушки где-то на юге России, которой даже нет на карте. Эта деревня существует в действительности, но при этом входит в смешанный список реальных и вымышленных городов и деревень вроде Урюпинска и Мухосранска, служащих насмешливыми обозначениями провинциального болота. Уклад жизни в Хацапетовке подчеркнуто несовременный: в эпизоде, открывающем фильм, Катя доит корову, а когда сосед отвозит ее на вокзал, их транспорт — телега и лошадь. Катино мешковатое платье в цветочек, тоненькие косички с красными ленточками и особенно

Рис. 3. Кадр из сериала «Доярка из Хацапетовки», серия 2

тулуп вызывают в памяти мюзиклы 1930-х годов. Ее провинциальность преувеличена до такой степени, что клише уже становится цитатой. Таким образом, героиня олицетворяет собой мир, оторванный от современности и столичной жизни. Стилизованные рисунки, служащие фоном для вступительных титров, намекают на упрощенную лубочную трактовку важной темы, подчеркивают шаблонность сюжета и отсутствие каких бы то ни было претензий на реалистичность.

Катина наивность бросает вызов здравому смыслу: обнаружив, что реальность не совпадает с ее ожиданиями (бесплатное образование, место в общежитии и стипендия), она грозит пожаловаться «в Кремль». В ее речи слышится типичный южный неправильный выговор; она безобразно ведет себя за столом: чай ей нужно пить непременно из блюдца, громко прихлебывая, и она скорее предпочтет есть на кухне, чем усвоить правила этикета. Разумеется, свекровь при виде ее приходит в ужас. Она называет Катю «диким существом» и спрашивает: «А вдруг она заразная?»

Эта реакция типично ориенталистская: став объектом взгляда с другой стороны географических и культурных границ, притом исходящего от представителя якобы высшей цивилизации, Катя воспринимается как дикарка — чужеродный объект изучения. Однако ее «дикость» оказывается выгодной: отец Димы использует ее в своей избирательной кампании, позиционируя себя как кандидат, имеющий невестку «из народа». Сообщения СМИ о том, что Дима и его отец отправились навестить своих новоявленных родственников в глухой российской провинции, правдивы. Когда Катя уезжает, они вдвоем едут за ней в Хацапетовку, где Дима и зрители открывают для себя совсем другую Катю. Если в первой половине фильма подчеркивается Катина нецивилизованность, то тут происходит резкий сдвиг в сторону противоположной крайности — приписывания провинциалам морального превосходства. Подобная динамика тоже типична для ориенталистского взгляда: отсутствие цивилизованности становится преимуществом, когда рассматривается как неиспорченность. Образ провинции в фильме также лишен каких-либо претензий на реалистичность: он представляет собой набор клише, составляющих типичный ориенталистский образ благородного дикаря.

К примеру, в Катиной комнате Дима читает ее любимые стихи Сергея Есенина, а также некое неназванное произведение (возможно, Катиного авторства) о ценности уважения. Оно открывается библейской цитатой: «В начале было слово, — а продолжается так: И слово это — уважение. Уважение — это доблесть, труд и честь. Это признание права каждого человека на ту жизнь, к которой он стремится». Затем в комнату входит пожилая Катина тетя в платье явно фольклорного фасона, с вышитым полотенцем в руках. На замечание Димы: «Так много книг!», она отвечает: «Еще больше на чердаке лежит. Телевизор у нас плохо показывает, вот она всё книжки читала и мечтала». Далее мы узнаем, что Кате приходилось ходить в школу за шесть верст, однако это не помешало ей учиться и даже получить высшую награду — золотую медаль. Тут возникает дилемма: как совместить дикое существо, прихлебывающее чай из блюдца, с начитанной золотой медалисткой, имеющей мечту и полной решимости ее осуществить? Однако эти две конфликтующие крайности и есть необходимые элементы конструкта провинциальной Золушки: она должна одновременно воплощать в себе материальную бедность и моральное богатство той самой провинции, из которой она всеми силами старается вырваться.

Реплика о «диком существе» и высокомерное отношение москвичей согласуется с логикой ориентализма, дискурс которого определяет Другого посредством отрицания: дикарь достоин презрения, поскольку у него отсутствуют положительные черты принадлежности к истинной цивилизации; при этом дикарь в то же время и притягателен, поскольку свободен от недостатков (прежде всего — развращенности и лицемерия) той же самой цивилизации. Таким образом, рисуя воображаемый образ «благородного дикаря» — чистого, поэтичного и живущего в ладу с природой, — ориенталистский взгляд использует единственные доступные ему категории и ценности. Фильм Гресь показывает, как этот взгляд позволяет субъекту определять себя по контрасту с Другим, созданным им самим. Подобно писателям-романтикам, сконструировавшим свой собственный русский Восток — литературный Кавказ, кинематографисты путинской эпохи в поисках подходящего места обитания для своего экзотического Другого обращаются к провинции.

Оксидентализм, представляющий собой инверсию ориенталистского взгляда, разделяет со своим антагонистом и редукционизм, и склонность к апофатическим («от противного») определениям. Преследуя, казалось бы, противоположные цели, фильмы, изображающие отношения между российской столицей и ее провинциальным Другим, конструируют обе точки зрения одновременно: ориенталистский взгляд на провинцию как хранилище моральных традиций и культурных богатств и оксиденталистский взгляд на Москву как на город, испорченный западными ценностями. Однако желаемый эффект состоит в том, чтобы смягчить обе крайности и в конце концов полностью устранить их вражду. Так, в «Доярке из Хацапетовки» и многих других подобных фильмах центр одновременно изучает и цивилизует объект своего интереса, в то время как «дикая» девушка приносит в центр «истинную» цивилизацию, делится с ним своей чистотой и моральной силой.

Несколько минут, проведенных в Катином мире, пробуждают в Диме стремление к тому, чтобы сделаться мужчиной, достойным Катиной любви. Диаметрально противоположные в начале фильма, под конец их миры счастливо примиряются. Катя научилась одеваться, говорить и есть как москвичка, а Дима — тому, что значит быть ответственным, взрослым и хорошим человеком. По сравнению с западным Другим Другой провинциального дискурса и более привычен, и более управляем, поэтому примирить противоположности не составляет труда.

В продолжении фильма бинарная оппозиция «центр — провинция» принимает более сложный вид. Другой режиссер, с другим актерским составом, в продолжении истории Кати прежде всего усложняет топографию центра и периферии. Катин муж выгоняет ее на улицу беременную, без гроша в кармане. Однако вместо того, чтобы вернуться в Хацапетовку, она уезжает под новым именем в Париж. Как это ни странно, даже необъяснимо, но пересечь символическую границу между Москвой и Парижем оказывается легче, чем границу между Хацапетовкой и Москвой. Двадцать лет спустя Катя с Димой воссоединяются, чтобы вместе перестроить Хацапетовку, и все три географические точки приходят к бесконфликтному сосуществованию. Стилизованная иллюстрация на заставке сиквела представляет восхождение Кати из довольно абстрактной Хацапетовки в Москву в первом сезоне, а затем в Париж — во втором. На этом рисунке избитые символы обеих столиц — сталинская высотка и Эйфелева башня — располагаются по обе стороны изображения российской глубинки в виде деревенского дома, окруженного деревьями и лугами. Небрежная упрощенность этих символов свидетельствует о том, что тернарная структура «Запад — провинция — Москва» стала такой же привычной темой, если не клише, как и обе составляющие ее бинарные парадигмы. Устранение на заставке сериала границ, разделяющих провинцию, Запад и столицу, отражает символическую географию культурных мифов, которые и формируют дискурс идентичности в постсоветской России. Эти три элемента представляют не реальные географические направления, а абстрактные понятия этого дискурса: не Париж, не Москву, не реальную Хацапетовку, а концепции Запада, символического центра и провинциальной глубинки. В их отношениях не так уж много враждебности, их разногласия легко

Рис. 4. Заставка к сериалу «Доярка из Хацапетовки-2: Вызов судьбе» (режиссер Павел Снисаренко, 2009)

урегулировать, и они, по сути, стоят рядом как равные. Исключив понятие иерархии, фильм предлагает свою версию позитивной российской идентичности — человека, который чувствует себя как дома и в Москве, и в Париже, но при этом дорожит своими корнями в российской глубинке. Эта идентичность основана не на конфликте, а на примирении с Другим.

То, что жесткие бинарные конструкции уступают место тернарным моделям, можно рассматривать в положительном свете. Именно об этом с оптимизмом, хотя и сдержанным, пишет Юрий Лотман в своей работе «Культура и взрыв» (1996). Он интерпретирует «переключение с бинарной системы на тернарную», которого он ожидал от постсоветской эпохи, как переход к «эволюционному сознанию», к освобождению от присущих русской культуре полярности и максимализма. При этом Лотман замечает, что сам этот переход по-прежнему мыслится в традиционных бинарных терминах, поскольку «этический максимализм... глубоко укоренился в самих основах русской культуры» [Лотман 1992].

Опираясь на предложенный Лотманом фундамент, я с таким же осторожным оптимизмом предполагаю, что, во-первых, тернарная структура «провинция — столица — Запад» хоть и не отменяет этих глубоко укоренившихся оппозиций, но все же отражает эволюцию русского националистического дискурса начала XXI века. Во-вторых, переход от жесткой бинарной схемы к более инклюзивной и гибкой тернарной вполне может стать шагом к созданию неконфликтной национальной модели, основанной более на поиске и утверждении позитивного в себе, чем негативного в Другом.

«Вон из Москвы!»

Итак, наш анализ показал, что в символической географии современной культуры Москва приобрела черты «западного города греха». Однако в популярных фильмах и телесериалах этот негативный образ нейтрализуется, когда чистая провинциальная девушка интегрируется в столичную жизнь. В более серьезных фильмах, таких как «Юрьев день», провинция представляется микрокосмом России, альтернативой Москве.

Джулиан Граффи замечает, что в ряде фильмов середины 2000-х повторяется «мотив отъезда из большого города в поисках смысла, которого мегаполис предложить не может». При этом он отмечает схематичность изображения того неопределенного места за пределами столицы, которое «приобретает значение благодаря тому, что не является Москвой или Санкт-Петербургом и вследствие этого способно преподать моральный урок заблудшим и запутавшимся жителям столиц» [Graffy 2007]. Неспособность различных авторов изобразить эту местность за пределами Москвы, вне рамок бинарной системы «столица — провинция», не вызывает удивления: та провинция, куда герои приходят в своих поисках, — не реальное место, а обитель вечных ценностей и смыслов, то есть провинция мифологическая. Попытки кинематографистов показать провинцию реалистично неизбежно сводятся к одному из двух противоположных клише: либо к педалированию всего «милого и сентиментального», либо к гиперболизации всего «темного и натуралистического».

Сериал «Широка река» (2008) может служить иллюстрацией к сказанному ранее: его провинция существует лишь как оппозиция Москве, более того — как позитивная альтернатива ей. Если оставить в стороне вопрос о качестве сериала, он примечателен в том числе тем, что умело использует интерес к провинциальной теме, возросший в последнее десятилетие, и следует логике ориентализма, в результате обнажая ее механизмы и границы в современном российском контексте. Сюжет сериала, место действия, даже название и музыкальная тема отражают особенности российского оксидентализма.

В начале первой серии поезд делает трехминутную остановку на какой-то дальней станции, и на платформу выходят двое молодых людей. Один из них, московский врач, оглядывается вокруг и заявляет: «Да, это не Рио-де-Жанейро!» Другой, местный житель, возвращающийся с боевых действий в Чечне, отвечает: «Вот она, Россия! Ее, небось, из Москвы-то и не было видно». Перед этим вступительным диалогом, пока под мелодию песни, давшей имя сериалу, бегут по экрану вступительные титры, тут же метонимически вырисовывается российская глубинка: широкая река, парящие птицы, поля и поезд, несущийся сквозь могучие леса, — словом, те самые леса, поля и реки из песни: «Широка страна моя родная, много в ней лесов, полей и рек». Следом, уже в первой серии, один за другим всплывают все элементы мифа о чистой и непорочной провинции.

Поселок Старо-Туголуково — место, где руссоистский образ деревни пытается взять верх над образом жуткого провинциального городка в изображении Гоголя и Чехова. Такой сдвиг в сторону позитивного взгляда на провинцию с неизбежностью влечет за собой схематизм и банальность: провинция фигурирует здесь не как реальная местность в российской глубинке, а как культурный миф. Подобно ориенталистскому взгляду на Восток, взгляд из столицы создает свой воображаемый поселок, жизнь в котором представляет собой противоположность и отрицание жизни столичной.

Мешанина кинематографических и литературных штампов рисует картину чистой жизни в поселке: простые женщины заняты работой в огороде; молодая девушка даже думать не хочет об отъезде куда-либо, тем более в Москву — она здесь родилась, здесь ее дом; Фрол Федотыч, городской врач с чеховской бородкой, в очках, щеголяет на удивление старомодной речью и такими же манерами. Сказка тоже проглядывает: та же девушка, едва увидев московского врача, говорит полушутя: «Бабушка, иди, посмотри на заморского принца, которого я жду». В общем, авторы помечают галочками все элементы мифа о провинции как о «подлинной» России, после чего вдруг оставляют эту тему и переносят действие в Москву, где оно развивается уже в гораздо более привычном ключе мексиканских или бразильских мыльных опер. Иными словами, отдав дань уважения социально значимой теме и «истинно русской» обстановке, они буквально меняют Старо-Туголуково на Рио-де-Жанейро.

Любовный треугольник, сложившийся в первых сериях между московским хирургом, русской красавицей и местным рыбаком, воспроизводит структуру, описанную Эткиндом как составной элемент сюжета внутренней колонизации. Женщина становится объектом желаний обоих мужчин — человека власти и культуры и человека народа — и медиатором в их конфликте[9]. Марк Липовецкий применил эту модель к постсоветскому кино, где роль женщины-медиатора редуцирована настолько, что ее посредничество, в сущности, теряет смысл; расстояние между двумя мужчинами либо исчезает, либо становится непреодолимым [Липовецкий 2003]. В сериале «Широка река» эта структура ничего в сложных отношениях между властью и народом не проясняет и рассыпается под тяжестью бесконечно затянутых мелодраматических коллизий сюжета.

На редкость единодушная реакция публики в подавляющем большинстве случаев сводится к ощущению обмана («как будто меня обокрали): на нескольких сайтах для отзывов зрители признаются, что начали смотреть фильм именно из-за того, что его действие разворачивается в маленьком поселке, и разочаровались, когда оно перенеслось в Москву. Многие говорят, что первый эпизод смотрели с удовольствием, привлеченные классической коллизией любовного треугольника, картинами русской

---

[9] См. [Эткинд 2003: 103–124].

природы и демонстрацией на этом фоне «силы характера нашей русской женщины» и «доблестной борьбы мужчин». Но вскоре впечатление портится: «Разочарована фильмом! Начинала смотреть его из-за места действия: тайга, добротные русские дома, местный колорит. А в итоге все место действия, как обычно, перенесли в Москву». «Начинался фильм так интересно, я даже подумала, что наконец-то, сняли что-то стоящее, необычное, не такое, как все эти сериальчики. Сейчас понимаю, что ошиблась». «Бред. Основной инструмент привлечения внимания зрителей — топорная провокация, тщетная попытка привить образ столичной богемы (более близкий авторам) с ее нравами к образу российской глубинки. В результате имеем обезличенное селение в ближнем Подмосковье, где столичные дачники играют роль "местного населения"»[10].

Последний отзыв весьма информативен; его автор, по сути, описывает сам механизм ориентализма: культурная элита центра навязывает свое представление об экзотике российской периферии. Взгляд из центра не может реализоваться ни в какой иной форме, кроме нагромождения культурных штампов, поскольку он сам представляет собой культурный отклик на националистический дискурс последних десятилетий. Если Москва стала Западом, значит, подлинную русскость нужно искать где-то еще. Однако, хотя московские кинематографисты и телепродюсеры и признают привлекательность оксиденталистского дискурса для большинства зрителей, они не могут в полной мере присоединиться к его утверждению. К тому же популярный телесериал как жанр по самой своей природе способен лишь имитировать интерес к социальным проблемам; в конце концов, он неизбежно сводится к своей основной функции — поддержанию статус-кво и удовлетворенности публики положением дел в современной России.

В заглавной песне популярной фолк-певицы Надежды Кадышевой «Широка река» тоже эксплуатируется националистический дискурс, хотя баланс между социальным и личным не выдерживается. Первая строчка перекликается со знаменитой вступитель-

---

[10] URL: https://ruskino.ru/mov/11353 (дата обращения: 13.09.2021).

ной строкой песни из фильма «Цирк» (1936) — «Широка страна моя родная», до 1943 года служившей неофициальным гимном СССР. Переход от «Широка страна...» с идеологически выдержанным посылом оптимизма и единства к «Широка река...» (разделяющая влюбленных) представляет собой отход не только от идеологии, но и от всех форм социальной активности. В этом качестве песня отражает поворот, описанный Биргит Боймерс: от мрачных образов постперестроечных фильмов и криминальных сериалов к иллюзии социальной стабильности в современных фильмах и сериалах, изображающих частную жизнь.

Сочетание песни (с ее многослойной композицией, объединяющей в себе элементы фольклора, ностальгию по СССР и тему любви) и одноименного сериала (с его маловразумительным изображением оппозиции «Москва — провинция») образует парадоксальную картину. Перед нами неразрешенный конфликт между прозападной Москвой, из которой настоящую Россию даже не видно, и самой настоящей Россией — провинцией, которую можно изобразить только в виде набора культурных клише и которая вследствие этого остается практически невидимой. Этот конфликт отражает основную проблему национального строительства: легитимизирующий миф прошлого необходимо уравновесить с идеями изменения и становления. Хоми К. Бхабха говорит об этом конфликте как о противоречии «между обозначением народа как априорного исторического присутствия, педагогического объекта, и народа, конструируемого в процессе нарратива, его декларативным "настоящим", явленном в повторении и пульсации признака национального» [Bhabha 1994: 211]. Именно благодаря процессу раскола, настаивает он, «концептуальная амбивалентность современного общества становится отправной точкой для *написания нации*» [Bhabha 1994: 209]. Раскол между Москвой имперского прошлого и советской утопией, с одной стороны, и Москвой как западным городом, с другой, расчищает обширное пространство для написания русской нации.

В этом обширном пространстве «провинциал» конструируется и используется в процессе националистического нарратива. Кем бы ни был этот провинциал — носителем оксиденталистского взгляда или объектом ориенталистского, — его взаимодействие с центром неизменно доказывает проницаемость границ и возможность примирения разногласий. Москва втягивает провинцию в отношения взаимного восхищения и ресентимента, но в итоге рассеивает враждебность, присущую большинству парадигм «мы — они». Таким образом, внутренняя динамика отношений центра и периферии в герметичной модели с психологической точки зрения потенциально более удовлетворительна для россиян, чем та, что основана на ресентименте по отношению к Западу.

Российская официальная идеология пытается создать новую концепцию русскости, свободную от имперского пафоса, однако опирается при этом на легитимизирующие мифы имперского прошлого. В этом представлении о русскости остается неразрешенным противоречие между внутренним ориентализмом и внутренним оксидентализмом. В этом и заключается один из парадоксов «написания нации» в современной России: ориенталистский взгляд центра использует оксиденталистскую риторику периферии с целью предложить публике психологически удовлетворительную националистическую модель, полностью исключающую Запад.

«Однажды в провинции» Екатерины Шагаловой (2008-й — тот самый год, что подарил нам «Юрьев день» и «Широка река») — пример фильма, где изображение провинции скатывается в другую крайность: периферия предстает ужасным местом, лишенным смысла и надежды. Другие кинематографисты, чьи работы зрители характеризуют как жесткие и бескомпромиссные изображения современной действительности — «Свободное плавание» Бориса Хлебникова (2006), «Груз-200» Алексея Балабанова (2007), «Волчок» (2009) и «Жить» (2012) Василия Сигарева, а также «Возвращение» (2003) и «Левиафан» (2014) Андрея Звягинцева, — также помещают своих персонажей в провинцию. Выбор провинции в качестве места действия отчасти объясняется тем, что перенос его в Москву потребовал бы обращения к привычному мотиву Москвы как западного города. В то же время реальность жизни в провинциальных городах поддерживает мрачный образ действительности убедительнее, чем более богатая Москва. Концентрация этих фильмов на темных сторонах жизни — бедности, насилии, пьянстве, разбитых семьях и всеобъемлющем чувстве безнадежности — словно возрождает стиль мрачного натурализма, типичного для периода перестройки[11].

Природа «чернухи» как стиля или даже жанра широко обсуждалась ранее. Элиот Боренштейн суммирует определения позднесоветской и ранней постсоветской чернухи: «...пессимистическое, натуралистическое изображение, одержимость телесными функциями, сексуальностью (обычно в отрыве от любви), зачастую садистским насилием, и все это на фоне бедности, разбитых семей и беспощадного цинизма» [Borenstein 2008: 11]. Сет Грэм предлагает углубленный анализ эстетики «чернухи»: «...предельно заостренная агрессивная пародия на всю телеологическую траекторию советской идеологии и культуры» [Graham 2000: 23]. В другом исследовании он объясняет недовольство публики мрачным натурализмом постперестроечного кино желанием стабильности и удовлетворенности. Более того, «мы» в «чернухе» — это не только русско-советское «мы», не представленное в официальной советской культуре, но и слияние этого «мы» с образом «исходного Другого — прогнившего Запада». С этой точки зрения «чернуха» представляет угрозу текущему строительству российской государственности: она размывает границы между Россией и Западом, тем самым бросая вызов главному культурному мифу [Graham 2008].

Во многом напоминающий перестроечную «чернуху» мрачный натурализм фильмов середины 2000-х действует иначе и имеет мало общего с разоблачительным порывом раннего постсоветского кино. Фильмы 1990-х рассказывали о том, что уже стремительно уходило в прошлое, и публика имела право ожидать, что новая, лучшая реальность принесет с собой новые стили, более приятные и эстетичные. «Чернуха», как поясняет Боренштейн, «обладала сатирическим воздействием, даже когда не представляла собой сатиру: она выявляла недостатки и вызывала негодо-

---

[11] См., в частности, [Horton, Brashinsky 1992].

вание читателей и зрителей, которые, очевидно, хотели бы жить в другом мире» [Borenstein 2008: 13].

К середине 2000-х «депрессивные фильмы... о моральном кризисе российского человека», как охарактеризовал работы нового поколения кинематографистов Даниил Дондурей[12], стали снимать уже не только для того, чтобы шокировать зрителя зрелищем темных сторон жизни, «какой она была» в Советском Союзе и представить столь же мрачный взгляд на жизнь в России «как она есть» сейчас, через два десятилетия после распада СССР. В более ранних фильмах неявно предполагалось, что за изображаемые в них ужасы целиком ответственна политическая система. Фильмы 2000-х не дают зрителям утешительно-четкого представления о том, кто виноват в проблемах страны и разрешимы ли они в принципе. «Однажды в провинции» обладает таким же шокирующим эффектом, как и другие фильмы десятилетия. Более того, этот фильм стремится представить провинцию микрокосмом всей страны, картиной собственно российской действительности, тем самым лишая зрителя еще одного утешения: веры в то, что события, показанные в фильме, могли произойти только в каком-нибудь глухом провинциальном уголке. Если телевизионные фильмы и сериалы о провинциалах в Москве утверждают возможность для молодых людей найти свое место в новой реальности и придают этой реальности статус нормы, то «Однажды в провинции» не оставляет ни надежды, ни иллюзий, тем самым посягая на статус-кво, одобренное массовой культурой.

Героиня фильма Настя уезжает из Москвы в городок Улетово по причинам, совершенно отличным от тех, по которым осталась в Юрьеве Любовь. Однако Настин путь имеет схожую траекторию: с вершины вниз, из Москвы в провинцию, от успеха к краху. Она вполне могла бы стать героиней «Линий судьбы» — провинциальной девушкой, которая добивается успеха в Москве, но не

---

[12] «Новые тихие». Режиссерская смена — смена картин мира // Искусство кино. 2011. № 8. URL: http://kinoart.ru/archive/2011/08/n8-article4 (дата обращения: 13.09.2021).

может или не хочет платить за него запрошенную цену. Ей удается завоевать недолгую славу телеактрисы, но теперь, по неясным причинам, ей некуда идти, кроме как к сестре Вере в Улетово. Подробности жизни в Улетово удручают, и фильм заканчивается трагедией, при этом в нем нет никаких примет ни демонизации, ни идеализации провинции, нет даже указаний на само существование провинциального топоса как культурного мифа. Однако название фильма — «Однажды в провинции»[13] — настойчиво акцентирует внимание на месте его действия: унылом провинциальном болоте.

Как и город Юрьев, Улетово ужасно[14]. Главные герои обитают в домах, похожих на бараки, с общими кухнями и душевыми. У себя в комнатах они пьют, на замусоренных дворах и спортивных площадках играют в футбол, дерутся, а потом снова пьют. Дороги и тротуары, покрытые грязью и опавшими листьями, подчеркивают осеннюю пору как знак разложения и гибели. Герои молоды и красивы, но, как указывает Джеральд Мак-Косленд, все они глубоко травмированы: муж Веры, Коля, страдает от полученной на войне контузии и бьет жену; у его армейских товарищей тоже имеются свои шрамы — как в прямом смысле, так и символические. И Настя, и Вера мучаются чувством вины за былые предательства. Когда Настя влюбляется в Колиного друга, предчувствия хеппи-энда не возникает, напротив: ведь ей, по всей вероятности, уготована та же жизнь в атмосфере домашнего насилия, что и ее невезучей сестре. В действительности судьба Насти оказывается еще страшнее: она бросается на Колю с ножом, когда он бьет Веру, и ее арестовывают. Настин любовник угро-

---

[13] Явная отсылка к классическому фильму Серджио Леоне «Однажды в Америке» (1984).

[14] Один критик, в частности, упомянул чеховское ощущение от фильма: «...эта атмосфера безысходной тоски, как в пьесах Чехова, но выписанная реалистично и без малейшего намека на меланхолию» [Eder 2008]. Эту аллюзию можно продолжить: мне видится в этом фильме отсылка к повести Чехова «В овраге». На это указывает сходство в названии села и города (у Чехова — Уклеево, в фильме — Улетово), а также в описании беспробудного пьянства, насилия и нравственного упадка.

жает полицейским ручной гранатой, Настя сбегает из-под ареста, и паре удается скрыться. Но через каких-нибудь несколько минут их машина срывается с моста и погружается в мелкую серую речушку, в которой в этот холодный и мрачный день бегство героев и заканчивается.

Джеральд Мак-Косленд предполагает, что

> изображая своих персонажей симпатичными и привлекательными не только физически, но и морально, режиссер стремится уйти от одной из главных характеристик перестроечной чернухи: тотального чувства упадка и безнадежности, пронизывающего и общество, и окружающую обстановку [McCausland 2009].

И все же остается впечатление, что обреченности и безнадежности в этом фильме больше, чем в любом перестроечном, а молодость и красота героев лишь подчеркивают эту безнадежность. Спустя двадцать лет после распада Советского Союза эти молодые люди словно буксуют на одном месте: занимаются какой-то бессмысленной работой или не работают вообще, проводят дни за пьянством среди нищеты, разрухи и насилия. В своем отчете о фестивале 2008 года критик Клаус Эдер особо выделил этот фильм и интерпретировал его так:

> Ты можешь приехать откуда угодно, можешь быть хорошим человеком или плохим, — говорит нам этот фильм, — все это неважно. Так или иначе, тебя неизбежно засосет это моральное болото. Вот горькое послание Шагаловой. Вот что она открыла, даже если сама не разделяет этого мнения. Как бы то ни было, она достаточно честна, чтобы не дать проникнуть ни проблеску надежды или оптимизма в это захолустье, где ни тому ни другому нет места [Eder 2008].

Остается, однако, еще вопрос о выборе названия: если городок Улетово как микрокосм России — только средство для того, чтобы критически показать положение в стране, то зачем подчеркивать провинциальность места действия? Разве жизнь травмированных героев была бы менее тяжелой, если бы они жили в столице? Название и место действия фильма «Однажды в провинции» позволяют режиссеру достичь большего, чем просто резкая критика современной российской действительности. Екатерина Шагалова, так же как и Кирилл Серебренников, едко высмеивает тенденцию провинциального мифа идеализировать или демонизировать такие захолустные городки. Более того, упоминание о провинциальности в названии — ловушка для близоруких зрителей и критиков, повод дистанцироваться от этой мрачной картины, успокаивая себя тем, что все это происходит где-то далеко, в каком-то «захолустье» (по выражению Эдера).

Как бы то ни было, Улетово — это все же «провинция», а значит, Россия. Ряд деталей подтверждает эту точку зрения: например, акцент на полиэтничности города — это хоть и не проговаривается открыто, но постоянно бросается в глаза. Однако самая интригующая деталь — постоянные разговоры о фэн-шуй, китайской философии, придающей первостепенное значение окружающей среде и физической обстановке. Впервые эта тема звучит в начале фильма, в эпизоде, полном многозначительных деталей, когда две сестры встречаются с сотрудницей местной полиции Леной. Лена — единственный персонаж, который, по всей видимости, способен хоть как-то контролировать свою жизнь и, по словам Мак-Косленда, «очевидно, живет ответственно, заботится о семье и не теряет чувства собственного достоинства». Важная роль Лены в повествовании подчеркивается самим ее появлением во вступительной сцене. Спустя несколько мгновений, когда другие персонажи еще едва представлены, она уже встречает Настю и Веру. Они беседуют об искусстве, о сострадании, о фэн-шуй и о Лениных белых сапогах на высоком каблуке. Это, как она с гордостью заявляет, шагая по грязной дороге, ее кредо фэн-шуй: «Будешь в белом ходить, грязь тебя испугается». Когда Вера начинает размышлять, не купить ли и им с Настей такие же сапоги, Настя отвечает полушутя: «А что? Может, и правда к лучшему сработает». Разительно, до абсурда контрастирующие с окружающей обстановкой Ленины сапоги служат неправдоподобным, но мощным символом решимости не поддаваться обстоятельствам[15]. Однако по ходу фильма становится ясно, что грязь окружающей героев обстановки не так-то легко отпугнуть.

Лена деловито и без цинизма выполняет свои служебные обязанности и помогает Вере дельными советами. Помимо всего прочего, она пишет стихи и украшает свой дом в восточном стиле, и это, как ни странно, выделяет его как единственное уютное жилище среди прочих, изображенных в фильме. Все это, казалось бы, подтверждает Ленину веру в то, что жизнь человека можно организовать так же, как и его физическое окружение, что счастья и самоуважения можно достичь, просто обзаведясь необходимыми для этого инструментами: в случае Лены — белыми сапогами, стихами и чувством собственного достоинства. Однако фильм начинается с того, что эта привлекательная, собранная и аккуратная женщина ссорится со своей юной дочерью-алкоголичкой, одновременно пытаясь успокоить плачущего внука. Очевидно, не все в жизни можно контролировать. И в самом деле — несмотря на все усилия Лены, жизнь молодых людей вокруг нее выходит из-под контроля. Получается, ее способность противостоять окружению по меньшей мере имеет свои пределы. Ее старания, как и физическая красота героев, только еще пронзительнее оттеняют безнадежность их положения.

Примечательно, однако, что эти неудачи все же не сводят на нет ни ее усилия (не опускать же руки, в конце концов?), ни важность философии фэн-шуй для послания фильма. Напротив, роль фэн-шуй как доктрины, согласно которой гармоничная и осознанная жизнь достигается за счет контроля над окружающей обстановкой, подтверждается в фильме двояким образом: во-первых, дает Шагаловой повод для иронического комментария к марксистскому постулату о том, что бытие определяет сознание; во-вторых, напоминает о том, что винить среду в убогости своего существования столь же соблазнительно и столь же бессмысленно, как привязывать социальные проблемы к некоему абстрактному, ис-

---

[15] Тут же вспоминается Галя, героиня «Глянца» Кончаловского, которая перед отъездом в Москву идет по улицам Ростова в почти таких же белых сапогах на высоком каблуке.

ключительно ужасному, но далекому провинциальному городку. Верить в безоговорочную важность географического положения, полагать, что жизнь в любом большом городе, включая Москву, автоматически лучше, чем в малом, — все равно что однобоко применять принципы фэн-шуй ко всей стране. Таким образом, название фильма одновременно утверждает и отрицает возможность восприятия событий и обстановки в нем как досадного исключения; полное отсутствие надежды и оптимизма в шагаловской провинции распространяется на всю современную Россию.

Статус и богатство с географической точки зрения

К концу 2000-х тема провинции прочно вошла в дискурс о том, что определяет Россию и русскость. Предмет моего анализа перечисленных далее кинематографических текстов — именно распространенность провинциального топоса и то, с какой легкостью его, как и любые культурные мифы, можно использовать для решения множества проблем, в данном случае — проблемы социальных различий, включая статус и богатство.

В фильме «Про любоff» (2010) Ольга Субботина использует банальный мотив провинциальной Золушки как структурный прием: она выстраивает сюжет по готовому клише провинциальной девушки, ищущей любви и успеха в Москве, а затем, в середине фильма, меняет перспективу с целью деконструировать это клише. В фильме показаны две провинциальные девушки, каждая со своей сюжетной линией. Одной из них, Рите, персонажу второго плана, удается выйти замуж за богатого человека, в результате чего она «покоряет Москву» и продолжает «исследовать» преимущества своего новообретенного статуса.

Тем временем главная героиня Даша начинает работать логопедом у богатого бизнесмена, который решил заняться политикой. У них завязывается роман. Для Даши это шанс найти любовь и войти в мир новых богатых, но вдруг этот роман резко обрывается, и история рассказывается заново — на этот раз с точки зрения бизнесмена и его жены. Такой поворот раскрывает истинную сущность бизнесмена и в числе прочего обнаруживает, что Даша ничего для него не значит — она нужна ему только в спальне и в роли полезной пешки для его политической пиар-кампании. Что особенно важно, вторая половина фильма акцентирует шаблонную посылку его первой части, в которой Рита, в полном соответствии с клише провинциальной Золушки, находит своего богатого принца. Даша своего принца не находит, но и вырваться из этого клише не в силах: она позволяет затуманить свое сознание надеждой на развитие знакомого сюжета и финал, в котором она завоюет сердце миллионера.

Примечательно, что фильм, в котором раз за разом подчеркивается материальная бедность подруг, не делает акцента на том, что Даша с Ритой — провинциалки. Тем не менее в любой онлайновой базе данных можно найти синопсис, начинающийся примерно так: «Даша и Рита приезжают из провинции, чтобы покорить Москву...» Несмотря на то что Дашина бедность в данном случае важнее, чем ее происхождение, промоутеры фильма тоже не видят дальше клише о провинциальной Золушке. Поэтому особый интерес фильма представляет то, что он перестраивает привычную оппозицию «центр — провинция» по линии статуса, превращая ее в противопоставление богатых и бедных. Таким образом, географический и культурный разрыв уравновешивается и даже заслоняется классовым разрывом. Ирина Маковеева отмечает, что успешный роман Оксаны Робски (2002), по которому снят фильм Субботиной,

> почти ни на шаг не отходит от стереотипов, циркулирующих в коллективном бессознательном, которые предсказуемо отдают предпочтение бедным как носителям истинных ценностей и осуждают богатых как людей циничных и аморальных, наслаждающихся своим материализмом [Makoveeva 2011].

У двух упомянутых ранее бинарных оппозиций имеется точка пересечения: роль провинциальной Золушки как носительницы истинных ценностей и представление о ее безусловной бедности одинаково прочно утвердились в коллективном бессознательном.

Оба «текста» представляют свежую вариацию клише: на этот раз бедная провинциальная девушка — не прислуга, а логопед. Правда, по поведению ее работодателя можно заключить, что он почти не видит разницы между тем и другим. Циничные новые богатые возносят себя над толпой так высоко, что им уже неважно, кто эти бедные — провинциалы или москвичи, образованные или невежественные, искренние или расчетливые. Однако факт остается фактом: провинциальная девушка учит будущего политика, возможно, даже следующего правителя России, «правильной речи», являющейся характеристикой интеллектуала. Например, в книге Романа Солнцева «Красный гроб, или Уроки красноречия в русской провинции» (2002) изображен стареющий провинциальный учитель литературы, предстающий в той же роли, что и Даша, причем его ожидает столь же катастрофический финал. Красноречие в данном случае означает не только правильную речь, но и правильный образ жизни. К сожалению, ни опыт учителя, ни его пожизненная верность учительскому призванию, ни духовная ценность литературы не пользуются спросом. Если смотреть на работу Даши из фильма «Про любоff» как на метафору, то она символизирует превосходство провинциала как носителя культуры и нравственной чистоты, однако это нисколько не повышает его шансы на успех в мире, где ни то ни другое не ценится. Особенно иронично выглядит то, что эта образованная провинциальная девушка не видит, что кроется за привычным клише, и с готовностью втягивается в то, что ей представляется своей собственной сказкой о Золушке. Она радостно и бездумно плывет по течению сказочного сюжета, столько раз воспроизведенного в массовой культуре, что теперь он кажется уже чем-то само собой разумеющимся.

Главные герои фильма Авдотьи Смирновой «Кококо» (2012) тоже попадают в ловушку конфликта, который только поверхностно представляется «географическим мезальянсом»[16] — на этот раз между интеллигенцией и народом в лице Лизы, сотруд-

---

[16] Кинотавр-2012. Пять вечеров: Авдотья Смирнова // Сеанс. 2012. 9 июня. URL: http://seance.ru/blog/kinotavr-2012-smirnova/ (дата обращения: 13.09.2021).

Рис. 5. Кадр из фильма «Кококо» (режиссер Авдотья Смирнова, 2012)

ницы петербургского Музея антропологии и этнографии (Кунсткамера) и официантки Вики из Екатеринбурга. Люди необразованные, отсталые и пошлые в «Кококо» обитают там же, где издавна обитали в русской классической литературе, — в провинции. Соответственно, самопровозглашенная образованная, прогрессивная и наделенная тонкими чувствами публика проживает в литературной столице — Санкт-Петербурге. Эта традиционная символическая география, в соответствии с которой центром становится Санкт-Петербург, а не Москва, выглядит уместной в фильме, затрагивающем извечную проблему взаимоотношений интеллигенции и народа, столь важную для русской культуры. Более того, в фильме дихотомия «интеллигенция — народ» искусно накладывается на дихотомию «столица — провинция». Персонажи воспроизводят знакомые роли: столица смотрит на народ со смесью очарованности и опасения, а народ ищет в столице признания и успеха (материального).

Сюжет вкратце таков: Лиза и Вика встречаются в купе ночного поезда. На следующее утро, обнаружив, что их обеих ограбили, они подают заявление в полицейский участок. Лиза вызывается приютить Вику на несколько дней, а потом, когда между ними завязывается дружба, приглашает ее остаться насовсем. В отличие от Даши Субботиной — типичной постсоветской Золушки, хоть она и не уборщица в доме олигарха, — Вика в фильме Смирновой кардинально отличается от привычных зрителю «чистых» провинциальных девушек: она старше, циничнее, порой откровенно вульгарна, и она далеко не беспомощна. Она не ищет принца и, судя по всему, вполне способна сама позаботиться о себе. Лиза и люди из ее окружения, прекрасно осведомленные о статусе Вики, девушки из глубокой провинции, тем не менее называют ее не провинциалкой, а (открыто и не без насмешки) «представительницей народа». Таким образом, Смирнова использует тему провинции для переосмысления отношений интеллигенции и народа в современном понимании, то есть основанных на различии статуса, образования и географического положения.

Дружба между этими двумя очень разными женщинами проходит три четко различимых этапа, которые, как показывает финальная сцена, вполне могут превратиться в потенциально самовоспроизводящийся бесконечный цикл. На первом этапе Лиза примеряет Викино кричаще-броское платье и точно так же «прикидывает на себя» ее легкое отношение к жизни. Она оживляет свой скучный гардероб Викиным подарком — красной курткой из норки, «теряет» аккуратный пучок на голове, распускает волосы и «распускается» сама: начинает ходить с Викой на вечеринки, в бары, напиваться сверх меры. В городе, на фоне серой петербургской ночи, Лиза и Вика выглядят как две яркие точки — практически зеркальные отражения в красных куртках, меховой и кожаной. Эти куртки служат одним из маркеров гармонии в фильме, среди которых самый броский — сиамские близнецы-зародыши, выставленные в Кунсткамере. Лена Дубивко называет тот кадр, где Вика с Лизой стоят по бокам банки с забальзамированными зародышами, «самым символически насыщенным... в фильме», отмечая при этом, что «интеллигенция и народ не только неразрывно связаны друг с другом, как зародыши-близнецы, — их сложные взаимоотношения останутся такими же затхлыми и неподвижными, как раствор формальдегида в душном музее» [Doubivko 2013].

Эта вариация стандартного сюжета «провинциал в большом городе» дает Лизе возможность поучаствовать в традиционном интеллигентском «хождении в народ», не покидая зоны комфорта: представительница народа является прямо к ней домой. То, что Лиза воспринимает свою дружбу с Викой как народничество, очевидно: незадолго до конца первого этапа их отношений она защищает Вику перед ее бывшим мужем Кириллом. «Как ужасно несправедливы мы к нашему народу», — произносит она в этой своей речи, достойной третьесортного популистского романа XIX века.

Дубивко справедливо характеризует позицию Лизы как колонизаторскую [Doubivko 2013]. Отношение интеллигенции к народу как к Другому включает в себя как презрение, так и желание поднять народ до ее собственного (то есть надлежащего) уровня культуры; это действительно типично колонизаторский и ориенталистский подход. Раз за разом Лиза и ее коллеги обходятся с Викой высокомерно-снисходительно, хотя и ценят ее живость, умение готовить и талантливое исполнение народных песен. Это покровительственное отношение наиболее полно выражается в речи Лизы, обращенной к Кириллу, в которой она называет Вику «трогательным существом», «живым, оригинальным и далеко не глупым». «Да, у нее ужасный вкус, да, у нее хамские манеры, да, она одевается как проститутка, но при этом — какая витальная сила!..» Наконец, Лиза заявляет: «Мы перед ними виноваты — мы с детства читали книжки, у нас были интеллигентные родители, нас водили в музей, в театры, нам помогали поступить в университет, а что видели они?» «Речь» Лизы — типичный пример ориенталистского дискурса с характерными для него апофатическими определениями: «народ» определяется отсутствием того, что составляет норму для смотрящих на него изучающим взглядом — книг, музеев, определенного стиля одежды и речи. В той же ориенталистской манере «дикарь» наделяется избыточной (хотя и привлекательной) жизненной силой.

Лиза приходит в такое упоение от собственной праведности, Викиных талантов в области домашнего хозяйства (увы, провинциалка и в этот раз не избежала ярлыка домашней прислуги) и «хорошей жизни» с выпивкой и вечеринками, что предлагает Вике остаться у нее навсегда. Из чего вытекает дальнейшее: на втором этапе их дружбы Лиза берется за Викино воспитание, рассчитывая сделать из нее что-то более похожее на женщин ее окружения или хотя бы на среднюю «петербурженку». Начинает она с лекции о разнообразии архитектурных стилей Санкт-Петербурга, во время которой Вика произносит «кококо» вместо «рококо». Эту оговорку она потом будет повторять не раз (отсюда и название фильма). Однако на протяжении всего фильма и курса обучения от Вики не ускользает то, что она сама стала объектом исследования. Она замечает, какое удовольствие доставляет Лизе ее роль благодетельницы и наставницы, и охотно подыгрывает: когда Лиза читает лекции, Вика признает свою «тупость» и просит учить ее дальше.

Однако к третьему этапу их дружбы обе женщины разочаровываются в этих сложившихся отношениях. Застав своего бывшего мужа Кирилла и Вику «вместе», разъяренная Лиза решает покончить с этим и выгнать Вику, — но тут-то и становится совершенно очевидно, что этой «женщиной из народа» не так легко манипулировать. Вика бьет врага его же оружием, обрушивая на Лизу град обвинений. «Ты меня обманула! — кричит она сквозь слезы. — Зачем ты мне обещала всё? Я тебе поверила!» Выставляя себя несчастной жертвой интеллигентского пренебрежения, Вика безошибочно, хоть и интуитивно, догадывается, какое поведение ожидается от нее с Лизиной ориенталистской точки зрения. Наконец она наносит великолепный последний удар, завершая свою защитную речь литературной цитатой: «Мы в ответе за тех, кого приручили».

Не в силах до конца простить Викино предательство, Лиза пытается задушить ее подушкой, после чего камера резко переключается на отделение полиции, — но за решеткой находится не Лиза, а Вика. Судя по всему, их дружба заканчивается там же, где и началась — в полиции. В финальной сцене Лиза снова приходит туда, чтобы забрать свою жалобу на Вику: она утверждает, что это была всего лишь ссора между подругами. Однако Вика поднимает крик: «Не отдавайте меня ей! Я хочу домой!», а аккомпанементом звучит одна из известнейших народных песен — «Валенки» в исполнении знаменитой певицы крестьянского происхождения Лидии Руслановой. Таким образом, Русланова одновременно и олицетворяет, и отыгрывает аутентичность — во многом похоже на то, как и Лиза с Викой отыгрывают свои роли — воплощенного интеллигентского благородства и, в меньшей степени, ориенталистского конструкта.

Смирнова тщательно следит за тем, чтобы не принимать ничью сторону. С одной стороны, зрители явно считывают резкую критику в адрес интеллигенции, с другой, Вика вызывает такой обширный арсенал реакций, что ее невозможно охарактеризовать ни как хищницу, ни как жертву. Успех фильма в прокате подтверждает, что Смирнова преуспела в своем «почти революционном эксперименте», заполнившем «пустующую нишу российского мейнстрима — между "лютым артхаусом" и "блокбастерами"» [Плахов 2011]. Успех «Кококо», пришедшегося по вкусу всем слоям зрителей, сам по себе стал компромиссом между интеллигенцией и народом. То, что их встреча происходит в Санкт-Петербурге, к тому же в Лизином доме, а не в деревне или в провинциальном городке, имеет особое значение. Тем самым подразумевается, что в постсоветской версии провинциального мифа народолюбивой интеллигенции (и этнографам!) уже не обязательно покидать столицу в поисках объектов своего изучения. Таким образом, культурный миф о провинции обретает новый угол рассмотрения, под которым можно взглянуть на извечную пропасть между интеллигенцией и народом, а также на многие другие «вечные» российские вопросы.

Как «страшная» провинция «серьезного» кино, так и «нестрашная» кино массового представляет собой культурный миф, который разрабатывается и эксплуатируется в рамках дискурса национализма. Повышенный интерес к провинции — часть процесса переоценки фундаментальных для русской культуры бинарных оппозиций. Герметичная национальная модель «мы — мы» вместе с тернарной структурой «провинция — столица — Запад» работает на повышение значимости российской глубинки в ее противостоянии столице и Западу. Для тех, кто смотрит на провинцию с надеждой, этот рост значимости означает утверждение позитивного в себе и значительное снижение концентрации на негативных чертах Другого. Для идеологической оппозиции разговор о провинции неизменно означает выражение серьезной озабоченности нынешним положением дел в России. То, что авторы лучших российских фильмов XXI века до сих пор поселяют своих встревоженных и отчаявшихся героев в провинцию, вряд ли случайно. Критики окрестили таких режиссеров, как Хлебников, Серебренников, Шагалова, Звягинцев, Балабанов, Алексей Герман, и некоторых других «новыми тихими», поскольку их работы не задумывались как громкие политические манифесты. Они выражают свою идеологическую и политическую оппозиционность режиму путинской России исподволь. «Немосковский» антураж их фильмов играет в этом негромком противостоянии решающую роль, составляя резкий контраст с доминирующей в мейнстримных кинематографических текстах идеализацией провинции как обители духовного богатства России. Изображая моральный, идеологический и политический кризис провинции, эти фильмы ставят еще более печальный диагноз России в целом. Те фильмы и сериалы, что примиряют центр с провинцией и подразумевают возможность их взаимопроникновения, напротив, поддерживают оптимистичный взгляд на настоящее и будущее России. Миф о провинции, как и любой другой культурный миф, тоже своего рода хранилище: его можно наполнить практически любым содержанием в зависимости от желаемых идеологических целей.

Заключение
О культурной аутентичности

Главный герой «Комьюнити» Алексея Иванова обрушивается с резкой критикой на бренды, якобы наполняющие реальность легко считываемым смыслом, но в действительности оказывающиеся пустыми знаками: «У нас все бренды — подделки. А я-то рвался сюда за брендами». На замечание собеседника: «Машина у вас не подделка. И пальто не подделка», он отвечает: «*Жизнь — подделка*. Надел пальто, сел в машину, а ехать некуда... Кто раздувает эту фальшивую реальность?.. Кто накачивает байду ложным значением?» [Иванов 2012] (курсив мой. — *Л. П.*). Большинство читателей могли бы сказать Глебу, что бренд не заменяет собой реальность и не претендует на это. Его задача — всего лишь поднять продажи того или иного продукта за счет привлекательной упаковки. В постсоветское время провинция стала культурным продуктом, упакованным таким образом, чтобы его удобнее было использовать в дискурсе национальной идентичности. В зависимости от производителя он представляется либо привлекательным, либо отвратительным. Те, кого этот бренд не устраивает, могут отказаться от обоих вариантов. Однако им тоже не уйти от бинарной оппозиции «столица — провинция», в рамках которой неизменно интерпретируются оба эти понятия. Подобно Глебу, чья очарованность гламурной фальшью Москвы вылилась в итоге в досаду на нее же, те, кто проецирует на провинцию свои предубеждения, оказываются между двумя противоположными концепциями: оптимистичным представлением о провинции как о хранилище народного духа, с одной стороны, и удручающим образом провинциальной России, погрязшей в грязи и деградации, — с другой.

Изучая развитие этой бинарной системы в начале XXI века, я стремилась денатурализовать оба подхода, показав их идеологические корни. Все культурные мифы уходят корнями в идеологию, однако те, что поставлены на службу националистическим нарративам, в особенности. Насколько уникален русский национализм в своей опоре на фантазию о подлинной народной сущности, сконцентрированной в отдалении от благополучных и неаутентичных центров власти? Ни в малейшей степени. Стремление к истинной народности — явление глобальное, распространенное от Африки и Ближнего Востока до Латинской Америки и Восточной Европы, Ирландии и США. «Сама причина существования нации, — пишет Колин Грэм об Ирландии, — логика ее существования — это ее притязания на неоспоримую аутентичность как чистого выражения "подлинного", очевидного, естественного» [Graham 1999: 8]. Американские исследователи региональной и этнической литературы — явлений, которые в наше время часто пересекаются, — приняли понятия организма и аутентичности в качестве основных критических концепций и объектов исследования. Джефф Карем описывает американский регионализм начала XX века как поиск «нового национального голоса у региональных писателей и превознесение их за связь с жизнью вдали от метрополии». Лотар Хоннингхаузен видит в регионализме «дух всеобъемлющего организма и националистического мировоззрения, ищущего путь возвращения к простой, здоровой и аутентичной Америке» [Karem 2004: 2; Honninghausen 1996: 14]. За прошедшее столетие из регионализма развился современный интерес к этнической литературе и в целом к литературе, дающей слово маргинализированным группам и регионам. Восприятие национальной и культурной аутентичности как принадлежащей группам и местностям, расположенным вдали от физических и метафорических центров власти, и сейчас сохраняет свое влияние в национальных дискурсах. Тем не менее аутентичность, как и опирающиеся на нее представления о национальных истоках, остается неуловимой и не поддается определению; наиболее точная ее характеристика — «ряд претензий и стремление к признанию их обоснованными» [Graham 1999: 25].

Редакторы сборника «True West. Authenticity and the American West» исследуют мифологию американского «Старого Запада» и в результате обнаруживают, что

> будь то былой образ жизни, далекие пейзажи, незапятнанная природа, которой, однако, постоянно угрожает порча, обещание духовной самореализации или материального богатства, горизонты аутентичности — ограничивающие и тем самым порождающие желание — всегда удалены в пространстве или во времени [Handley, Lewis 2004: 6].

"Настоящий" американский Юг, — поясняет Скотт Ромни, — это территория, ассоциирующаяся, во всяком случае в моем представлении, с белой квазинацией и уже оставшаяся в невозвратном прошлом — где я в каком-то смысле и желаю ей оставаться» [Romine 2008: 1]. Американские индейцы, настоящий коренной народ, тоже оказались включенными в представление образованной элиты об аутентичности. Друцилла Мимс Уолл замечает, что

> давняя склонность европейцев и евроамериканцев представлять американских индейцев как воплощение в человеческом облике всего священного, что есть в «Матери-Земле», за последнее время еще усилилась. Этот феномен зародился в момент первого контакта, однако в наши дни он получает все большее распространение благодаря литературе о природе, экотуризму, альтернативным религиозным практикам и энвайроментализму в целом [Wall 2004: 97].

Ученые Латинской Америки отмечают, что

> с момента открытия Латинской Америки как Нового Света этот дискурс характеризуется постоянным соотнесением ее с Европой, как бы ни позиционировалась при этом сама Латинская Америка — как идентичная или иная, аутентичная или воплощающая в себе Другого [Demuro 2012].

На Среднем Востоке, как показывает на примерах Криста Саламандра, обновление традиций, пусть и превращенное в товар, стало практикой самоопределения, как в случае с «жителями

Дамаска, которые производят и воспроизводят (и продают) атмосферу "дамасковости": концентрированную "аутентичность", как они ее понимают, фальшивый снобизм по отношению к недавним обитателям города, живущим рядом с ними» [Salamandra 2004: 3]. Мощное воздействие мифа о корнях, вызывающего сильное национальное чувство, не слабеет от превращения его в товар. Так, например, Николя Маклауд указывает на огромное влияние фильма «Храброе сердце» (1995) на шотландскую молодежь. Этот американский фильм, режиссером которого и исполнителем главной роли стал уроженец Австралии Мел Гибсон, пробудил в молодых шотландцах подлинное «чувство идентичности» и «укрепил их интерес к шотландскому национализму» [Macleod 2006: 186].

Для мифологического воображения подлинные исторические факты и география не представляют никакой ценности. Русский провинциальный миф, так же как и мифы о подлинной Америке, Шотландии, Ирландии или Сирии, относит аутентичность к «невозвратному прошлому». Он растет из таких образов, как допетровская утопия у славянофилов и дореволюционная деревня у деревенских прозаиков, под воздействием чего в нем и формируются представления об истинном русском духе, который ради того, чтобы не угаснуть вовсе, должен существовать в отдалении от современных центров власти и культуры. Его место — в далеком прошлом и в столь же далекой глубинке. Михаил Бахтин пишет об «исторической инверсии», свойственной мифологическим формам, то есть об инверсии времени, превращающей образ прошлого в модель будущего: «Здесь изображается как уже бывшее в прошлом то, что на самом деле может быть или должно быть осуществлено только в будущем, что, по существу, является целью, долженствованием, а отнюдь не действительностью прошлого» [Бахтин 1975]. Сюжет мифа, как отмечает Бахтин, разворачивается где-то далеко и давно:

> Чтобы наделить реальностью тот или иной идеал, его мыслят как уже бывший однажды когда-то в Золотом веке в «естественном состоянии» или мыслят его существующим

в настоящем где-то за тридевять земель, за океанами, если не на земле, то под землей, если не под землей, то на небе [Бахтин 1975].

Культурный миф о провинции управляется тем же хронотопом. Славянофильская мысль существовала в рамках дуальной структуры «удаленности во времени и пространстве»: славянофилы находили формы социальной организации, наиболее подходящие для русского народа, в Древней Руси и видели свою миссию в «раскрытии древней, глубокой, могучей и загадочной сущности России, ее истинного духа» [Riasanovsky 1952: 156]. Интерес к провинции в начале XX века также объединял временну́ю и пространственную перспективу, рассматривая провинцию как «заповедник народного духа». Под провинцией понимались территории, расположенные в удаленной российской глубинке, где можно соприкоснуться с прошлым России. Она воспринималась как нечто существующее «не сегодня и здесь... а вчера и там», удаленное как во времени, так и в пространстве от культурного и политического центра страны [Зайонц 2004: 428].

Более того, вертикальная ось («выше — ниже») пронизывает сам лексикон провинциального мифа: термин «глубинка» подразумевает именно вертикальные отношения. Когда Бердяев в цитате, приведенной мной в начале книги, упрекает интеллектуалов в том, что под влиянием иллюзий они ищут «центр тяжести духовной и общественной народной жизни... где-то далеко в глубине России», он прибегает к тому же вертикальному образу, как и в утверждении, что «истинный центр не в столице и не в провинции, не в верхнем и не в нижнем слое, а в глубине всякой личности».

В своих «размышлениях о национальной идентичности» Эдит Клюс отмечает недавний сдвиг парадигмы с временно́го фокуса советской идеологии — «доминирования СССР в борьбе за контроль над историей» — к постсоветскому фокусу на пространстве, «воображаемой географии», с ее знакомыми и важными дихотомиями Востока и Запада, центра и периферии, себя и Другого [Клюс 2020: 2]. Акцент на пространстве действительно стал более заметным после распада советской империи и недавнего сужения границ России. Однако дискурс национализма всегда организуется по обеим осям; он объединяет образ своего легитимизирующего прошлого с воображаемой географией, которую населяет своими Другими. Динамика «вчера и там» продолжает влиять на постсоветский националистический дискурс, о чем свидетельствует недавний поток исторических фильмов и телепрограмм, по-новому интерпретирующих ключевые события российской истории и прославляющих национальное прошлое — от Смуты до (в особенности) Второй мировой войны[1]. Риторика официальных речей, которую повторяют государственные СМИ, тоже поддерживает такую опору на мифические представления о прошлом и о российской глубинке. В своем Послании Федеральному Собранию от 2012 года Президент России Владимир Путин предлагает установить неразрывную связь с прошлым: «Для возрождения национального сознания нам нужно связать воедино исторические эпохи и вернуться к пониманию той простой истины, что Россия началась не с 1917 и даже не с 1991 года, что у нас единая, неразрывная, тысячелетняя история, опираясь на которую мы обретаем внутреннюю силу и смысл национального развития» [Путин 2012]. В той же речи он обещает поднять уровень жизни образованных представителей среднего класса, которые в его представлении обитают в провинции: «Наиболее заметно это будет в регионах. Мы поддержим возрождение провинциальной интеллигенции, которая во все времена была профессиональной и моральной опорой России» [Путин 2012][2]. В сегодняшней России государственный национализм проник на все уровни общественной сферы. Государство производит дискурс, а публичная сфера реагирует на него в ситуации всеобщего доступа к СМИ (от телевидения до социальных сетей) и тотального включения в обсуждение всех социальных групп. По словам Вячеслава Морозова, «воображаемая аутентичность

---

[1] См., к примеру, [Beumers 2012; Лидерман 2007].

[2] В этой речи впервые прозвучало ныне знаменитое выражение «духовные скрепы».

туземца» играет центральную роль в «продвижении Кремлем традиционных ценностей — как в качестве "духовных скреп" внутри страны, так и в качестве ресурса мягкой силы во внешней политике» [Morozov 2015: 131].

Аутентичность, как и национализм, — интеллектуальный продукт современности; представление о ней культурно сконструировано в соответствии с современными проблемами культуры.

> Наши поиски аутентичного культурного опыта, — пишет Ричард Хэндлер, — неиспорченного, первозданного, подлинного, нетронутого и традиционного — больше говорят о нас самих, чем о других, и в конечном счете оказываются продуктом наших собственных мифов [Handler 1986: 2].

Провинциальный миф в том виде, в каком он реконфигурировался в русской культуре, стал неотъемлемым компонентом любых попыток россиян разработать свою национальную мифологию. Как отмечает Лонсбери, провинциальность всегда была ключом к представлению России о своем положении в мире: «В России провинциализм вызывает глубокое беспокойство, поскольку в провинциальности провинции можно увидеть отражение провинциальности, а то и "неаутентичности" нации в целом». Таким образом, претензия русского провинциального мифа на сохранение подлинной народности осложняется традиционным восприятием провинции как вторичной и неаутентичной.

Однако, как я отмечала ранее, провинция постсоветского периода уже не ассоциируется с неаутентичностью. Напротив, она становится синонимом истинной русскости, независимо от того, изображается ли она в позитивном или в негативном свете. В сущности, провинция претендует на аутентичность другого типа — ту, которую с одинаковым энтузиазмом используют в политике, маркетинге и туристической индустрии во всем мире. Она провела ребрендинг самой себя, объявив себя «настоящей» — оригиналом, ценность которого невозможно уменьшить никаким количеством копий. Изменение значения слова «провинция» вытекает из этого сдвига в понимании аутентичности: превращения ее из эстетической и метафизической категории в инструмент идеологии и маркетинга. Это понимание одновременно модернистское и постмодернистское: оно отражает модернистскую тревогу по поводу распада мира на отдельные фрагменты, стремление к органической целостности, и оно же перерастает в постмодернистское воспевание этого распада как торжества плюрализма, в недоверие к однозначным определениям и культурной стабильности. Аутентичность конструируется текстуально, допускает различные понимания и распространяется посредством многочисленных текстов, претендующих на то, чтобы дать ей определение. Таким образом, это понятие оставляет простор для манипуляций и, как все культурные мифы, может быть наполнено любым содержанием. Миф о российской провинции как о хранилище подлинной русскости, при всех изменениях в иерархиях и идеологиях, по-прежнему остается определяющим для русской национальной идеи.

Чтобы извлечь пользу из культурного мифа, его необходимо артикулировать и транслировать через тексты — от книг и фильмов до фольклорных фестивалей и этнопарков[3]. Можно было бы ожидать, что непрерывная трансляция приведет к трансмутации: чем больше деятели культуры обсуждают культурный миф, тем более явно они разоблачают его сконструированность. По той же логике, чем больше людей замечают шаблонность сюжета ковбойского вестерна, морщатся от изображения коренных американцев в фильмах Диснея или от исполнения народной песни профессиональной фольклорной группой, тем больше должна ослабевать притягательность культурного мифа. Однако пока этого не произошло. Пока русская национальная идентичность сосредоточена на символической географии, сформированной бинарными оппозициями, провинциальный миф будет сохранять свое ключевое значение. В большинстве проанализированных мною текстов присутствует довольно механическое разделение

---

[3] О роли русской фольклорной музыки и танцев в возрождении националистических чувств в России см. [Olson 2004].

России на столичную и нестоличную, и изображения обеих повторяют давно устоявшиеся культурные клише. Однако это не означает, что провинциальный миф исчерпал свой потенциал для создания новых текстов или что провинция перестала быть лейтмотивом русской идентичности. Напротив, эта важная роль будет сохраняться за ней до тех пор, пока русская национальная идея определяется Другими, а русская символическая география — бинарными оппозициями «Россия — Запад» и «провинция — столица». Поиски русской идеи продолжаются, равно как и поиск соответствующих Других, причем и то и другое вдохновляется ресентиментом. В заключение я вновь обращаюсь к Ивану Аксакову, возможно, единственному представителю националистической мысли XIX века, который верил в потенциал провинции в возрождении России и чьи слова столь же актуальны для России сегодняшней, как и для современной ему:

> Пока интеллигенция в России жила полною невозмутимою верою в Запад, она могла, говоря ее языком, игнорировать провинцию и пренебрегать ею. Но как скоро эта вера нарушена, как скоро источник тех духовных сил Запада, которыми мы так долго пробавлялись, был исчерпан, истощен до дна и оказалось, что долее черпать невозможно без утраты всякой не только духовной, но и материальной самостоятельности; как скоро ярче и ярче стали раскрываться нам наши язвы и уродливые наросты, и вместе с тем наше бессилие уврачевать их; как скоро литература стала действительно приобретать силу и ее слово стало весить в задачах общественной жизни, — бедность жизненного содержания тотчас же сказалась в столицах. Уже не провинция, как прежде, к столице, а уже столица стала тяготеть к провинции... Можно положительно сказать, что теперь наступает иная пора, пора тяготения столицы к провинции [Аксаков 1865].

Источники

Абашев и др. 2000 — Абашев В. В. и др. Лирическую реплику Виталия Кальпиди «Провинция как феномен культурного сепаратизма» обсуждают Владимир Абашев, Вячеслав Раков, Андрей Матвеев, Дмитрий Харитонов, Николай Коляда // Уральская новь. 2001. № 1. URL: https://magazines.gorky.media/urnov/2000/1/liricheskuyu-repliku-vitalij-kalpidi-provinciya-kak-fenomen-kulturnogo-separatizma-obsuzhdayut-vladimir-abashev-vyacheslav-rakov-andrej-matveev-dmitrij-haritonov-nikolaj-kolyada.html (дата обращения: 14.09.2021).

Акопов 2016 — Акопов П. Русские осознают свою самостоятельность // Взгляд. 2016. 4 февраля. URL: https://vz.ru/politics/2016/2/4/792395.html (дата обращения: 14.09.2021).

Аксаков 1865 — Аксаков И. С. О значении областной России и необходимости областной печати // День. 1865. № 15. URL: http://dugward.ru/library/aksakovy/iaksakov_o_znachenii_oblastnoy.html (дата обращения: 14.09.2021).

Аксаков 2006а — Аксаков И. С. Возврат к народной жизни путем самосознания (1861) // Аксаков И. С. У России одна-единственная столица / сост., авт. вступ. ст. Г. В. Чагин. М.: Русский мир, 2006.

Аксаков 2006б — Аксаков И. С. Об общественной жизни в губернских городах // Аксаков И. С. У России одна-единственная столица. / сост., авт. вступ. ст. Г. В. Чагин. М.: Русский мир, 2006.

Аксаков 2009 — Аксаков К. С. Без названия. «Молва». № 9. 8 июня 1857 года // Аксаков К. С. Государство и народ. М.: Институт русской цивилизации, 2009.

Асламова 2005 — Асламова Д. М. Урюпинск — это мы! // Асламова Д. М. В любви как на войне. М.: Олма-Пресс, 2005. С. 236–243.

Бугославская 2009 — Бугославская О. Москва: от рассвета до «расцвета» // Знамя. 2009. № 3. С. 181–199.

Бондаренко 2006 — Бондаренко В. Г. Русский лик патриотизма // Губернский стиль. 2006. № 1. С. 19–20.

Быков 2007 — Быков Д. Л. Можарово // Быков Д. Л. ЖД-рассказы. М.: Вагриус, 2007.

Быков 2012 — Быков Д. Л. Особое мнение // Эхо Москвы. 2012. 15 октября. URL: http://echo.msk.ru/programs/personalno/935744-echo/ (дата обращения: 14.09.2021).

Гресь 2007 — Гресь А. Со мной «сойдет и так» не проходит, пусть даже кто-то на это и обижается // Детектор Медіа. 2007. 17 апреля. URL: https://detector.media/community/article/8729/2007–04–17-anna-gres-so-mnoy-soydet-y-tak-ne-prokhodyt-pust-dazhe-kto-to-na-jeto-y-obyzhaetsya/ (дата обращения: 14.09.2021).

Данилкин 2003 — Данилкин Л. «Географ глобус пропил» // Афиша (Москва). 2003. Май. URL: http://www.ivanproduction.ru/reczenzii/geograf-globus-propil1/posle-oshhetinivshejsya.html (дата обращения: 14.09.2021).

Данилкин 2007 — Данилкин Л. Фамильоны просят огня // Афиша. 2007. 2 мая. URL: http://ivanproduction.ru/reczenzii/bluda-i-mudo/familo-nyi-prosyat-ognya.html (дата обращения: 14.09.2021).

Достоевский 1982 — Достоевский Ф. М. Зимние заметки о летних впечатлениях // Достоевский Ф. М. Дядюшкин сон. Село Степанчиково и его обитатели. Скверный анекдот. Зимние заметки о летних впечатлениях. Л.: Лениздат, 1982.

Евгеньева 1999 — Евгеньева А. П. Словарь русского языка: в 4 т. М.: Полиграфресурсы, 1999.

Земскова 2013 — Земскова Н. Город на Стиксе. М.: Arsis Books, 2013.

Зинцов 2008 — Зинцов О. Ее крепость // Ведомости. 2008. 19 сентября. URL: https://www.vedomosti.ru/newspaper/articles/2008/09/19/ee-krepost (дата обращения: 14.09.2021).

Иванов 2006а — Иванов А. В. России нужны двойные стандарты // Профиль. 2006. № 7. URL: https://profile.ru/archive/aleksey-ivanov-rossii-nuzhny-dvoynye-standarty-114806/ (дата обращения: 14.09.2021).

Иванов 2006б — Иванов А. В. Писатель Алексей Иванов: «Меня воспринимают как олигарха от гуманитарной среды» // Известия. 2006. 9 августа. URL: http://izvestia.ru/news/316118#ixzz351Dz0ajN (дата обращения: 14.09.2021).

Иванов 2007а — Иванов А. В. Географ глобус пропил. М.: АСТ, 2007.

Иванов 2007б — Иванов А. В. Блуда и МУДО. СПб.: Азбука-классика, 2007.

Иванов 2010 — Иванов А. В. Россия: способ существования. Где искать национальную идентичность и как с ней жить? // Русский репортер.

2010. 6 октября. URL: https://mir-knig.com/read_350702-1 (дата обращения: 14.09.2021).

Иванов 2011 — Иванов А. В. В глобальном мире ценно только уникальное // Стольник. 2011. Июнь. URL: http://www.ivanproduction.ru/intervyu/v-globalnom-mire-czenno-tolko-unikalnoe.html (дата обращения: 14.09.2021).

Иванов 2012 — Иванов А. В. Комьюнити. СПб.: Азбука-классика, 2012.

Иванов 2013 — Иванов А. В. Псоглавцы. СПб.: Азбука-классика, 2013.

Караганов 2016 — Караганов С. А. Новая идеологическая борьба? // Известия. 2016. 21 апреля. URL: https://iz.ru/news/610812#ixzz473KfUlBz (дата обращения: 14.09.2021).

Левинсон 2015 — Левинсон А. Москвичи не так уж угрюмы // Мослента. 2015. 24 апреля. URL: https://moslenta.ru/city/moskvichi.htm (дата обращения: 14.09.2021).

Маянцева 2013 — Маянцева А. Провинциалы не любят москвичей // Комсомольская правда. 2013. 31 августа. URL: http://www.msk.kp.ru/daily/26126/3018983/ (дата обращения: 14.09.2021).

Милованов 1993 — Милованов Ю. Со столицей наравне. Заметки о переживаниях провинциальной интеллигенции // Российская провинция. 1993. № 1. С. 47–50.

Михалин 2009 — Михалин О. Есть ли в России демократия? // The Moscow Post. 2009. 15 сентября. URL: http://www.moscow-post.com/politics/001252991497517/ (дата обращения: 14.09.2021).

Мозговая 2006 — Мозговая О. Москва теперь провинции по нраву. Мы не раздражаем, нам не завидуют // Вечерняя Москва. 2006. 7 сентября.

Моисеев 1993 — Моисеев Н. Я принципиальный оппортунист // Российская провинция. 1993. № 1. С. 80–81.

Немцов 1997 — Немцов Б. Е. Провинциал. М.: Вагриус, 1997.

Немцов 1999 — Немцов Б. Е. Провинциал в Москве. М.: Вагриус, 1999.

Нестеров 2012 — Нестеров В. Иванов на остановке // Gazeta.ru. 2012. 11 апреля. URL: http://www.ivanproduction.ru/reczenzii/komyuniti1/ivanov-na-ostanovke.html (дата обращения: 14.09.2021).

Попадюк 1995 — Попадюк С. С. Свияжск // Российская провинция. 1995. № 5. С. 76–85.

Попов 2008 — Попов А. Новый фильм Кирилла Серебренникова «Юрьев день» выходит в прокат 18 сентября // ProfiCinema. 2008. 10 сентября. URL: http://www.proficinema.ru/news/detail.php?ID=37159 (дата обращения: 14.09.2021).

Прилепин 2008а — Прилепин З. Санькя. М.: Ад Маргинем, 2008.

Прилепин 2008б — Прилепин З. На мягкой перине, или О столице // Прилепин З. Я пришел из России. СПб.: Лимбус Пресс, 2008.

Прилепин 2008в — Прилепин З. Я пришел из России. СПб.: Лимбус Пресс, 2008.

Прилепин 2016а — Прилепин З. Москва для меня что-то вроде офиса // TimeOut (Москва). 2016. 4 апреля. URL: https://www.timeout.ru/msk/feature/458212 (дата обращения: 14.09.2021).

Прилепин 2016б — Прилепин З. Письмо из провинции лучшим людям // Русская планета. 2016. 28 марта.

Путин 2012 — Путин В. В. Послание Федеральному Собранию от 12 декабря 2012 года. URL: https://rg.ru/2012/12/12/stenogramma-poln.html (дата обращения: 14.09.2021).

Распутин 1996 — Распутин В. Г. Скажите всем, что Русь жива // Российская провинция. 1996. № 1. С. 4–8.

Розанов 1993 — Розанов В. В. Эмбрионы // Русская философия. Конец XIX — начало XX в. / вступ. ст. А. А. Ермичева, авт. примеч. Б. В. Емельянов. СПб.: Изд-во Санкт-Петербургского ун-та, 1993.

Сапелкин 2010 — Сапелкин Н. Чем Воронеж не Париж? // Губернский стиль. 2010. № 8, 9. С. 51–58.

Соколовская 2010 — Соколовская М. Губернский стиль от Пекина до Парижа // Губернский стиль. 2010. № 8, 9. С. 46–50.

Соломин 1996 — Соломин Ю. Провинция хранит талант доброты // Российская провинция. 1996. № 1. С. 10–13.

Стесин 2011 — Стесин А. Москвичи признались, за что ненавидят провинциалов // Maxpark. 2011. 24 сентября. URL: http://maxpark.com/community/Rodina_Russia/content/810369 (дата обращения: 14.09.2021).

Харитонов 1992 — Харитонов М. Линии судьбы, или Сундучок Милашевича // Дружба народов. 1992. № 1, 2.

Харитонов 1994 — Харитонов М. Избранная проза. М.: Московский рабочий, 1994.

Хумарьян 1996 — Хумарьян С. Сизиф был счастливее, чем мы думаем // Российская провинция. 1996. № 2. С. 38–47.

Шевченко 2013 — Шевченко М. Мы не Европа? И слава Богу! Россия — один из последних оплотов человека и человечества // Московский комсомолец. 2013. 11 февраля. URL: http://www.mk.ru/politics/2013/02/10/810258-myi-ne-evropa-i-slava-bogu.html (дата обращения: 14.09.2021).

Яковлев 1995 — Яковлев С. Письмо из Солигалича в Оксфорд // Новый мир. 1995. № 5.

Библиография

Абашев 2000 — Абашев В. В. Пермь как текст. Пермь в русской культуре и литературе XX века. Пермь: Изд-во Пермского ун-та, 2000.

Андерсон 2001 — Андерсон Б. Воображаемые сообщества. Размышления об истоках и распространении национализма / пер. с англ. В. Г. Николаева. М.: Канон-Пресс-Ц, 2001.

Ахапкина 2001 — Ахапкина Я. Э. Провинция, периферия — проблемы номинации // Провинция как реальность и объект осмысления: Материалы научной конференции / сост. А. Ф. Белоусов, М. В. Строганов. Тверь: Изд-во Тверского государственного ун-та, 2001.

Бавин 2003 — Бавин П. Москва и регионы в представлении россиян (март 2001) // Десять лет социологических наблюдений / под ред. А. А. Ослон. М.: Институт фонда «Общественное мнение», 2003.

Барт 1994 — Барт Р. Миф сегодня // Барт Р. Избранные работы: Семиотика. Поэтика. М.: Издательская группа «Прогресс», «Универс», 1994.

Бахтин 1975 — Бахтин М. М. Формы времени и хронотопа в романе. Очерки по исторической поэтике // Бахтин М. М. Вопросы литературы и эстетики. М.: Художественная литература, 1975.

Белоусов 2004 — Белоусов А. Ф. Символика захолустья (обозначение российского провинциального города) // Геопонорама русской культуры. Провинция и ее локальные тексты / под ред. Л. О. Зайонц. М.: Языки славянской культуры, 2004. С. 458–480.

Бердяев 1990а — Бердяев Н. А. О власти пространств над русской душой // Бердяев Н. А. Судьба России. Опыты по психологии войны и национальности. М.: Философское общество СССР, 1990.

Бердяев 1990б — Бердяев Н. А. Централизм и народная жизнь // Бердяев Н. А. Судьба России. Опыты по психологии войны и национальности. М.: Философское общество СССР, 1990.

Богомяков 2014 — Богомяков В. Мифы столицы и мифы провинции // Милюгина Е. Г., Строганов М. В. Текст пространства. Тверь: СФК-офис, 2014.

Буле 2000а — Буле О. Борис Немцов — провинциал. К вопросу о политическом имиджмейкерстве в постперестроечной России // Русская провинция: Миф — текст — реальность / Сост.: А. Ф. Белоусов, Т. В. Цивьян; ред. В. Н. Сажин. М., СПб.: Тема, 2000. С. 118–128.

Буле 2006 — Буле О. Половой вопрос и провинция в публицистике начала XX века // Русская провинция: Миф — текст — реальность / сост. А. Ф. Белоусов, Т. В. Цивьян; ред. В. Н. Сажин. М., СПб: Тема, 2000. P. 75–84.

Вайскопф 1993 — Вайскопф М. Сюжет Гоголя. Морфология. Идеология. Контекст. М.: Радикс, 1993.

Воронков, Карпенко 2007 — Воронков В., Карпенко О. Патриотизм как национализм (пост)советского человека // Современные интерпретации русского национализма / под ред. М. Ларюэль. Штутгарт: Ibidem-Verlag, 2007. С. 81–128.

Геллнер 1991 — Геллнер Э. Нации и национализм. М.: Прогресс, 1991.

Григорян 2010 — Григорян Б. «Фигура бледная, неясная»: Образ помещика в романах Гончарова // Новое литературное обозрение. 2010. № 106. С. 117–129.

Гудков 2004а — Гудков Л. Негативная идентичность. Статьи 1997–2002 годов. М.: Новое литературное обозрение, ВЦИОМ-А, 2004.

Гудков 2004б — Гудков Л. Отношение к США в России и проблема антиамериканизма // Гудков Л. Негативная идентичность. Статьи 1997–2002 годов. М.: Новое литературное обозрение, ВЦИОМ-А, 2004.

Гудков 2004в — Гудков Л. Идеологема врага // Гудков Л. Негативная идентичность. Статьи 1997–2002 годов. М.: Новое литературное обозрение, ВЦИОМ-А, 2004. С. 552–649.

Гудков 2004г — Гудков Л. К проблеме негативной идентичности // Гудков Л. Негативная идентичность. Статьи 1997–2002 годов. М.: Новое литературное обозрение, ВЦИОМ-А, 2004.

Гудков 2015 — Гудков Л. Демократии в России никто не хотел. URL: http://www.levada.ru/2015/06/15/demokratii-v-rossii-nikto-ne-hotel-2/ (дата обращения: 14.09.2021).

Гудков 2016 — Гудков Л. Ресурсы путинского консерватизма // Polit.ru. 2016. 31 января. URL: http://polit.ru/article/2016/01/31/conservatism/ (дата обращения: 14.09.2021).

Гудков и др. 2011 — Молодежь России / Л. Гудков, В. Дубин, Н. Зоркая. М.: Московская школа политических исследований, 2011.

Гурин 2009 — Гурин С. П. Провинция: потаенность и сокровенность // Топос. 2009. 15 сентября. URL: http://www.topos.ru/article/6847 (дата обращения: 14.09.2021).

Данилкин 2003 — Данилкин Л. «Географ глобус пропил» // Афиша (Москва). 2003. Май. URL: http://www.ivanproduction.ru/reczenzii/geograf-globus-propil1/posle-oshhetinivshejsya.html (дата обращения: 14.09.2021).

Данилкин 2007 — Данилкин Л. Фамильоны просят огня // Афиша. 2007. 2 мая. URL: http://ivanproduction.ru/reczenzii/bluda-i-mudo/familonyi-prosyat-ognya.html (дата обращения: 14.09.2021).

Дилиженский 2003 — Дилиженский Г. Дружить с Америкой // Десять лет социологических наблюдений/ сост. А. А. Черняков. М.: Институт фонда «Общественное мнение», 2003. С. 430–431.

Доманский 2006 — Доманский В. А. Русская усадьба в художественной литературе XIX века: культурологические аспекты изучения поэтики // Вестник Томского государственного ун-та. 2006. № 291. С. 56–60.

Дырдин 2003 — Дырдин А. А. Духовная жизнь России: провинциальное измерение // Духовная жизнь провинции: Образы. Символы. Картина мира: Материалы всероссийской научной конференции. Симбирск — Ульяновск: УлГТУ, 2003.

Дьяченко 2009 — Дьяченко Г. В. Деконструкция антитеза центр — провинция Н. А. Бердяевым // Жизнь провинции как феномен духовности. Нижний Новгород: Вектор ТиС, 2006. С. 214–216.

Евгеньева 1999 — Евгеньева А. П. Словарь русского языка: в 4 т. М.: Полиграфресурсы, 1999.

Жолковский, Ямпольский 1994 — Жолковский А. К., Ямпольский М. Б. Бабель / Babel. М.: Карт-бланш, 1994.

Зайонц 2003 — Зайонц Л. О. История слова и понятия «провинция» в русской культуре // Русская литература. 2003. № 53. С. 307–330.

Зайонц 2004 — Зайонц Л. О. Русский провинциальный «миф» (К проблеме культурной типологии) // Геопанорама русской культуры. Провинция и ее локальные тексты. М.: 2004. С. 427–456.

Замятин 2013 — Замятин Д. Н. Геокультурный брендинг территорий. Концептуальные основы // Лабиринт. Журнал социально-гуманитарных исследований. 2013. № 5. С. 11–23.

Замятина 2006 — Замятина Н. Авторепрезентация российских регионов (по официальным сайтам субъектов Российской Федерации) // Отечественные записки (Анатомия провинции). 2006. № 5 (31). С. 272–282.

Зверева 2007 — Зверева Г. Дискурс государственной нации в современной России // Современные интерпретации русского национализма / под ред. М. Ларюэль. Штутгарт: Ibidem-Verlag, 2007. С. 15–80.

Зинцов 2008 — Зинцов О. Ее крепость // Ведомости. 2008. 19 сентября. URL: https://www.vedomosti.ru/newspaper/articles/2008/09/19/ee-krepost (дата обращения: 14.09.2021).

Иванова 2000 — Иванова Н. Бандерша и сутенер. Роман литературы с идеологией: кризис жанра // Знамя. 2000. № 5. С. 173–181.

Иванова 2011 — Иванова Н. Русский крест. Литература и читатель в начале нового века. М.: Время, 2011.

Иванова 2013 — Иванова И. Н. Деревенская проза в современной отечественной литературе: конец мифа или перезагрузка? // Философские науки: вопросы теории и практики. Т. 6. Тамбов, 2013. № 24. С. 88–94.

Игнатьев, Лысенко 2015 — Игнатьев О. В., Лысенко О. В. Культурная политика и стратегия конструирования имиджа территорий // Лабиринт. Журнал социально-гуманитарных исследований. 2015. № 1. С. 6–16.

Каганский 2001 — Каганский В. Культурный ландшафт и советское обитаемое пространство. М.: Новое литературное обозрение, 2001.

Каганский 2006 — Кагинский В. Россия. Провинция. Ландшафт // Отечественные записки. 2006. № 32. С. 244–315.

Кислов, Шапко 2000 — Кислов А. Г., Шапко И. В. Социально-топологическое оправдание провинции // Социологические исследования. 2000. № 8. С. 118–122.

Клубкова, Клубков 2000 — Клубкова Т. В., Клубков П. А. Русский провинциальный город и стереотипы провинциальности // Русская провинция: Миф — текст — реальность / сост. А. Ф. Белоусов, Т. В. Цивьян; ред. В. Н. Сажин. М., СПб.: Тема, 2000. С. 20–29.

Клюс 2020 — Клюс Э. Россия на краю. Воображаемые географии и постсоветская идентичность. СПб.: Библиороссика, 2020.

Колодяжный 2015 — Колодяжный И. Русская провинция как Ноев ковчег // Русская народная линия. 2015. 21 декабря. URL: http://ruskline.ru/special_opinion/2015/12/russkaya_provinciya_kak_noev_kovcheg/ (дата обращения: 14.09.2021).

Конфедерат 2006 — Конфедерат О. В. Идентификация русского провинциала в смешанной культуре // Человек в пространстве культуры (центр — провинция, провинция — центр): Материалы международной научно-практической конференции. 21 апреля 2004 года. Челябинск, 2006. С. 29–38.

Крылов 2010 — Крылов М. П. Региональная идентичность в европейской России. М.: Новый хронограф, 2010.

Кузьмин 2001 — Нестоличная литература: Поэзия и проза регионов России / сост. Д. В. Кузьмин. М.: Новое литературное обозрение, 2001.

Купцова 2008 — Купцова И. А. Русская провинциальная культура и российская цивилизация: сущность и взаимодействие // Среднерусский вестник общественных наук. 2008. № 4. С. 13–19.

Ларюэль 2007 — Ларюэль М. Размышления на тему «Русский национализм как предмет исследования» // Современные интерпретации русского национализма / под ред. М. Ларюэль. Штутгарт: Ibidem-Verlag, 2007. С. 7–14.

Лейдерман, Липовецкий 1993 — Лейдерман Н., Липовецкий М. Жизнь после смерти, или Новые сведения о реализме // Новый мир. 1993. № 7. С. 233–252.

Лидерман 2007 — Лидерман Ю. Курс на патриотизм и ответ советского кинематографа в 2000-е годы. Новые бюджеты, новые жанры, новые фильмы о войне // Современные интерпретации русского национализма / под ред. М. Ларюэль. Штутгарт: Ibidem-Verlag, 2007. С. 289–317.

Липовецкий 2003 — Липовецкий М. В отсутствие модератора — сюжет внутренней колонизации // Искусство кино. 2003. № 8.

Лихачев 2002 — Лихачев В. Нацизм в России. М.: Панорама, 2002.

Лотман 1992 — Лотман Ю. М. Культура и взрыв. М.: Гнозис, 1992.

Милюгина, Строганов 2012 — Милюгина Е. Г., Строганов М. В. Текст пространства. Фрагментарные слова // Русская провинция. Лабиринт. 2012. № 2, 3. С. 33–74.

Нелепов 2010 — Нелепов А. Ю. Практическая реализация концепции развития региональных брендов // Современная экономика: проблемы и решения. Т. 2. 2010. № 2. С. 16–23.

Немзер 1998 — Немзер А. Рассеянные пометы на полях. Марк Харитонов. «Линии судьбы, или Сундучок Милашевича» // Немзер А. Литературное сегодня. О русской прозе. 90-е. М.: Новое литературное обозрение, 1998. С. 358–389.

Ницше 2001 — Ницше Ф. К генеалогии морали // Ницше Ф. По ту сторону добра и зла: прелюдия к философии будущего; К генеалогии морали : полемическое сочинение / пер. с нем. Н. Полилова, К. А. Свасьяна. М.: Олма-Пресс, 2001.

Павлюк 2006 — Павлюк С. Чувство места и низовой регионализм // Отечественные записки (Анатомия провинции). 2006. № 5 (31). С. 104–113.

Паин 2004 — Паин Э. Между империей и нацией. Модернистский проект и его традиционалистская альтернатива в национальной политике России. М.: Новое издательство, 2004.

Панарин 1993 — Панарин А. Россия между атлантизмом и евразийством // Российская провинция. 1993. № 1. С. 142–144.

Плахов 2008 — Плахов А. Ироническая соборность: Новый фильм Кирилла Серебренникова // Коммерсантъ Weekend. 2008. № 35.

Попадюк 1995 — Попадюк С. Свияжск // Российская провинция. 1995. № 5. С. 76–85.

Попов 2009 — Попов Н. П. Поиски национальной идеи России продолжаются // ВЦИОМ. 2009. 27 ноября. URL: http://russkie.org/?module=fullitem&id=16991 (дата обращения: 14.09.2021).

Разумова, Кулешов 2001 — Разумова И. А., Кулешов Е. В. К феноменологии провинции // Провинция как реальность и объект осмысления. Тверь, 2001. С. 12–25.

Ребель 2006 — Ребель Г. Явление географа, или Живая вода романов Алексея Иванова // Октябрь. 2006. № 4. С. 173–182.

Савкина 1998 — Савкина И. Л. Провинциалки русской литературы (женская проза 30–40-х годов XIX века). Wilhelmshorst: Verlag F. K. Gopfert, 1998.

Саид 2006 — Саид Э. Ориентализм. Западные концепции Востока / пер. с англ. А. В. Говорунова. СПб.: Русский Міръ, 2006.

Селеменева 2014 — Селеменева М. В. Пространственные образы романа З. Прилепина «Санькя» // Вестник Государственного Ленинградского ун-та им. Пушкина. Т. 3. 2014. № 1. С. 63–71.

Сибиряков 2001 — Сибиряков В. Центр и провинция в России: Традиция трагического непонимания // Центр — провинция: историко-психологические проблемы: Материалы всероссийской научной конференции / науч. ред. С. Н. Полторак. СПб.: Нестор, 2001. С. 194–198.

Слезкин 2001 — Слезкин Ю. СССР как коммунальная квартира, или Каким образом социалистическое государство поощряло этническую обособленность // Американская русистика. Вехи историографии последних лет: Советский период. Самара, 2001. С. 329–374.

Смирнягин 2006 — Смирнягин Л. Трансформация общественного пространства России // Отечественные записки (Анатомия провинции). 2006. № 5 (31). С. 114–123.

Соловей 2006 — Соловей В. Д. Революция русской идентичности. Россия для русских? // Мониторинг общественного мнения. Т. 4. 2006. № 80. С. 51–67.

Соломин 1996 — Соломин Ю. Провинция хранит талант доброты // Российская провинция. 1996. № 1. С. 10–13.

Спивак 2004 — Спивак М. Л. «Провинция идет в регионы»: О некоторых особенностях современного употребления слова «провинция» //

Геопанорама русской культуры: провинция и ее локальные тексты / отв. ред. Л. О. Зайонц. М.: Языки славянской культуры, 2004. С. 503–515.

Степанова 2007 — Степанова С. Моя прекрасная палата № 6: рецензия на фильм «Глянец» режиссера Андрея Кончаловского // Ruskino. 2007. 27 августа. URL: https://ruskino.ru/item/2007/8/27/moya-prekrasnaya-palata-%E2%84%966 (дата обращения: 14.09.2021).

Степанян 1992 — Степанян К. Реализм как заключительная стадия постмодернизма // Знамя. 1992. № 9. С. 231–238.

Тимофеев 2012 — Тимофеев М. Ю. Города и регионы России как (пост)индустриальные бренды // Лабиринт. Журнал социально-гуманитарных исследований. 2013. № 5. С. 29–41.

Трофимова 2009 — Трофимова Е. И. Женская литература и книгоиздание в современной России // Общественные науки и современность.1998. № 5. С. 147–156.

Фортунатова 2006 — Фортунатова В. А. К истолкованию семантики провинциального // Жизнь провинции как феномен духовности: Международная научная конференция 18–19 апреля 2005 года. Нижний Новгород: Вектор-Тис, 2006.

Хумарьян 1996 — Хумарьян С. Сизиф был счастливее, чем мы думаем // Российская провинция. 1996. № 2. С. 38–47.

Шевеленко 2012 — Шевеленко И. Д. Репрезентация империи и нации: Россия на Всемирной выставке 1900 года в Париже // Там, внутри: Практики внутренней колонизации в культурной истории России / под ред. А. Эткинда, Д. Уффельманна, И. Кукулина. М.: Новое литературное обозрение, 2012. С. 413–446.

Шенкман 2007 — Шенкман Я. Message-миф. Две книги Алексея Иванова — «Блуда и МУДО» и «Чусовая» // Огонек. 2007. 12 мая.

Эткинд 2001 — Эткинд А. Фуко и тезис внутренней колонизации: постколониальный взгляд на советское прошлое // Новое литературное обозрение. 2001. № 49. С. 50–74.

Эткинд 2003 — Эткинд А. Русская литература, XIX век: Роман внутренней колонизации // Новое литературное обозрение. 2003. № 59. С. 103–124.

Юдин 2006 — Юдин А. В. Концепты «провинция» и «регион» в современном русском языке // Отечественные записки. 2006. № 5 (32). С. 26–40.

Яковлев 1995 — Яковлев С. Письмо из Солигалича в Оксфорд // Новый мир. 1995. № 5.

Abalmasova, Pain 2011 — Abalmasova N. E., Pain E. A. Symbolic Management in Creating Regional Identity // Regional Research of Russia. Vol. 1. 2011. № 3. P. 275–284.

Anholt 2010 — Anholt S. Places: Identity, Image and Reputation. Basingstoke: Palgrave Macmillan, 2010.

Ashcroft et al. 2009 — Ashcroft B., Griffiths G., Tiffin H. Post-Colonial Studies: The Key Concepts. London, New York: Routledge, 2009.

Beumers 1999a — Russia on Reels: The Russian Idea in Post-Soviet Cinema / Ed. Birgit Beumers. London, New York: Tauris, 1999.

Beumers 2009a — Beumers B. The Serialization of Culture, or the Culture of Serialization // The Post-Soviet Russian Media. Conflicting Signals / Ed. Beumers B., Hutchings S., Rulyova N. London, New York: Routledge, 2009. P. 159–177.

Beumers 2009б — Beumers B. A History of Russian Cinema. Oxford, New York: Berg, 2009.

Beumers 2012 — Beumers B. National Identity through Visions of the Past: Contemporary Russian Cinema // Soviet and Post-Soviet Identities / Ed. Bassin M., Kelly C. Cambridge: Cambridge University Press, 2012. P. 55–72.

Beumers 2013 — Russia's New Fin de Siecle: Contemporary Culture between Past and Present / Ed. Beumers B. Bristol, Chicago: Intellect, 2013.

Beumers et al. 2009 — The Post-Soviet Russian Media. Conflicting Signals / Ed. Beumers B., Hutchings S., Rulyova N. London, New York: Routledge, 2009.

Bezrogov 2012 — Bezrogov V. "If the War Comes Tomorrow": Patriotic Education in the Soviet and Post-Soviet Primary School // Soviet and Post-Soviet Identities / Ed. Bassin M., Kelly C. Cambridge: Cambridge University Press, 2012. P. 113–128.

Bhabha 1990 — Bhabha H. K. Narrating the Nation // Nation and Narration / Ed. Bhabha H. K. London, New York: Routledge, 1990.

Bhabha 1994 — Bhabha H. K. The Location of Culture. London, New York: Routledge, 1994.

Boele 2001 — Boele O. Rview of "Perm' kak tekst", by Aladimir Abashev // Slavic Review. 2001. № 60. P. 691.

Bonnett 2004 — Bonnett A. The Idea of the West: Culture, Politics, History. New York: Palgrave Macmillan 2004.

Borenstein 2008 — Borenstein E. Overkill: Sex and Violence in Contemporary Russian Popular Culture. Ithaca: Cornell University Press, 2008.

Borenstein 2016 — Borenstein E. The Russia We Can't Find // Plots Against Russia. 2016. February 15. URL: http://plotsagainstrussia.org/eb7nyuedu/

2016/2/15/ln58th5tzh526di36f71crsr9intb6 (на данный момент ресурс недоступен).

Boym 1994 — Boym S. Common Places. Cambridge: Harvard University Press, 1994.

Boym 2001 — Boym S. The Future of Nostalgia. New York: Basic Books, 2001.

Bradshaw 2008 — Bradshaw M. Globalization, Regional Change, and the Territorial Cohesion of the Russian Federation // Russia and Globalization: Identity, Security, and Society in an Era of Change / Ed. Blum D. W. Baltimore: Johns Hopkins University Press 2008. P. 79–110.

Buruma, Margalit 2004 — Buruma I., Margalit A. Occidentalism: The West in the Eyes of Its Enemies. New York: Penguin Press, 2004.

Cavanagh, Clare. "Idiotika." Review of Lines of Fate, by Mark Kharitonov / Translated by Helena Goscilo. New York Times, August 11, 1996.

Cavender 2007 — Cavender M. Nests of the Gentry: Family, Estate, and Local Loyalties in Provincial Russia. Newark: University of Delaware Press, 2007.

Clark 2000 — Clark K. The Soviet Novel: History as Ritual. Bloomington / Indianapolis: Indiana University Press, 2000.

Clark 2011 — Clark K. Moscow, the Fourth Rome: Stalinism, Cosmopolitanism, and the Evolution of Soviet Culture, 1931–1941. Cambridge: Harvard University Press, 2011.

Condee 2009 — Condee N. The Imperial Trace: Recent Russian Cinema. Oxford: Oxford University Press, 2009.

Condee 2012 — Condee N. Tales Told by Nationalists // Soviet and Post-Soviet Identities / Ed. Bassin M., Kelly C. Cambridge: Cambridge University Press, 2012. P. 37–52.

Cross 2004 — Cross A. "Them": Russians on Foreigners // National Identity in Russian Culture / Ed. Franklin S., Widdis E. Cambridge: Cambridge University Press, 2004. P. 74–92.

Demuro 2012 — Demuro E. The Search for Cultural Uniqueness in the Narrative Fiction of Alejo Carpentier and Julio Cortazar // Latin America: Interdisciplinary Studies. Vol. 25: Civilization and Authenticity. New York: Peter Lang Publishing, 2012.

Dickinson 2006 — Dickinson S. Breaking Ground: Travel and National Culture in Russia from Peter I to the Era of Pushkin. Amsterdam, New York: Rodopi, 2006.

Diment, Slezkine 1993 — The Myth of Siberia in Russian Culture / Ed. Diment G., Slezkine Y. New York: St. Martin Press, 1993.

Dinnie 2011 — Dinnie Keith. Introduction to the Theory of City Branding // City Branding: Theory and Cases / Ed. Dinnie K. Houndmills, UK, New York: Palgrave Macmillan, 2011. P. 3–7.

Dixon 1998 — Dixon S. The Past in the Present: Contemporary Russian Nationalism in Historical Perspective // Russian Nationalism Past and Present / Ed. Hosking G., Service R. New York: St. Martin Press, 1998. P. 149–77.

Doubivko 2013 — Doubivko L. Avdot'ia Smirnova: Kokoko (2012) // KinoKultura. 2013. № 40.

Eder 2008 — Eder K. Moscow 2008: The Center of the Province // KinoKultura. 2008. № 22.

Elsaesser 2003 — Elsaesser T. Tales of Sound and Fury: Observations on the Family Melodrama // Film Genre Reader III. Ed. Grant B. K. Austin: University of Texas Press, 2003. P. 366–395.

Ely 2002 — Ely C. This Meager Nature: Landscape and National Identity in Imperial Russia. DeKalb: Northern Illinois Press, 2002.

Etkind 2011 — Etkind A. Internal Colonization: Russia's Imperial Experience. Cambridge: Polity Press, 2011.

Evtuhov 2011 — Evtuhov C. Portrait of a Russian Province: Economy, Society, and Civilization in Nineteenth-Century Nizhnii Novgorod. Pittsburgh: University of Pittsburgh Press, 2011.

Gerovitch 2015 — Gerovitch S. Soviet Space Mythologies: Public Images, Private Memories, and the Making of a Cultural Identity. Pittsburgh: University of Pittsburgh Press, 2015.

Gillespie 2003 — Gillespie D. C. Russian Cinema. Harlow, New York: Longman, 2003.

Goscilo, Lanoux 2006 — Gender and National Identity in Twentieth-Century Russian Culture / Ed. Goscilo H., Lanoux A. DeKalb: Northern Illinois University Press, 2006.

Graffy 2007 — Graffy J. Review of Boris Khlebnikov, Free Floating (Svobodnoe plavanie), 2006 // KinoKultura. 2007. № 15.

Graham 1999 — Graham C. "…Maybe that's just Blarney": Irish Culture and the Persistency of Authenticity // Ireland and Cultural Theory: The Mechanics of Authenticity / Ed. Graham C., Kirkland R. New York: St. Martin's Press, 1999. P. 7–28.

Graham 2000 — Graham S. Chernukha and Russian Film // Studies in Slavic Cultures. Vol. 1. 2000. P. 9–27.

Graham 2008 — Graham S. The New American Other in Post-Soviet Russian Cinema // Russia and Its Other(s) on Film / Ed. Hutchings S. New York: Palgrave Macmillan, 2008.

Greenfeld 1992 — Greenfeld L. Nationalism: Five Roads to Modernity. Cambridge: Harvard University Press, 1992.

Groys 1992 — Groys B. Russia and the West: The Quest for Russian Self-Identity // Studies in Soviet Thought. Vol. 43. 1992. № 3. P. 185–198.

Handler 1986 — Handler R. Authenticity // Anthropology Today. Vol. 2. 1986. № 1. P. 2–5.

Handley, Lewis 2004 — Handley W. R., Lewis N. Introduction // True West. Authenticity and the American West / Ed. Handley W. R., Lewis N. Lincoln: University of Nebraska Press, 2004. P. 1–19.

Hashamova 2007 — Hashamova Y. Pride and Panic: Russian Imagination of the West in Post-Soviet Film. Bristol, Chicago: Intellect, 2007.

Honninghausen 1996 — Honninghausen L. The Old and the New Regionalism // "Writing" Nation and "Writing" Region in America / Ed. D'haen T., Bertens H. Amsterdam: Vrije Universiteit, 1996. P. 3–20.

Horton, Brashinsky 1992 — Horton A., Brashinsky M. The Zero Hour: Glasnost and Soviet Cinema in Transition. Princeton: Princeton University Press, 1992.

Hosking 1997 — Hosking G. Russia: People and Empire, 1552–1917. Cambridge: Harvard University Press, 1997.

Hughes 2006 — Hughes M. The Russian Nobility and the Russian Countryside: Ambivalences and Orientations // Journal of European Studies. 2006. Vol. 36. № 2. P. 115–137.

Hutchings, Rulyova 2009 — Hutchings S., Rulyova N. Television and Culture in Putin's Russia. London, New York: Routledge, 2009.

Jackson 1996 — Jackson L. A. et al. Achieving Positive Social Identity: Social Mobility, Social Creativity, and Permeability of Group Boundaries // Journal of Personality and Social Psychology 1996. Vol. 70. № 2. P. 241–254.

Karem 2004 — Karem J. The Romance of Authenticity. The Cultural Politics of Regional and Ethnic Literatures. Charlottesville: University of Virginia Press, 2004.

Kempton, Clark 2002 — Kempton D. R., Clark T. D., Unity or Separation: Center-Periphery Relations in the Former Soviet Union. Westport: Praeger, 2002.

Kornblatt 1992 — Kornblatt J. The Cossack Hero in Russian Literature: A Study in Cultural Mythology. Madison: University of Wisconsin Press, 1992.

Kukulin 2009 — Kukulin I. The Heroization of Survival: A Detailed Review of Aleksei Ivanov's Popular Historical Novels as Thinly Disguised Commentary on a Single Historical Period: The 1990s and the 2000s // Russian Studies in Literature. Vol. 45. 2009. № 2. P. 42–74.

Laruelle 2014 — Russian Nationalism, Foreign Policy and Identity Debates in Putin's Russia: New Ideological Patterns after the Orange Revolution / Ed. Laruelle M. Stuttgart: Ibidem-Verlag, 2014.

Levesque 2008 — Levesque Jean. Foremen in the Field: Collective Farm Chairmen and the Fate of Labour Discipline after Collectivization // Dream Deferred: New Studies in Russian and Soviet Labour History / Ed. Filtzer D. A. Berne: Peter Lang AG, 2008. P. 243–264.

Lewis, Wigen 1997 — Lewis M. W., Wigen K. E. The Myth of Continents: A Critique of Metageography. Berkeley: University of California Press, 1997.

Lipovetsky 2008 — Lipovetsky M. Living through a Loss // KinoKultura. 2008. № 22.

Lounsbery 2005 — Lounsbery A. "'No, this is not the provinces!' Provincialism, Authenticity, and Russianness in Gogol's Day // Russian Review. 2005. № 64 (April). P. 259–280.

Lounsbery 2007 — Lounsbery A. Dostoevsky's Geography: Center, Peripheries, and Networks in Demons // Slavic Review. 2007. Vol. 66. № 2. P. 211–229.

MacFadyen 2008 — MacFadyen D. Russian Television Today: Primetime Drama and Comedy. London, New York: Routledge, 2008.

Macleod 2006 — Macleod N. Cultural Tourism: Aspects of Authenticity and Commodification // Cultural Tourism in a Changing World: Politics, Participation and (Re)presentation / Ed. Smith M. K., Robinson M. Buffalo: Channel View Publications, 2006. P. 177–190.

Maiorova 2010 — Maiorova O. From the Shadow of Empire: Defining the Russian Nation through Cultural Mythology, 1855–1870. Madison: University of Wisconsin Press, 2010.

Makoveeva 2011 — Makoveeva I. Ol'ga Subbotina: Pro Liuboff (About Love, 2010) // KinoKultura 2011. № 33.

Malinova 2014 — Malinova O. Obsession with Status and Ressentiment: Historical Backgrounds of the Russian Discursive Identity Construction // Communist and Post-Communist Studies. 214. № 47. P. 291–303.

Martin 2001 — Martin Terri. The Affirmative Action Empire: Nations and Nationalism in the Soviet Union, 1923–1939. Ithaca: Cornell University Press, 2001.

McCannon 1998 — McCannon J. Red Arctic: Polar Exploration and the Myth of the North in the Soviet Union, 1932–1939. New York: Oxford University Press, 1998.

McCausland 2009 — McCausland G. Katia Shagalova: Once Upon a Time in the Provinces (Odnazhdy v provintsii, 2008) // KinoKultura. 2009. № 24.

Meltzer, Musolf 2002 — Meltzer B., Musolf G. Resentment and Ressentiment // Social Inquiry. 2002. Vol. 72. № 2. P. 440–455.

Miller 2004 — Miller A. The Empire and the Nation in the Imagination of Russian Nationalism // Imperial Rule. Ed. Miller A., Rieber A. Budapest, New York: Central European University Press, 2004. P. 9–26.

Moore 2001 — Moore D. Ch. Is the Post- in Postcolonial the Post- in PostSoviet? Toward a Global Postcolonial Critique // PMLA. Vol. 116. 2001. № 1. P. 111–128.

Morozov 2004 — Morozov V. In Search of Europe: Russian Political Discourse and the Outside World // Eurozine. 2004. February 23. URL: http://www.eurozine.com/articles/2004-02-18-morozov-en.html (на данный момент ресурс недоступен).

Morozov 2015 — Morozov V. Russia's Postcolonial Identity: A Subaltern Empire in a Eurocentric World. Basingstoke: Palgrave Macmillan, 2015.

Neumann 1998 — Neumann I. B. Uses of the Other: The "East" in European Identity Formation. Minneapolis: University of Minnesota Press, 1998.

Norris, Torlone 2008 — Insiders and Outsiders in Russian Cinema. Ed. Norris S. M., Torlone Z. M. Bloomington: Indiana University Press, 2008.

Obrist 2005 — Obrist A. I. The Russian Metahistorical Imagination and Russian Fiction of Perestroika. PhD diss. University of Southern California, 2005.

Olson 2004 — Olson L. J. Performing Russia: Folk Revival and Russian Identity. New York: Routledge Curzon, 2004.

Ooi 2011 — Ooi C.-S. Paradoxes of City Branding and Societal Changes // City Branding: Theory and Cases / Ed. Dinnie K. Houndmills, UK, New York: Palgrave Macmillan, 2011.

Overing 1997 — Overing J. The Role of Myth: An Anthropological Perspective // Myths and Nationhood / Ed. Hosking G., Schopflin G. New York: Routledge, 1997. P. 1–18.

Parland 2005 — Parland T. The Extreme Nationalist Threat in Russia: The Growing Influence of Western Rightist Ideas. Abington: Routledge Curzon, 2005.

Parthe 1992 — Parthe K. Russian Village Prose: The Radiant Past. Princeton: Princeton University Press, 1992.

Parts 2008 — Parts L. The Chekhovian Intertext: Dialogue with a Classic. Columbus: Ohio State University Press, 2008.

Rabow-Edling 2006 — Rabow-Edling S. Slavophile Thought and the Politics of Cultural Nationalism. Albany: State University of New York Press, 2006.

Raeff 1966 — Raeff M. The Origins of the Russian Intelligentsia. New York: Harcourt Brace, World, 1966.

Razor 2008 — Razor S. Bandits, Oligarchs, and Provincial Girls! Oh, My! // KinoKultura. 2008. № 20.

Riasanovsky 1952 — Riasanovsky N. V. Russia and the West in the Teaching of the Slavophiles: A Study of Romantic Ideology. Cambridge: Harvard University Press, 1952.

Romine 2008 — Romine S. The Real South: Southern Narrative in the Age of Cultural Reproduction. Baton Rouge: Louisiana State University Press, 2008.

Rosenblum et al. 2010 — Russian Mass Media and Changing Values / Ed. Rosenblum A., Nordenstreng K., Trubina E. London, New York: Routledge, 2010.

Rowe 1995 — Rowe K. The Unruly Woman: Gender and the Genres of Laughter. Austin: University of Texas Press, 1995.

Rowley 2000 — Rowley D. G. Imperial vs. National Discourse: The Case of Russia // Nations and Nationalism. 2000. Vol. 6. № 1. P. 23–42.

Rowley 2013 — Rowley A. Open Letters: Russian Popular Culture and the Picture Postcard, 1880–1922. Toronto: University of Toronto Press, 2013.

Salamandra 2004 — Salamandra Ch. A New Old Damascus: Authenticity and Distinction in Urban Syria. Bloomington: Indiana University Press, 2004.

Salys 2013 — The Russian Cinema Reader. Ed. Salys R. Vol. II. Boston: Academic Studies Press, 2013.

Smith 1991 — Smith A. D. National Identity. Reno, Las Vegas, London: University of Nevada Press: 1991.

Smith 1997 — Smith A. The Golden Age and National Revival // Myths and Nationhood / Ed. Hosking G., Schopflin G. New York: Routledge, 1997. P. 36–59.

Smith-Peter 2011 — Smith-Peter S. Bringing the Provinces into Focus: Subnational Spaces in the Recent Historiography of Russia // Kritika: Explorations in Russian and Eurasian History. 2011. Vol. 12. № 4. P. 835–848.

Sutcliffe 2009 — Sutcliffe B. The Prose of Life: Russian Women Writers from Khrushchev to Putin. Madison: University of Wisconsin Press, 2009.

Tajfel, Turner 1979 — Tajfel H., Turner J. C. An Integrative Theory of Intergroup Conflict // The Social Psychology of Intergroup Relations / Ed. Austin W. G., Worchel S. Monterey, CA: Brooks/Cole, 1979. P. 33–47.

Taylor 2003 — Taylor R. "But Eastward, Look, the Land Is Brighter": Toward a Topography of Utopia in the Stalinist Musical // The Landscape of Stalinism: The Art and Ideology of Soviet Space / Ed. Dobrenko E., Naiman E. Seattle: University of Washington Press, 2003. P. 201–218.

Todorov 1993 — Todorov T. On Human Diversity: Nationalism, Racism, and Exoticism in French Thought. Cambridge: Harvard University Press, 1993.

Tolz 1998 — Tolz V. Forging the Nation: National Identity and Nation Building in Post-Communist Russia // Europe-Asia Studies. Vol. 50. 1998. № 6. P. 993–1022.

Tolz 2001 — Tolz V. Russia. London, New York: Oxford University Press, 2001.

Usitalo 2013 — Usitalo S. The Invention of Mikhail Lomonosov: A Russian National Myth. Brighton: Academic Studies Press, 2013.

Venn 2000 — Venn C. Occidentalism: Modernity and Subjectivity. London, Thousand Oaks, New Delhi: SAGE Publications, 2000.

Walicki 1975 — Walicki Andrzej. The Slavophile Controversy: History of a Conservative Utopia in Nineteenth-Century Russian Thought. Oxford: Clarendon Press, 1975.

Wall 2004 — Wall D. M. Imagined Indians and Sacred Landscape from New Age to Nature Writing // True West. Authenticity and the American West / Ed. Handley W. R., Lewis N. Lincoln: University of Nebraska Press, 2004. P. 97–116.

Warnaby, Medway 2010 — Warnaby G., Medway D. Semiotics and Place Branding: The Influence of the Built and Natural Environment in City Logos // Toward Effective Place Brand Management: Branding European Cities and Regions / Ed. Ashworth G., Kavaratzis M. Cheltenham, UK: Edward Elgar, 2010. P. 205–221.

Wartman 2006 — Wartman R. Scenarios of Power: Myth and Ceremony in Russian Monarchy from Peter the Great to the Abdication of Nicholas II. Princeton: Princeton University Press, 2006.

Welch Larson, Shevchenko 2003 — Welch Larson D. W., Shevchenko A. Shortcut to Greatness: The New Thinking and the Revolution in Soviet Foreign Policy // International Organization. 2003. № 57. P. 77–109.

Wilmes 2014 — Wilmes D. National Identity (Deconstruction in Recent Independent Cinema: Kirill Serebrennikov's Yuri's Day and Sergei Loznitsa's My Joy // Studies in Russian and Soviet Cinema. Vol. 8. 2014. № 3. P. 218–232.

Wolf 1994 — Wolf L. Inventing Eastern Europe: The Map of Civilization on the Mind of the Enlightenment. Stanford: Stanford University Press, 1994.

Zwejnert 2010 — Zwejnert J. Conflicting Patterns of Thought in the Russian Debate on Transition: 2003–2007 // Europe-Asia Studies. Vol. 62. 2010. № 4. P. 547–569.

Предметно-именной указатель

Абалмасова Надежда Евгеньевна 90, 105
Абалмасова Надежда Евгеньевна 90, 105
Абашев Владимир Васильевич 20, 21, 52, 53, 153
Акопов Петр Эдуардович 50
Аксаков Иван Сергеевич 43, 44, 204
Аксаков Константин Сергеевич 41
Андерсон Бенедикт 27
Анхольт Саймон 105
Апатиты 137
Бабель Исаак Эммануилович 113
Балабанов Алексей Октябринович 159, 180, 195
Брат, фильм 158, 159
Брат-2, фильм 158
Груз-200, фильм 180
Барт Ролан 11, 103
Бахтин Михаил Юрьевич 36, 199, 200
Бердяев Николай Александрович 9, 200
Ближний Восток 197
Блок Александр Александрович 152, 154
Бугославская Ольга 165

Бойм Светлана 114, 115
Боймерс Биргит 7, 150, 163, 179
Бондаренко Владимир Григорьевич 96, 97
Боренштейн Элиот 75, 181
брендинг 90, 100, 102, 103, 105, 106; б. городов 90, 99, 102, 105, 106; б. географических мест 105; б. наций 105; региональный б. 90, 105; теория б. 103
Булгаков Михаил Афанасьевич 86
Собачье сердце 86
Бунин Иван Алексеевич 94
Бурума Иэн 157–159
Бхабха Хоми К. 27, 52, 179
Быков Дмитрий Львович 61, 145–148
Можарово 61, 145–148
Валенки, песня 193
Васильев (персонаж рассказа *Можарово*) 146, 147
Великая Россия: географические, этнографические и культурно-бытовые очерки современной России, энциклопедия 19
Венн Коуз 157
Вера (персонаж фильма *Однажды в провинции*) 183, 185, 186

Предметно-именной указатель

Вика (персонаж фильма *Кококо*) 190–194
Воронеж 7, 22, 55, 59, 63–65, 80, 89, 93, 94, 98–04; «бомбить В.» 93, 94; В. и провинциальная мода 22; В. как столица Черноземья 80; *Воронежская кругосветка 104*; *Губернский стиль* в В. 22, 100–102; о В. 59; Париж в сравнении с В. 99–103
Всероссийский центр изучения общественного мнения (ВЦИОМ) 54, 55
газеты 16, 21, 38, 58, 59, 64, 65, 76, 77, 83–85, 96, 101, 110; дебютные выпуски 65, 66, 76; использование слов «провинция», «провинциальный» в г. 21, 65, 77; нейтральные названия г. в СССР 16, 83; освещение региональной тематики в г. 59, 65
Галя (персонаж фильма *Глянец*) 156, 186
Геллнер Эрнест 26, 27, 39, 40
география 9, 10, 12–15, 19, 21, 29, 30, 35, 43, 57, 58, 62, 64, 65, 78, 84, 87, 92, 99, 100, 102, 107, 109, 140, 144, 166, 173, 175, 190, 199–201, 203, 204; воображаемая г. 87, 200, 201; г. русской души 9, 13, 21; метагеография vs г. 100. См. также: символическая география
Герман Алексей Алексеевич 195
герметичная национальная модель 11, 62, 78, 107, 148, 157, 194

Гибсон Мел 199
Гинзбург Лидия Яковлевна 168
глубинка 10, 16, 55, 64, 87, 94. 95, 104, 109, 115, 134, 148, 158. 173, 174, 176, 194, 199–201
Гоголь Николай Васильевич 12, 31, 32, 34, 36, 37, 91, 103, 110, 176; Г. и город N. 34, 91, 114; Г. и недоразвитие региональной традиции 103; Г. и отсталая (однообразная) провинция 91; Г. и провинция как подражание столице 32; Г. и различие между столицей и провинцией 34; Г. и чичиковская тройка 36; Г. о маленьких городах 31, 176; Харитонов и Г. 110
города 10, *passim*: брендинг городов 90, 99, 102, 105, 106; г. В *Можарово* 146; провинциальные г. 14, 17, 32–34, 45, 59, 60, 89–94, 99, 103, 105, 106, 108, 113, 114, 116, 123, 130, 132, 133, 142–144, 152, 176, 180, 187, 194. См. также: малые города; столица; центр (а также названия отдельных городов)
Городские новости (позднее — *Ивановская провинция*), газета 77
Гощило Хелена 110
Граффи Джулиан 175
Гресь Анна Викторовна 61, 168, 169, 172
Доярка из Хацапетовки, телесериал 61, 168–170, 172, 174
Гринфельд Лия 35

Гройс Борис Ефимович 36
Грэм Колин 197
Грэм Сет 181
губерния 13, 15, 96
Губернский стиль, журнал 59, 64, 65, 94, 95, 97-100–144
Губернский стиль, фестиваль моды 22, 100-102
Гудков Лев Дмитриевич 39, 47, 48, 53, 54, 156
Гурин Станислав Петрович 138, 139
Даль Владимир Иванович 15
Данилкин Лев Александрович 131-133
Даша (персонаж фильма *Про любоff*) 187-189, 190
демократия 39, 49, 54
деревенская проза 44, 45, 140, 142, 199
деревня 7, 14, 33. 43-47, 131, 134-137, 142-144, 146, 148, 169, 176, 194, 199; д. в *Можарово* 146; д. в *Псоглавцах* 134-137; д. в *Саньке* 142-144; д. и ностальгия 44; д. как обитель крестьянства в классической литературе 14, 33, 44; д. как синоним провинции 15, 45; деградация д. 13, 45, 143; поглощение провинцией позитивных коннотаций д. 45, 176; слияние д. с нестоличным пространством 45. См. также: малые города; «столица — деревня», бинарная оппозиция
Дима (персонаж телесериала *Доярка из Хацапетовки*) 168-173
Димитровград 80
Дондурей Даниил Борисович 182
Достоевский Федор Михайлович 32, 36, 37, 42, 113, 120
Бесы 32
Зимние заметки о летних впечатлениях 42
Пушкинская речь 120
Другой 11, 28–30, 36, 40, 41, 47, 48, 50, 52, 53, 56, 69–71, 76, 78, 97, 107, 147, 152, 154–158, 172, 173, 175, 176, 181, 192, 195, 198, 200; Д. в «Российской провинции» 69–76; Д. в бинарной оппозиции «Запад — Россия» 200; Д. в оксидентализме 53, 97, 160, 172; Д. и национальная идентичность 29, 30, 36, 40, 76; Д. и национальная идея 163, 204; Запад как Д. 11, 30, 38, 47, 52, 56, 78, 107, 160, 173, 181; коллективная идентичность и определение Д. 48; конструирование идентичности 53; Латинская Америка и Европа как Д. 198; Москва как Д. 56, 69, 156, 160; наложение образа Д. на себя в «чернухе» 181; народ как Д. 41, 192; национализм и Д. 57; националистический дискурс и Д. 147; ориентализм и Д. 172; провинция vs Запад как Д. 11; провинция как Д. 11, 52, 56, 61, 71, 107, 147, 173, 194; ресентимент и Д. 70; столица как Д. 157
Дубивко Лена 191, 192
Европа 28, 30, 32-34, 36, 37, 39, 40, 42, 49, 50, 92, 97, 100, 104, 120,

125, 136, 141, 157, 197, 198; влияние Е. на Россию/русских 42; Восточная Е. vs Е. 40; Е. и Латинская Америка 198; Е. и оксидентализм 157; Е. и русские европейцы 50; Е. на Западе 30; Прилепин о Е. 141; Россия как «провинциал» в Е. 32, 34; Россия как настоящий центр vs Е. 125; Россия как спасительница Е. 36, 37; Санкт-Петербург по образцу Е. 92; традиционализм Е 124. См. также: Запад; «Запад — провинция», бинарная оппозиция; «Запад — Россия», бинарная оппозиция

Евтухова Екатерина 103

Екатерина II 13, 91

Жалованная грамота дворянству 14

Есенин Сергей Александрович 171

Жукова Мария Семеновна 33

Наденька 33

журналы 8, 19, 21–23, 50, 59, 64, 65, 67, 68, 70-74, 76, 79, 86, 89, 94, 95, 98-100, 146, 156; см. периодика

Зайонц Людмила Олеговна 13-16, 19, 200

Зайцев Вячеслав Михайлович 101

Замятин Дмитрий Николаевич 100

Замятина Надежда 83, 84, 98, 99

Запад 11, 13, 29–43, 46, 47, 49–57, 59–62, 78, 84, 97, 102, 107, 120, 123, 125–127, 139, 144, 150, 153–158, 160, 161, 163, 173, 174, 178, 180, 181, 194, 200, 204: антиамериканизм и З. 47; З. и рационализм 36, 53; З. как Другой 11, 30, 36, 47, 52, 56, 78, 97, 107, 154–156, 181; З. как культурный/экономический колонизатор России 160; З. как культурный миф 30; З. как модель и соперник 35; идея национальности 35; колонизация России З. 50; контраст с имиджем З. в фильме *Юрьев день* 151–155; негативные черты З. 54; неспособность З. служить моделью 39; оксидентализм vs модернизм З. 157; потребительство З. 160; провинция как Другой vs З. как другой 11. См. также: Европа

Звягинцев Андрей Петрович 180, 195

Левиафан 180

Возвращение 180

Земскова Наталья Юрьевна 139, 140

Город на Стиксе 139, 140

золотой век 46, 56, 142, 199; см. утопия

Иванов Алексей Викторович 61, 127-138, 140, 141, 143, 147, 148, 196; И. и Калитино 135

Географ глобус пропил 130, 131

Золото бунта 127

Комьюнити 61, 133, 136, 138, 147, 196

Псоглавцы 61, 133, 134, 136, 138, 147

Россия: способ существования 128
Сердце пармы 127
Центр дополнительного образования (Блуда и МУДО) 132
Иванова Наталья Борисовна 51, 118, 119
Ивановская провинция (бывшие *Городские новости*), газета 77
идентичность 10, 24, 26–28, 35, 43, 48, 57, 63, 74, 76, 81–83, 86, 88, 90, 94, 103, 105–107, 128–130, 134, 148, 152, 156, 174, 203: негативная и. 156; социальная и. 37, 38, 46, 56. См. также: национальная идентичность; провинциальная идентичность; региональная идентичность; этническая идентичность
идеология 28, 39, 50, 58, 62, 78, 97, 105, 109, 114–118, 150, 160, 179–181, 200, 203: и. в националистическом дискурсе 25, 28, 39, 40, 164; и. и культурный миф 11, 197; и. и миф о провинции 58, 60, 203; имперская и. vs национальная и. 28
Институт научной информации по общественным наукам Российской академии наук 79
интеллигенция 12, 28, 56, 68, 69, 114, 116–118, 128, 139, 151, 152, 158, 159, 189–192, 194, 201, 204: и. в *Линиях судьбы* 118; и. в *Юрьевом дне* 151, 152 и. и культурный миф 11, 12; и. и оксидентализм 158, 159; и. и оппозиция «Запад — провинция» 56; и. и провинциальное искусство 19, 114; ощущение маргинализации у провинциальной и. 69; и. и уход в частную сферу 114–117; поиски самобытной русской души 30; провинциальная и. как настоящие русские 69; разочарование провинциальной и. в центре 68; *Российская провинция* об и. 68, 69
«интеллигенция — народ», бинарная оппозиция 190: «и. — н.» в бинарной оппозиции «столица — провинция» 190; «и. — н.» в кино 190
Каганский Владимир Леопольдович 15, 159
Культурный ландшафт и советское обитаемое пространство 159
Кадышева Надежда Никитична 178
Калитино (вымышленная деревня) 134, 135, 137, 148
Караганов Сергей Александрович 38, 39
Карамзин Николай Михайлович 68
Карем Джефф 197
Касаткин Александр Людвигович 167
Слушая тишину 167
Катя (персонаж телесериала *Доярка из Хацапетовки*) 168–173

кино 7, 10–12, 20, 25, 58 61, 62, 70, 149, 150, 161, 163–165, 167, 177, 181, 182, 194; кино коммерческое (мейнстримное) 20, 25, 62, 149, 150; кино артхаусное 149, 167; киноиндустрия 150; культурный миф в к. 150, 156, 173, 176, 181, 183, 187, 194, 195; метафора Золушки в к. 61, 161, 162, 164–175, 187–190; миф о провинции в артхаусном и коммерческом к. 149, 150, 152, 153, 166, 175, 177, 185, 194, 195; мрачный натурализм в к. 181; оксидентализм в к. 157, 172, 176, 180; периферия в к. 153, 155, 157, 159, 164, 173, 178, 180; эпоха Путина и к. 172. См. также: телесериалы (сериалы)

Кирилл (персонаж романа *Псоглавцы*) 134–138, 143

Кирилл (персонаж фильма *Кококо*) 192, 193

Кларк Катерина 44

Клюс Эдит 7, 200

Ковязин (вымышленный город) 132, 133

колониализм (колонизация) 19, 20, 28, 33, 50, 51, 86–88, 160, 177, 192: внутренний к. 19, 20, 33, 87, 177; к. и любовный треугольник как сюжетная линия 192

Кольцов Алексей Васильевич 94

Коля (персонаж фильма *Однажды в провинции*) 183

Конди Нэнси 7, 46, 51, 149

Конфедерат Ольга Владимировна 114, 115

Кончаловский Андрей Сергеевич 61, 156, 157, 186

Глянец 61, 156, 157, 186

Корнблатт Джудит 29

крестьянство 41, 42

Крылов Михаил Петрович 82, 83

ксенофобия 25, 47

Кукулин Илья Владимирович 7, 127

культурный миф 7, 10–13, 20, 24, 26, 30–32, 41–43, 46, 55, 60, 64, 71, 72, 76, 90, 93, 94, 103, 106, 109, 119, 122, 130, 140, 147, 150, 156, 173, 176, 181, 183, 187, 194, 195, 197, 200, 203: Запад как к. м. 30; к. м. и идеализированная «русскость» нестоличного пространства 12, 29, 58, 60; интеллигенция и к. м. 11, 12; к. м. и национальная идея. 31, 43, 109, 140; к. м. и национальная идентичность 12, 24, 106; к. м. и провинция 60, 64, 71; Москва как к. м. 55; народ как к. м. 43; провинциальное пространство в к. м. 106; «чернуха» vs к. м. 156. См. также: миф о провинции

Кунсткамера, Музей антропологии и этнографии им. Петра Великого (Санкт-Петербург) 190, 191

«Левада-Центр» 39, 55

Лейдерман Наум Лазаревич 110

Лена (персонаж фильма *Однажды в провинции*) 185, 186

Леонтьев Константин Николаевич 74

Лиза (персонаж фильма *Кококо*) 189-194
Лизавин Антон Андреевич (персонаж романа *Линии судьбы*) 111-113, 116-118
Липовецкий Марк Наумович 7, 110, 154, 177
литература 10–12, 15, 17, 32–34, 39, 41, 44, 45, 58, 60, 65, 67 86, 91, 92, 94, 95, 98, 108, 110, 111, 113–115, 118, 119, 123, 126, 129, 131, 140, 142, 144, 152, 161, 163, 189, 190, 197, 198, 204: использование термина «провинция», «провинциальный» в названиях академических трудов 22, 23; л. как метахудожественный/метаисторический текст 110; негативный образ провинции в л. 12, 13, 17, 45, 134–136, 146–148; провинциальные писатели и динамика «центр — периферия» 108
Лихачев Дмитрий Сергеевич 47, 77
Лонсбери Энн 7, 31, 32, 34, 91, 202
Лотман Юрий Михайлович 174
Культура и взрыв 174
Лукьяненко Сергей Васильевич 136, 140
Ночной дозор 136
Любовь (персонаж фильма *Юрьев день*) 151-55, 182
Мак-Косленд Джеральд 183-185
Маклауд Николя 199
Маковеева Ирина Петровна 188
Макфадьен Дэвид 149

малая родина 45, 81, 82, 86, 89
Малинова Ольга 37
малые города 102, 108
Мандельштам Осип Эмильевич 94
Маргалит Авишай 157-159
Маркедонов Сергей Мирославович 97
маркетинг 65, 202, 203: использование терминов «провинция», «провинциальный» в м. 21–23, 65, 66, 89, 202, 203; См. также: брендинг
Мартин Терри 28
Масленникова С. 77
Меликян Анна Гагиковна 167
Русалка 167
Меньшов Владимир Валентинович 165
Москва слезам не верит 165
Месхиев Дмитрий Дмитриевич 61, 162
Линии судьбы 61
Милашевич Симеон (вымышленный персонаж) 111-113, 116-121, 123
Милованов Юрий 68, 69
Со столицей наравне. Заметки о переживаниях провинциальной интеллигенции 68
миф о провинции 7, 10, 12, 30, 60, 65, 71, 76, 81, 90, 119, 122, 130, 140, 149, 177, 194, 195, 200, 203
Михалков Никита Сергеевич 85
мода, 17, 18, 22, 70, 71, 100–102
модернизм 157, оксидентализм vs м 157
Моисеев Никита 69, 70

Моржов Борис (персонаж романа *Центр дополнительного образования*) 132, 133
Морозов Вячеслав 88, 201
Москва 10, 13, 19, 21, 32, 36, 45, 54–56, 58, 61, 63, 67–69, 71, 78, 81, 84–88, 94, 95, 98–101, 105, 107, 123, 126, 127, 130–138, 140–146, 148, 149, 151, 153–157, 159–162, 164–168, 172–182, 186–188, 190, 196: вестернизация М. 45, 46; Воронеж в сравнении с М. 98–101; девушки-провинциалки в М. 164–175 Ковязин в сравнении с М. 133; культурный патернализм М. 69; М. в Комьюнити 134, 136–138; М. в Линиях судьбы 161, 162; М. в Письме из Солигалича в Оксфорд 123, 126; М. в Саньке 142–144; М. как культурный миф 55, М. как город-колонизатор 160; М. как имперский город в противоположность западному 179; М. как советская утопия 161, 162, 165; М. как центр сталинской утопии 164; М. как экзистенциальный город 138; нерусское население М. 55, 142; ностальгический образ «настоящей» М. 160; общественное мнение о М. 55, 159; оксидентализм и М. 172; падение авторитета М. 68; потребительство в М. 137, 160; Прилепин и М. 144. См. также: столица; «столица — деревня», бинарная оппозиция; «столица — малые города», бинарная оппозиция; «столица — провинция», бинарная оппозиция
Мур Дэвид Чиони 87
Мухосранск 17, 169
«мы — мы» модель 11, 57, 107, 194
«мы — они» модель 11, 57, 148, 180
Назикян Арменак Давидович 166
Провинциал 166
Назиров Станислав 61, 62
Широка река 61, 62, 175, 177, 180
народ 19, 20, 33–37, 40–49, 63, 68, 73, 75, 97, 125, 135, 154, 158, 160, 171, 177, 179, 189–193, 200: апофатическое определение н. 192; интеллигенция vs н. в кино 191–194; н. в *Русской провинции* 68; н. в бинарной оппозиции «Запад — Россия» 42; н. как Другой 41, 192; национализм и н. 41; общество vs н. 41; провинциальная девушка как представительница н. 154, 164–175, 191; сталинский тост за н. 73. См. также: «интеллигенция — народ», бинарная оппозиция; провинциалы
народность 28, 197, 202; провинциальный миф и н. 202
настоящий Запад 30
Настя (персонаж фильма *Однажды в провинции*) 182–185

Насыбулин Артем Таминдарович 166
Провинциалка 166
национализм 10, 11, 13, 25–29, 35, 37, 39, 40, 46–49, 53, 57, 58, 63, 67, 92, 93, 96, 97, 105, 119, 122, 158, 164, 194, 197, 199, 201, 202: государственный н. 48, 20; н. и ресентимент 35–40; шотландский н. 199
националистический дискурс 11, 23, 25, 30, 35, 38–40, 46, 51, 64, 67, 75, 95, 145, 150, 161, 175, 178, 201
национальная идентичность 11, 12, 24, 25, 27, 28, 32, 34, 35, 38, 48, 57, 60, 63, 75–78, 82, 86, 106, 109, 121, 122, 128, 155, 196: бинарная оппозиция «Запад — Россия» и н. и. 32; бинарная оппозиция «столица — провинция» в создании н. и. 34; герметические национальные модели и н. и. 78; инаковость и н. и. 75; компоненты позитивной н. и. 12, 48; культура и н. и. 47, 86; культурные мифы и н. и. 12, 24, 106; провинциальный миф и н. и. 57; н. и. в *Губернском стиле* 96; «мы — они» vs «мы — мы» 11, 57; н. и. в *Линиях судьбы* 109–114, 120, 122; н. и. в литературе 109–126; н. и. в националистическом дискурсе 11, 24, 25, 38; н. и. в периодике 75, 76; н. и. и символическая география 57, 107, 203; н. и. и тернарная оппозиция «провинция — столица — Запад» 32, 57; постсоветская н. и. 63, 76; присвоение риторики н. и. провинциальной элитой 106, 107; провинция и н. и. 155, 196; сдвиг от временного фокуса к пространственному 200; советская н. и. 28, 83

национальная идея 24, 31, 42, 43, 46, 48, 54, 56–58, 61, 75, 109, 119, 140, 141: Другой и н. и. 163, 204; культурный миф о провинции и н. и. 31, 43, 109, 140; малые города и н. и. 11; провинциальный миф и н. и. 56–58, 61, 203; провинциальный дискурс и н. и. 121; провинция и н. и. 24; ресентимент и н. и. 42, 56, 57; русские европейцы и н. и. 51

национальное строительство 59, 105, 161, 179: двойственная природа Москвы и н. с. 161; н. с. и миф о прошлом vs изменение (становление) 179; национальный брендинг и н. с. 105; роль провинциальной России в н. с. 59

Немзер Андрей Семенович 110, 111, 113
Немцов Борис Ефимович 21, 66
Нечайск (вымышленный город) 114, 117, 148
Нижний Новгород 79, 80, 121, 141; программа «Н. Н. — столица Поволжья» 79, 80
Ницше Фридрих 37

Новая провинция (еженедельная газета) 65, 76, 77
ностальгия 20, 44, 119, 154, 160, 179: деревня и н. 44, 45: н. в постсоветской культуре 119; н. и настоящая Москва 160; н. и пассеизм 20; провинция и н. 19, 119
Ожегова словарь 16
оксидентализм 53, 157–159, 176, 180: Другой и о. 53, 97, 160, 172; интеллигенция и о. 158, 159; модернизм vs о. 157; национализм и о. 179; о. в кино 157; о. в телесериалах 172, 176–179; о. и Москва 98, 99, 157, 160; о. о Западе 53, 97; определение о. 157; ориентализм vs о. 157, 172, 180; столица как негативное явление в о. 52, 53, 98
Оксфорд 60, 123–126
Олеша Юрий Карлович 86
Зависть 86
ориентализм 19, 53, 157, 172, 176, 178, 180: колониализм и о. 19, 20; о. в бинарной оппозиции «интеллигенция — народ» 192; о. в метафоре провинциальной Золушки в Москве 170, 171; о. и бинарная оппозиция «столица — малые города» 180; о. и золотой век 56; о. и экзотика в бинарной оппозиции «периферия — столица» 178; оксидентализм vs о. 157, 172, 180; русский популизм как о. 192

Орлов Владимир Викторович 160
Камергерский переулок 160
отмена крепостного права 14
Павлюк Семен 83, 84, 92
Паин Эмиль 47, 105
Панарин Александр Сергеевич 70
Париж 7, 93, 94, 99–104, 108, 123, 127, 173, 174: Воронеж в сравнении с П. 7, 93, 99–104; география vs метагеография 100, 103, 104, 173; П. в *Доярке из Хацапетовки* 173, 174; Солигалич в сравнении с П. 123.
пассеизм 18–20, 31, 155: ностальгия и п. 18, 20; п. и значение бинарной оппозиции «столица — провинция» в создании национальной идентичности 31–32; п. и идеализация провинциальной жизни 18, 19; п. и ориентализм 20; п. и провинция 18–20, 31; постсоветский фокус на провинции в сравнении с п. 20
патриотизм 48, 51, 61, 82, 89, 96, 97, 120, 132, 145: определение п. 48; п. в региональной идентичности 82; п. в романах Иванова 61, 132; реклама местного туризма и п. 89; русские европейцы («глобальные русские») и п. 51.
Пекин 102–104
перестройка 38, 83, 86, 124, 160, 181
Пермский период, журнал 79

периодика 19, 67: две категории п. 67; дебютные выпуски 65, 66, 76; реклама в п. 66, 73, 89; переименование с включением отсылок к провинции 65, 66; реклама туризма в п. 72; См. также: газеты

периферия 14–17, 28, 31, 53, 58, 81–84, 86, 98, 109, 144, 153, 155, 157, 159, 164, 173, 178, 180, 200: замена провинции п. 16; негативные коннотации п. 17; определение п. 16; п. как «жуткое место» в кино 180. См. также: «центр — периферия», бинарная оппозиция

Пермь 20, 79, 127–129, 131, 132, 139, 140, 144

Петр Великий 13, 29

Письма из провинции (телевизионный цикл документальных публицистических фильмов) 22

Платонов Андрей Платонович 73, 94

Полторацкая Дарья Юрьевна 61, 62

Широка река 61, 62

Попадюк Сергей Семенович 72

Попов Николай Петрович 54, 150, 152

потребительство 137, 160: бинарная оппозиция «Запад — Россия» и неприятие п. 160; п. Запада 160; п. в Москве 137, 160

Прилепин Захар 61, 141–145, 148

Письмо из провинции лучшим людям 141

Санькя 61, 142–144

Я пришел из России 142

провинциализм 44, 51, 92, 202 (провинциальность 15, 17, 24, 31, 33, 34, 64–66, 119, 141, 145, 170, 184, 185, 202): культ п. 145; п. в литературе XIX века 43, 44, 91, 92; п. в русском видении своей позиции в мире 202; п. и надежда 34, 69; п. как Другой 11, 52, 107; самоидентификации России в Европе 31; Прилепин и п. 141

Провинциалка, газета (Сергиев Посад) 77, 85

провинциалы 13–18, 21, 24, 25, 30, 31, 55, 56, 58, 61, 62, 66, 77, 85, 92, 98, 108, 116, 117, 129, 134, 136, 137, 141, 146, 147, 149, 161–171, 179, 182, 187–193: главные герои телесериалов 149, 161–163; метафора Золушки 61, 161, 162, 164–171, 187, 188; мигранты vs п. 55, 63; п. в Москве 149, 161–171, 182, 187–189; п. в Санкт-Петербурге 190–193. См. также: народ

Провинциальная девчонка, музыкальный альбом 21

провинциальная идентичность 84, 92, 93, 105

Провинциальная мысль, газета (Ставрополь) 77

Провинциальное слово, газета (Гвардейск, Калининградская область) 77, 78

Провинциальные музеи России (телеканал «Культура»), документальный цикл 22

Провинциальные новости, газета (Волгоград) 85

Провинциальные хроники, газета (Выкса, Нижегородская область) 77

провинциальный дискурс 19, 34, 66, 78, 86, 89, 95, 97, 105, 110, 121, 124, 173: п. д. и *Губернский стиль* 95–97; п. д. и национальная идея 34, 86; п. д. и реклама местного туризма 89

провинциальный миф 13, 20, 25, 28, 29, 119, 122, 140, 142, 145, 147, 148, 150, 152, 153, 166, 185, 194, 199, 200, 202–204: см. миф о провинции

Провинциальный экспресс, газета (Кимры) 77

провинция: автономия п. 88; атрибуты п. в культурном дискурсе 17, 18, 121; брендинг п. 202; воображаемая п. 10, 47; восприятие п. с точки зрения центра 17, 18; идеализация п. 25, 52, 148, 155, 183, 195; интеллектуальная жизнь в п. 17; использование слова п. в названиях СМИ 21, 22 64–67; история термина 13–16; коммерческий аспект риторики 72; крестьянская община в сравнении с п. 43; негативные и позитивные коннотации п. 14–17, 24, 44, 45, 66, 89, 90, 92; новое определение п. 18–25; определение п. 13–18; ориенталистский взгляд на п. 52, 59, 99, 176; п. vs Запад как Другой 11; п. в *Линиях судьбы* 109–122, 161–163; п. и национальная идентичность 155, 196; п. и национальная идея 31, 122; п. и национальный характер 57, 68, 76, 93, 110, 123; п. и ностальгия 19, 119; п. и символическая география 10, 21; п. и славянофилия 41–44; п. и экономическая независимость 86; п. как Другой 11, 52, 56, 61, 71, 76, 107, 147, 173, 194; п. как идеализированное хранилище истинной русскости 10, 25, 58, 60, 64, 105, 107, 202; п. как микрокосм России 62, 175, 182; п. как мифологема в символической географии 15; п. как сакральное место 43, 140; п. как синоним деревни 45; п. как состояние души 113, 117; п. как спасительница России 45, 139; п. как текст 12; п. как философия 109–122; пассеизм и п. 18–20, 31; периферия как замена п. 16; позитивные коннотации деревни, перешедшие к п. 45; постсоветский фокус на п. 11, 62, 200; Прилепин и п. 141–144; ритм жизни и национальные традиции 114; руссоистское изображение п. 114; смешение в единое нестоличное пространство 45; советский официальный язык и п. 16; См. также: «Запад — провинция», бинарная оппозиция; «столица — провинция», бинарная оппозиция; «центр — провинция»

Провинция — душа России (историко-культурный комплекс «Вятское») 22

«провинция — столица — Запад», тернарная оппозиция 31–35, 60, 123, 126, 155, 174, 194: герметичная национальная модель и «п. — с. — З.» 107, 194; Иванов и «п. — с. — З.» 127; литература XIX века и «п. — с. — З.» 31–33; модель «мы — мы» в «п. — с. — З.» 57, 107, 194; переход от бинарных моделей к «п. — с. — З.» 32; провинциальная элита и «п. — с. — З.» 106, 107; «п. — с. — З.» в *Глянце* 156; «п. — с. — З.» в *Городе на Стиксе* 139; «п. — с. — З.» в *Письме из Солигалича в Оксфорд* 60, 123, 126; «п. — с. — З.» в *Юрьевом дне* 155; «п. — с. — З.» в символической географии 107; «п. — с. — З.» и националистический дискурс 174, 175; «п. — с. — З.» и национальная идентичность 32, 57; «п. — с. — З.» и перевернутая иерархия в бинарных оппозициях 34; «п. — с. — З.» и создание неконфликтной национальной модели 32, 175;

создание/слияние бинарных оппозиций в «п. — с. — З.» 32, 139

провинция (провинциальный) 10, passim: использование терминов в названиях газет 21, 22, 64–67; использование терминов в названиях академических трудов 22, 23; история термина «провинциальный» 13–16;

публицистика 48, 58, 63, 65, 94, 98, 123; см. также: газеты, периодика

путешествия 89, 104, 106, 131, 132, 141, 164, 167

Путин Владимир Владимирович 74, 93, 163, 201

Распутин Валентин Григорьевич 70, 136

Скажите всем, что Русь жива 70

регионализм 127, 139, 197

региональная идентичность 7, 66, 81–84, 86, 90, 101, 105, 106, 128, 129, 131: Иванов и р. и. 127–130; комплекс неполноценности и р. и. 82, 129; перестройка и р. и. 83; р. и. и малая Родина 82; р. и. и чувство места 83; р. и. Перми 79, 128, 129, 140; распад СССР и р. и. 47, 83; региональный брендинг и р. и. 90, 105, 106; советская идентичность vs р. и. 83.; титул «столицы» и р. и. 79–81

регионы 7, 12, 21, 28, 30, 53, 55, 59, 60, 64, 72, 73, 78, 82, 84–86,

92, 106, 130, 197, 201: брендинг р. 89, 90, 105, 106; иерархия р. 13; изучение р. 12; р. как эвфемизм для удаленных от столицы территорий 17

ресентимент 35–38, 42, 48, 49, 56, 57, 62, 69, 70, 72, 75, 88, 96, 120, 133, 150–152, 155–157, 163, 180, 204: взаимный р. 62, 69, 156; Другой (Другие) и р. 48; *Зимние заметки...* Достоевского и р. 42; Москва и р. 56, 57, 157, 180; национализм и р. 35–40; р. в *Глянце* 156, 157; р. в *Линиях судьбы* 163; р. в *Юрьевом дне* 151–155; р. в бинарной оппозиции «столица — провинция» 70; р. и отношения с Западом 57;

Рио-де-Жанейро 176, 177

Рита (персонаж фильма *Про любоff*) 187, 188

Робски Оксана Викторовна 188

Розанов Василий Васильевич 110–113

Опавшие листья 111

Эмбрионы 111, 112

Ромни Скотт 198

Российская провинция, журнал (Набережные Челны) 21, 59, 64, 67, 68, 71–73, 78, 94, 95

Российская провинция в контексте культуры и истории 101

Россия 7, passim: архитектурные метафоры 124, 125; Запад как культурный (экономический) колонизатор Р. 160; малые города как микрокосм Р. 175, 184; Прилепин об идеальной Р. 144, 145; провинция как Р. 141, 142, 176, 185; провинция как спасительница Р. 45, 120, 139; Р. в *Саньке* 144; Р. как самодостаточный субъект 163; Р. как провинциал в бинарной оппозиции «Запад — Р.» 123; революция в Р. 16, 18, 44. См. также: «Запад — Россия», бинарная оппозиция

«Россия — Запад», бинарная оппозиция 11, 31, 32, 34, 35, 56, 61, 107, 120, 127, 163, 204. антиамериканская риторика в «Р. — З.» 163; архитектурная метафора 124, 125; бинарная оппозиция «центр — провинция и «Р. — З.» 56; Достоевский и «Р. — З.» 32, 37, 42; Гоголь и «Р. —З.» 35, 36; «Р. — З.» и национальное самоопределение 35; «Р. — З.» и национальный суверенитет / национальный дискурс 38, 39; «Р. — З.» и определение патриотизма 97; «Р. — З.» и отказ от потребительства 39; «Р. — З.» и русская национальная идентичность 32; «Р. — З.» и русская цивилизация как вызов западной 39

Роу Кэтлин 167

Роули Элисон 91

Рулёва Наталья 149

Русланова Лидия Андреевна 194

Русская провинция, журнал (Новгород) 21, 64, 67, 73, 74, 95

Русская старина, журнал 19

русскость 9, 10, 12, 25, 29, 30, 40, 41, 57, 58, 60, 64, 66, 70, 93, 105, 107, 109, 154–156, 178, 180, 187, 202, 203: интеллигенция и поиски р. 9, 10; народ и р. 40–47; нестоличное пространство как идеализированное хранилище р. 105; провинция и «истинная» р. 10, 105; р. в националистическом дискурсе 64; р. и внутренний ориентализм vs оксидентализм 180; р. и имперский (постимперский) пафос 180; р. провинции 10, 12, 25, 30, 202

Савкина Ирина Леонардовна 33

Саид Эдвард 19, 52

Саламандра Криста 198

самобытность 34, 48, 49: малые города и с. 34; с. столицы 34

Санкт-Петербург 34, 91, 92, 113, 139, 142, 159, 166, 175, 190, 193, 194: гоголевский город N в сравнении с СПб. 34; интеллигенция в СПб. 189–191; малые города, подражающие СПб. 91, 92; Прилепин о СПб 142; провинциальные девушки в СПб 190, 191; СПб. в *Городе на Стиксе* 139; СПб. в *Кококо* 189–194

Сапелкин Николай Сергеевич 95, 96, 98, 99, 101–104, 106

Саранск 80

Селеменева Марина Валерьевна 144

Серебренников Кирилл Семенович 61, 195, 151, 185

Юрьев день 61, 151–156, 168, 175, 180

Сигарев Василий Владимирович 180

Жить 180

Волчок 180

символическая география 10, 14, 15, 21, 29, 30, 35, 43, 57, 62, 64, 65, 78, 84, 92, 100, 102, 107, 109, 140, 144, 166, 173, 175, 190, 203, 204: Запад vs народ в с. г. 41, 42; Запад vs провинция и с. г. 34, 35; культурный миф о провинции и с. г. 12, 13, 64, 109; национализм и с. г. 92, 93; определение с. г. 21; пассеизм и с. г. 18, 19, 31; постсоветская реконфигурация с. г. 64; провинциальный город и сельская усадьба в с. г. 14; провинция и с. г. 10, 21; провинция как мифологема в с. г. 15; с. г. в бинарной оппозиции «Россия — Запад»; 10, 11, 204; с. г. в бинарной оппозиции «центр — провинция» 9, 10; с. г. в литературе 109, 144; с. г. и бинарная оппозиция «столица — провинция» 9, 109, 204; с. г. и Воронеж в сравнении с мировыми столицами 102; с. г. и провинциальный миф 28; с. г. и национальная идентичность 203; с. г. и тернарная оппозиция «провинция — столица —Запад» 32, 56, 57, 107

славянофилы 38, 40–43, 135, 199, 200

Слезкин Юрий Львович 161

Служкин Виктор (персонаж романа *Географ глобус пропил*) 131
Смирнова Авдотья Андреевна 61, 62, 189–191, 194
  Кококо 61, 62, 189, 190, 194
Смирнягин Леонид Викторович 83, 86
Смит Энтони Д. 27, 46
Сноб, журнал 51
советская литература 44, деревенская проза 45; герой как революционный деятель 44
Солженицын Александр Исаевич 86
  Один день из жизни Ивана Денисовича 86
Солигалич 60, 123, 124, 126, 148
Солнцев Роман Харисович 189
  Красный гроб, или Уроки красноречия в русской провинции 189
Сологуб Федор Кузьмич 12, 19
Соломин Юрий Мефодьевич 70, 71
Сотрудник провинции, книжный магазин 19
социалистический реализм колхозный роман 44
Спивак Моника 21, 65, 66
СССР 83, 179, 182, 200: временной фокус в идеологии 200; газеты времен СССР 16, 83, 84; единообразие в СССР 92; нейтральные обозначения в газетах 16; провинция в официальном языке СССР 16; СССР и советская идентичность 28, 83; СССР и частная сфера как форма оппозиции 114, 115; чувство места во времена СССР 83
СССР распад 49, 50, 83, 182: СССР р. и бинарная оппозиция «столица — провинция» 9; СССР р. и национальная идентичность 83; СССР р. и периферия как самостоятельные государства 63; СССР р. и региональная идентичность 83; СССР р. и реконфигурация символической географии 21; СССР р. и территориальный акцент вместо временного 83, 84; СССР р. и утрата империи 63
Сталин Иосиф Виссарионович 74
  Тост за русский народ 73
сталинские мюзиклы 164, 165
Старо-Туголуково (город из телесериала *Широка река*) 176, 177
статус социальный 37: См. также: интеллигенция
Степанова Светлана 165
Столбенец (вымышленный город) 114
столица 9, 13–18, 22, 29–34, 43, 44, 50–52, 54, 56, 57, 59, 62, 78–82, 84–86, 93, 94, 98–104, 107, 109, 117, 119, 121–124, 126, 127, 129, 130, 132, 136–139, 144–148, 150, 153, 154, 156, 157, 159, 161, 163, 167, 172, 173, 175, 176, 185, 190, 194, 200: использование термина «провинция» 13, 16; малые города vs с. 85;

оксиденталистский взгляд на с. 98, 99; подражание провинции с. 91; с. в бинарной оппозиции «Запад — Россия» 31, 32, 170; с. и самоидентификация регионов 98; с. как Другой 56, 172; с. как место обитания элиты 150; самобытность с. 34; сравнение провинциальных городов с с., 85, 91; тяготение с. к провинции 204; распад концепции с. 78; Lurkmore о с. 81. См. также: Москва; Санкт-Петербург; центр

«столица — деревня», бинарная оппозиция 14:
  «с. — д.» в Комьюнити 136–138;
  «с. — д.» в Псоглавцах 134–136;
  «с. — д.» и сентиментальный пасторализм 4

«столица — периферия»: см. центр — периферия, бинарная оппозиция

«столица — провинция», бинарная оппозиция 9, 14, 31, 99, 103, 163, 175, 190, 196:
  «интеллигенция — народ» в «с. — п.» 190–194; «с. — п.» в *Можарово* 146; «с. — п.» в кино 175, 190; «с. — п.» в литературе XIX века 31; «с. — п.» в литературе 31, 196; «с. — п.» в сравнении с оппозицией «Россия — Запад» 31, 32, 123; «с. — п.» и негативно окрашенные определения периферии 14; «с. — п.» и отказ от сравнения провинциальных городов со столицей 99, 103; Иванов о «с. — п.» 129; символическая география и «с. — п.» 175; см. также: «центр — провинция», бинарная оппозиция

Струсовский Сергей Георгиевич 167
Блаженная 167
Субботина Ольга Игоревна 61, 187, 188
*Про любо*ff 61, 187, 189
США 7, 39, 54, 97, 197: американские индейцы 198; мифология Старого Запада 198; «настоящий» Юг 198; регионализм в США 197; основополагающие русские моральные принципы vs США 39; США в концепте Запада 39; США как культурный/экономический колонизатор России 160

Таджфель Анри 37
Тейлор Ричард 164
телесериалы 48, 150, 166, 175, 178: бинарная оппозиция «столица — провинция» в т. 173; метафора провинциальной Золушки в т. 61, 161, 162, 164–171; «милые и сентиментальные» клише о провинции в т. 175; национальный дискурс в т. 164; оксидентализм в т. 172, 176; т. и постсоветская ситуация 163; «центр — провинция» в т. 164, 173

Предметно-именной указатель

Тернер Джон 37
Тодоров Цветан 40
Тодоровский Валерий Петрович 162
Толстой Лев Николаевич 32, 42, 94, 112, 113
  Анна Каренина 32, 112
Тольц Вера 28
Тургенев Иван Сергеевич 42
туризм 72, 89, 101, 102
Тяженко Глеб (персонаж романа *Комьюнити*) 137
уезд 13, 15
Улетово (вымышленный город) 182–185
Ульяновск 80, 121
Уолл Друцилла Мимс 198
Урал 79, 81, 127, 128, 132, 134, 146
Урюпинск 17, 167
усадьбы 14, 32
утопия 41, 116, 119, 164, 179, 199: деревня как у 142; допетровская у. 41, 191; крестьянская община и у. 41; миф о золотом веке и у. 46; Москва как советская у. 161, 162; провинциальность как воплощение у. 46; сказка в у. 162; сталинские мюзиклы и у. 164
Ушакова словарь 16
Федотыч (Фрол Федотыч), телевизионный персонаж 177
фэн-шуй 185–187
фильмы: см. кино
Фортунатова Валентина 24, 45, 114
Харитонов Марк Сергеевич 60, 108–110, 112–123, 126, 140, 148; Х. и Нечайск

Линии судьбы, или Сундучок Милашевича 60, 109, 110, 112, 118, 120, 121, 126
Провинциальная философия 109
Прохор Меньшутин 109
Хатчингс Стивен 149
Хацапетовка 17, 169, 171, 173
Хашамова Яна 149
Хлебников Борис Игоревич 180, 195
Свободное плавание 180
холодная война 49
Хоннингхаузен Лотар 197
Хоскинг Джеффри 28, 74
Храброе сердце, фильм 199
Хэндлер Ричард 202
Цвейнерт Йоахим 49
центр 9, passim: распад концепции ц. 78, 84, 100; негативные — позитивные коннотации в отношении провинции 14–17, 23, 44–45, 66, 92, 95; постколониализм и этничность vs ц. 87, 88; ц. внутри личности 9. См. также: столица
«центр — периферия», бинарная оппозиция 31, 58, 59, 83: «ц. — п.» в Империи 58, 59; «ц. — п.» в публицистике 98; «ц. — п.» как паразитические отношения 156, 157; оксидентализм vs ориентализм в «ц. — п.» 180; ориентализм в «ц. — п.» 178; перемещение в центр и повышение социального статуса 164; провинциальные писатели и «ц. — п.»

108; разрыв связей внутри «ц. — п.» 159; ресентимент в «ц. — п.» 155; фильмы, изображающие перемещение «ц. — п.» 164

«центр — провинция», бинарная оппозиция 14, 56, 87, 130, 173, 188: «Запад — Россия» в сравнении с «ц. — п.» 56; «ц. — п.» в литературе 130; «ц. — п.» в массовой культуре 10; в «Российской провинции» 69–71; «ц. — п.» в телесериалах 173; «ц. — п.» и «русская душа» 9; взаимный ресентимент в «ц. — п.» 69, 156; внешний vs внутренний взгляд из центра 52; Иванов о «ц. — п.» 130; колонизация/постколониализм и «ц. — п.» 87; культурная vs физическая дистанция и «ц. —п.» 33; культурный миф «ц. — п.» 13; проницаемость границ / сглаживание различий в «ц. — п.» 180; сравнение интеллектуальной жизни 17. См. также: «столица — провинция», бинарная оппозиция

Цирк (фильм) 179

чай 112, 117, 125:

чаепитие 112, 113, 122;

ч. В *Письме из Солигалича в Оксфорд* 125, 126;

ч. с малиновым вареньем 112, 115, 118, 126

частная сфера 109, 114–117: ч. с. как альтернатива политической оппозиции 114, 115

«чернуха» 156, 181, 184

Чернышевский Николай Гаврилович 113

Что делать? 112

Чехов Антон Павлович 7, 12, 19, 31, 42, 73, 176, 183; Ч. и малые города 31; Ч. о провинциальных городах 176

В овраге 183

чувство места 83, 93

Чурбанов Вадим 67, 68

Чухлома 17, 123

Шагалова Екатерина Александровна 61, 180, 184–186, 195

Однажды в провинции 61, 180, 182, 183, 185

Шевченко Максим Леонардович 49, 50, 148

Шеф, журнал 99

Широка река, песня 178, 180

Широка страна моя родная, песня 176, 179

Эдер Клаус 184, 185

Эко Умберто 110

Имя розы 110

экономика 47, 49, 66, 78, 81, 87, 89

элита: 10, 11, 20, 42, 50, 52, 58, 64, 70, 72, 76, 78, 87, 92, 99, 105, 106, 135, 150, 198: гордость провинциальностью 64; культурная э. 10, 11, 20, 64, 92, 106, 178; постсоветская переоценка бинарной оппозиции «столица — провинция» 58, 106; провинциальная э. 70, 72, 87, 92, 99, 106, 150; э. и истинная русскость провинции 64; э. и киноиндустрия 150,

178; э. и Москва 87, 99;
э. и провинция как Другой 52;
э. и тернарная оппозиция «провинция — столица — Запад» 50

Эткинд Александр Маркович 19, 20, 33, 41, 87, 177

этническая идентичность 27, 28, 63, 83, 96: постимперская э. и. 63; э. и. и национальная идентичность 27

этничность 28, 185

Этномир (парк-музей) 89

этнонационализм 47

Юдин Алексей Владимирович 17

Яковлев Сергей Ананьевич 60, 122–126, 140, 148; Я. и Солигалич

Письмо из Солигалича в Оксфорд 60, 122, 126

Lurkmore 81

New York Times 110

Список иллюстраций

Рис. 1. Задняя обложка журнала «Ярославский стиль», 2006, № 3. Отчет о конкурсе «Провинциальная коллекция».

Рис. 2. Заставка сериала «Доярка из Хацапетовки» (режиссер Анна Гресь, 2007).

Рис. 3. Кадр из сериала «Доярка из Хацапетовки», серия 2.

Рис. 4. Заставка к сериалу «Доярка из Хацапетовки-2: Вызов судьбе» (режиссер Павел Снисаренко, 2009).

Рис. 5. Кадр из фильма «Кококо» (режиссер Авдотья Смирнова, 2012).

Содержание

Слова благодарности 7
Введение. Воображаемая провинция 9
1. Публицистика. «Мы ищем богатство в русской
   провинции и находим его!» 63
2. Литература. В провинциальном состоянии души 108
3. Кино и телевидение. «Страна моя, Москва моя!» 149
Заключение. О культурной аутентичности 196

Источники 208
Библиография 210
Предметно-именной указатель 226
Список иллюстраций 246

Научное издание

Людмила Парц
В ПОИСКАХ ИСТИННОЙ РОССИИ
Провинция в современном националистическом дискурсе

Директор издательства *И. В. Немировский*
Заведующая редакцией *М. Вальдеррама*

Ответственный редактор *И. Знаешева*
Дизайн *И. Граве*
Редактор *А. Тюрин*
Корректоры *А. Филимонова, Е. Гайдель*
Верстка *Е. Падалки*

Подписано в печать 06.12.2021.
Формат издания 60 × 90 $^1/_{16}$. Усл. печ. л. 15,5.
Тираж 500 экз.

Academic Studies Press
1577 Beacon Street, Brookline, MA 02446 USA
https://www.academicstudiespress.com

ООО «Библиороссика».
190005, Санкт-Петербург, 7-я Красноармейская ул., д. 25а

Эксклюзивные дистрибьюторы:
ООО «Караван»
ООО «КНИЖНЫЙ КЛУБ 36.6»
http://www.club366.ru
Тел./факс: 8(495)9264544
e-mail: club366@club366.ru

Книги издательства можно купить
в интернет-магазине: www.bibliorossicapress.com
e-mail: sales@bibliorossicapress.ru

Знак информационной продукции согласно
Федеральному закону от 29.12.2010 № 436-ФЗ

www.ingramcontent.com/pod-product-compliance
Ingram Content Group UK Ltd.
Pitfield, Milton Keynes, MK11 3LW, UK
UKHW022229200326
4878IPUK00006B/20